GÉOGRAPHIE

HISTORIQUE

DE LA FRANCE.

PARIS,
TYPOGRAPHIE DE FIRMIN DIDOT FRÈRES,
RUE JACOB, 56.

GÉOGRAPHIE
HISTORIQUE
DE LA FRANCE

OU

HISTOIRE DE LA FORMATION
DU TERRITOIRE FRANÇAIS,

PAR

L. DUSSIEUX,

Membre correspondant des Comités historiques, répétiteur d'Histoire et de Géographie
à l'École militaire de Saint-Cyr.

PARIS,

CHEZ FIRMIN DIDOT FRÈRES, LIBRAIRES,

IMPRIMEURS DE L'INSTITUT,

RUE JACOB, 56.

1843.

AVERTISSEMENT.

La géographie est d'accord avec nos traditions nationales sur ce fait, que la France n'a pas ses limites naturelles. Refoulée en deçà des Alpes et du Rhin, lorsque l'empire de Charlemagne se brisa, la France perdit ses provinces orientales qui passèrent à l'Allemagne : elle eut alors pour frontières la Meuse et les Cévennes. En même temps, l'établissement de la féodalité divisait son territoire en une multitude de souverainetés indépendantes.

A partir de ce temps, les faits qui dominent notre histoire sont : la lutte de la *monarchie* contre la *polyarchie* féodale, la lutte de la nationalité française contre les diverses nationalités qui essayaient de se former en Normandie et en Provence, et, après mille péripéties, le triomphe et l'établissement de l'unité française.

Restait à reprendre nos vieilles limites. Nos rois du moyen âge et les grands hommes politiques des temps modernes n'ont pas manqué à cette tâche. Dans leurs efforts pour gagner le Rhin, ils sont aussi persévérants, aussi habiles que dans leurs efforts pour créer et consolider l'unité du territoire. Un jour cette œuvre parut achevée : le Rhin était devenu français. Mais la France n'a possédé le Rhin qu'un moment.

C'est l'histoire de la formation de l'unité intérieure et de la conquête des limites naturelles de la France, que l'auteur a essayé d'écrire, en traitant ces importantes questions de politique au point de vue de la géographie historique.

Les matériaux de ce livre sont disséminés dans une foule d'ouvrages : l'auteur a cru bien faire en réunissant ces faits isolés et en composant ce rapide tableau de la tradition française à l'endroit de nos limites naturelles.

En montrant combien avait été difficile l'établissement de l'unité territoriale, il a voulu montrer combien était précieuse cette partie de l'héritage de nos pères. Il a voulu faire un livre non-seulement utile à l'enseignement de la géographie de la France, mais que pourront consulter avec fruit, il l'espère, tous ceux qui lisent notre histoire.

Rien n'a été négligé pour rendre cet ouvrage aussi complet que possible; des notions indispensables de géographie physique, de nombreux tableaux de divisions géographiques et administratives, à diverses époques, et un atlas de 34 cartes ont été joints au texte historique.

En multipliant les cartes, l'auteur s'est efforcé de rendre sensibles des résultats, des changements considérables dont les livres ne font comprendre qu'imparfaitement l'importance. Si la géographie historique a pris, de nos jours, un développement aussi considérable, c'est qu'elle est le plus indispensable auxiliaire de l'histoire, des sciences politiques et surtout de la diplomatie, à laquelle elle doit fournir des bases qui trop souvent lui ont manqué.

ADDITION A LA PAGE 176,

Sur le projet de division de la France en départements.

Le projet de division par départements est généralement attribué à Sieyès, à Thouret et au Comité de constitution (1). Nous-même avons suivi cette opinion, tout en recherchant les documents géographiques desquels s'étaient servi les législateurs de la Constituante pour rédiger leur projet. L'idée de diviser la France par carrés, selon les latitudes et les longitudes, était assez radicalement géographique pour faire supposer qu'un géographe avait dû en fournir la première notion. En effet, la bibliothèque de Versailles possède une caisse en maroquin rouge ayant appartenu à Mme Adélaïde, sur le couvercle de laquelle on lit :

La France
en des *carrés* de dix grandeurs uniformes
régulièrement graduées par le nombre *neuf*,
dont la mesure et le nivellement,
établis à *perpétuité* sur le terrain,
offriront enfin des bases certaines
aux propriétaires et à l'administration.

à Madame Adélaïde.

Cette boîte renferme plusieurs cartes de France, à diverses échelles et de diverses dates, 1780, 1784 et 1786. Le tout est un projet de cadastre, dans lequel (carte de 1786) la France est divisée en 9 grands carrés ou *régions*, subdivisés chacun en 9 carrés secondaires ou *contrées*, qui se subdivisent en *districts*, *territoires*, *bans*, *cantons*, *tènements*, *car-*

(1) Composé de Champion de Cissé, archev. de Bordeaux, Talleyrand, Clermont-Tonnerre, Lally-Tollendal, Mounier, Sieyès, le Chapellier et Bergasse.

reaux, pièces, mesures. C'est tout le projet de Sieyès : division en carrés, division par 9, noms des subdivisions (*districts, cantons*) : et pour dernière preuve, la carte des 83 départements, publiée par ordre de l'Assemblée, partage la France en 9 régions, dénommées d'après les points cardinaux.

L'auteur de ce projet de division cadastrale est *Robert de Hesseln*, géographe de la ville de Paris, inspecteur des élèves de l'École royale militaire, et auteur d'un dictionnaire géographique de la France, encore estimé. Les biographies ne font aucune mention de ce savant.

RÉPONSES AUX QUESTIONS DU PROGRAMME

prescrit par le conseil royal de l'instruction publique pour l'enseignement de la

GÉOGRAPHIE HISTORIQUE DE LA FRANCE

DANS LES CLASSES DE RHÉTORIQUE.

QUESTIONS :

N° 1. Étendue de la domination des Francs à la mort de Pepin le Bref.
N° 2. Étendue et division de l'empire de Charlemagne.
N° 3. Géographie politique de la France à l'époque de la rivalité de la France et de l'Angleterre.
N° 4. Géographie politique de la France à la mort de Louis XIV.

RÉPONSES :

Au n° 1. — Le § 7 du chapitre IV. } La carte n° 9.
Au n° 2. — Le chapitre V. } La carte n° 9.
Au n° 3. — Les § 6, 7, 8, 9 du chapitre VII. } Les cartes 16, 17, 18, 19.
Les § 8 et 9 du chapitre IX. } Les cartes 16, 17, 18, 19.

Les élèves diviseront la question en cinq parties :

1° État de la France avant la guerre (carte 15).
2° La France d'après le traité de Bretigny (carte 16).
3° La France à la mort de Charles V (carte 17).
4° La France après le traité de Troyes (carte 18).
5° La France à la mort de Charles VII, c'est-à-dire, après la fin de la guerre (carte 19).

A chaque époque, ils indiqueront les bornes de la France; l'étendue du domaine royal et les apanages; les possessions du roi d'Angleterre; les grands vassaux du roi; les pertes ou acquisitions du domaine royal; les villes principales. Ils apprécieront les traités au point de vue géographique.

Au n° 4. — Le § 12 du chapitre IX (réunions des fiefs au domaine royal).
Le § 17 du chapitre VII (accroissements de territoire). Cartes 23 à 28.
Les 7 premiers § du chapitre X pour les divisions géographiques et administratives de la France à l'époque de Louis XIV.

Les élèves devront indiquer :

1° La géographie de la France avant Louis XIV (§ 15 du chap. VII. — Carte 22).

2° Les réunions au domaine royal.

3° Les accroissements de territoire consacrés par les traités de 1648, 1659, 1668, 1678, 1697, 1713 et 1714, en donnant quelques détails historiques qu'ils prendront aux leçons du professeur d'histoire.

4° Indiquer les bornes de la France à la mort de Louis XIV (carte 28); comparer et faire connaître la différence avec les bornes de la France avant le règne de Louis XIV.

5° Les divisions géographiques et administratives.

GÉOGRAPHIE

HISTORIQUE

DE LA FRANCE.

CHAPITRE PREMIER.

Géographie physique de la France (1).

§ 1. BORNES.

Le royaume de France n'a pas ses limites naturelles, il ne se compose pas de toute la région géographique qu'on appelle région française (2). Cette région renferme, en effet, la France, et de plus, le comté de Nice, la Savoie, la Suisse, la Bavière Rhénane, la Prusse Rhénane, le duché de Luxembourg et la Belgique. Sur 56,000 lieues carrées de superficie, le royaume de France comprend 28,000 lieues carrées, ou les trois quarts seulement de la superficie totale de la région.

Les limites naturelles de la région française (*Gallia* des anciens) sont le Rhin, depuis son embouchure jusqu'à sa source; les Alpes, depuis la source du Rhin, au Saint-Gothard, jusqu'au col de Cadibone, où finissent les Alpes maritimes et où commencent les Apennins; la mer Méditerranée, jusqu'au cap de Cerbera ; les Pyrénées, depuis ce cap jusque vers les

(1) Voyez la carte physique de la France.

(2) En géographie physique, l'Europe est divisée en régions, savoir : la région russe, à l'E.; les régions scandinave et britannique, au N.; les régions française et germanique, au centre; les régions espagnole, italienne et grecque, au S. Ces régions sont distinctes les unes des autres par les races et les langues, et elles sont bornées par des mers, des fleuves et des montagnes.

sources de la Bidassoa; la Bidassoa, le golfe de Gascogne, la Manche, le Pas-de-Calais et la mer du Nord.

§ 2. POSITION.

La position astronomique de la région est entre 42°16′ et 51° 57′ lat. N., et 7° 7′ long. O. et 6° 45′ longitude E.

Les avantages de la position de la France sont tellement considérables et si évidents qu'à une époque où ce pays était encore barbare (1), Strabon, visitant la Gaule et faisant la description de ce qu'il avait vu et observé avec tant d'intelligence, de ces fleuves nombreux se rendant à diverses mers, facilitant les communications et les échanges de tout ce qui est nécessaire à la vie, n'hésitait pas à dire que personne ne pourrait douter, en contemplant cette œuvre de la Providence (2), qu'elle n'ait disposé ainsi ce pays avec intention, et non pas au hasard (3).

Le rôle de la France, son histoire tout entière et son action sur l'Europe semblent en effet prouver que la Providence, qui avait de si grands desseins sur ce pays, avait aussi, comme le disait Strabon, disposé le sol de la manière la plus favorable au développement de ses habitants. En effet, point de grandes montagnes dans l'intérieur; aux frontières, au contraire, deux grandes chaînes; de vastes plaines, arrosées par des rivières nombreuses et accidentées par de riches coteaux; une température douce; un sol fertile donnant toutes les productions nécessaires à la vie; de nombreuses côtes sur deux mers, presque réunies par les fleuves : tels sont les éléments de la prospérité de la Gaule.

§ 3. DIVISION EN DEUX VERSANTS (4).

La France, traversée du N. E. au S. O. par la ligne de

(1) A l'époque d'Auguste, environ 50 ans après la conquête de César.

(2) Εργον προνοιας.

(3) Ουχ οπως ετυχεν αλλ' ως αν μετα λογισμου τινος.

(4) L'Europe tout entière est divisée en deux *versants* par une *arête hydrographique* composée d'une série de montagnes, de collines ou d'ondulations

partage des eaux de l'Europe, se trouve ainsi divisée en deux versants, l'un incliné vers le nord, l'autre vers le sud. Le versant du nord jette ses eaux dans la mer du Nord, la Manche et le golfe de Gascogne; le versant du sud est tributaire de la mer Méditerranée.

§ 4. OROGRAPHIE.

1° *Montagnes qui composent la ligne de partage des eaux.*

Nous commencerons à décrire la ligne de partage des eaux de l'Europe à partir du Saint-Gothard, où le Rhin et le Rhône prennent leurs sources. Cette ligne est divisée en neuf parties.

1° Du Saint-Gothard au mont Tendre, *les Alpes bernoises et les Alpes vaudoises* ou *mont Jorat;*

2° Du mont Tendre au mont Terrible, *le Jura central* (1);

3° Du mont Terrible au ballon d'Alsace, les ondulations de la trouée de Béfort (2);

4° Du ballon d'Alsace à la source de la Meuse, *le mont Bærenkopf* (3) et *les monts Faucilles;*

5° De la source de la Meuse au mont Tasselot, *le plateau de Langres;*

6° Du mont Tasselot au canal du Centre, *la côte d'Or;*

désignées, dans leur ensemble, sous le nom *de ligne de partage des eaux.* Ces deux versants sont ceux de l'océan Atlantique et de la mer Méditerranée. On peut regarder l'Europe comme composée de deux plans inclinés, adossés l'un à l'autre, dont l'intersection est la ligne de partage des eaux. Un versant est donc une surface ou un plan incliné vers une mer; en effet, tous les fleuves arrosant les pays situés sur un même versant se rendent à la même mer. Les bassins sont les subdivisions des versants. Le bassin d'un fleuve est le pays arrosé par ce fleuve et tous ses affluents, ou autrement l'ensemble de toutes les vallées arrosées par un fleuve et ses affluents.

(1) Au S. du mont Tendre s'étend le *Jura méridional* jusqu'au Rhône; au N. E. du mont Terrible s'étend le *Jura septentrional* jusqu'au Rhin.

(2) On appelle ainsi l'intervalle compris entre le ballon d'Alsace au sud des Vosges et le mont Terrible au nord du Jura. C'est une plaine ondulée, arrosée par plusieurs petites rivières, et qui doit son nom à la ville de Béfort, située sur la Savoureuse. On verra plus loin l'importance de cette trouée.

(3) Tête d'ours.

7° Du canal du Centre au col de Naurouze (1), *les Cévennes* (2) ;

8° Du col de Naurouze au pic de Corlitte, *les Corbières occidentales ;*

9° Du pic de Corlitte à la naissance des montagnes de la Navarre, *les Pyrénées centrales et occidentales.* — Les Pyrénées orientales, entre le pic de Corlitte et le cap Creux, ne font pas partie de la ligne de partage des eaux. A l'E. du col de Pertus, elles portent le nom de *monts Albères.* Des Pyrénées orientales se détachent le massif du Canigou et les Corbières orientales.

2° *Contre-forts de la ligne de partage des eaux.*

Le premier contre-fort de la ligne de partage des eaux, sur le versant septentrional, est la chaîne des *Vosges,* qui se détache des monts Faucilles au ballon d'Alsace, et se prolonge jusqu'au Rhin, sous les noms de Vosges et de Hardt ; un contre-fort va au N. O. vers le confluent de la Moselle, sous les noms de *Idar Wald* (3), *Hundsruck* (4), et de *Sonnen Wald* (5) : *le Hoch Wald* (6) est un contre-fort de l'Idar Wald.

(1) Traversé par le canal du Languedoc.

(2) Divisées en deux parties :

1° CÉVENNES SEPTENTRIONALES, comprenant les
- monts du Charollais.
- monts du Beaujolais. } Séparés par le mont Tarare.
- monts du Lyonnais. }
- monts du Vivarais, dont les sommets les plus importants sont les monts Mézen et Gerbier-des-Joncs. Le principal contre-fort de ces montagnes, appelé Montagnes du Forez, se termine sous le nom de Montagnes de la Madeleine.

2° CÉVENNES MÉRIDIONALES, comprenant les
- monts du Gévaudan (*). } Séparés par le mont *Laigonat.*
- monts Garrigues...... }
- montagnes de l'Orb.
- monts de l'Espinous.
- montagnes Noires.
- coteaux de Saint-Félix et de Sorèze.

(3) En allemand *Wald* signifie forêt (*saltus*) ; *Gebirge,* chaîne de montagnes ; *Berg,* mont ou montagne, mais isolément, par exemple un sommet principal.

(4) Dos de chien. — (5) Forêt du soleil. — (6) Forêt élevée.

(*) Des monts du Gévaudan se détache le *plateau de Levezac.*

Le second contre-fort est la chaîne des *Ardennes orientales*, qui se détache aussi des monts Faucilles et se dirige au N. entre le bassin de la Meuse et celui du Rhin. Cette chaîne se trifurque au N.; la branche occidentale, appelée le *Hohe-Wehen* (1), court entre la Roër et la Meuse, et présente à l'O. un rameau nommé *Hœhe* (2). Une seconde branche se prolonge au N. entre la Roër et le Rhin : enfin, la troisième branche va à l'E., sous le nom de *Eifel*, se terminer au confluent de la Moselle.

Le troisième contre-fort est la chaîne *de l'Argonne*, qui se détache du plateau de Langres au point où ce plateau se joint lui-même aux monts Faucilles. L'Argonne se dirige au N. O. entre les bassins de la Meuse et de la Seine, porte d'abord le nom d'Argonne, puis le nom d'Ardennes occidentales. Aux sources de l'Escaut, elle se divise en trois branches qui séparent, la première, ou *collines de Belgique*, les bassins de la Meuse et de l'Escaut; la seconde, ou *collines de l'Artois*, les bassins de l'Escaut et de la Somme, et va finir au cap Gris-Nez; la troisième, ou *collines de Picardie*, les bassins de la Somme et de la Seine, et va finir à la pointe de la Hève.

Le quatrième contre-fort se détache de la côte d'Or au mont Moresol; il porte les noms de monts du Morvan, plateau d'Orléans, collines du Perche, de Normandie, monts Menez, monts d'Arrée, et se termine à la pointe Saint-Mathieu. Ce contre-fort sépare les bassins de la Seine et de la Loire, et ses nombreuses ramifications (3) séparent les bassins côtiers de la Manche et du golfe de Gascogne, entre la Seine et la Loire.

Le cinquième contre-fort se détache des Cévennes un peu au N. de la Lozère, et se dirige au N. O., sous les noms de monts Margeride, montagnes d'Auvergne, montagnes du Limousin, montagnes du Poitou, plateau de Gatine. Il sépare les bassins de la Loire et de la Garonne. Les *collines*

(1) Montagne du souffle élevé.—(2) La hauteur.

(3) Les plus importantes sont *les collines du Lieuvin* (*), *du Cotentin, du Maine,* et *les montagnes Noires*.

(*) Le Lieuvin, pays dont Lisieux était la capitale.

du Périgord sont le rameau le plus important de ce contre-fort.

Le sixième contre-fort se détache des Pyrénées vers les sources de l'Adour, se dirige au N. sous le nom de collines du Bigorre et de Gascogne, et sépare les bassins de la Garonne et de l'Adour.

Le septième contre-fort se détache aussi des Pyrénées, à l'O. du col de Ronceveaux, et nous sert en partie de limite au S. O. Il porte le nom de montagnes de la Navarre.

Sur le versant méridional, nous trouverons un contre-fort important, *les Alpes occidentales* (1), qui se détache de la ligne de partage des eaux au mont Saint-Gothard. Cette partie des Alpes comprend *les Alpes pennines*, entre le Saint-Gothard et le mont Blanc ; *les Alpes grées ou de Savoie*, entre le mont Blanc et le mont Cenis; *les Alpes cottiennes* ou *dauphinoises*, entre le mont Cenis et le mont Viso; *les Alpes maritimes*, entre le mont Viso et le col de Cadibone, au N. de Savone.

Les Alpes occidentales séparent les bassins du Rhône et du Pô. Plusieurs sous-contre-forts s'en détachent; les premiers couvrent la Savoie; l'un d'eux, entre l'Arve et le Guiers, vient resserrer le cours du Rhône, au S. du Jura, et former ainsi le premier bassin de ce fleuve ; puis on trouve les *hautes Alpes*, entre l'Isère et la Durance (2); enfin les *basses Alpes* (monts Esterel et Alpines), qui séparent le bassin du Rhône des bassins côtiers du Var, de l'Argens et de l'Arc, et donnent naissance aux montagnes des Maures.

§ 5. DIVISION DE LA FRANCE EN BASSINS.

On appelle bassin la partie d'un versant arrosée par un fleuve et ses affluents. Le versant de l'océan Atlantique com-

(1) Nous divisons ainsi la chaîne des Alpes : *Alpes occidentales*, depuis le col de Cadibone jusqu'au Saint-Gothard; *Centrales*, jusqu'au pic des Trois-Seigneurs; *Orientales*, jusqu'au mont Kleck, en Illyrie.

(2) Ces montagnes portent les noms de monts Leberon et de monts Ventoux.

prend quatre grands bassins et vingt et un petits : les grands sont ceux du Rhin (1), de la Seine, de la Loire et de la Garonne.

On y trouve aussi, avons-nous dit, 21 petits bassins ou bassins côtiers, arrosés par de petits fleuves; ces bassins peuvent être considérés comme des appendices des grands bassins. Les fleuves qui arrosent ces petits bassins sont :

L'Escaut, l'Aa, l'Yser, *tributaires de la mer du Nord;* la Liane, la Canche, l'Authie, la Somme, la Bresle, l'Arques, la Touques, l'Orne, la Vire, la Rance, *tributaires de la Manche;* l'Aulne, le Blavet, la Vilaine, le Lay, la Sèvre, la Charente, la Leyre, l'Adour, *tributaires du golfe de Gascogne.*

Le versant de la Méditerranée comprend le grand bassin du Rhône et douze bassins côtiers.

Ces 12 bassins sont ceux du Tech, de la Tet, de la Gly, de l'Aude, de l'Orb, de l'Hérault, de la Vidourle, de l'Arc, de l'Argens, du Var, de la Roya, de l'Arosia.

§ 6. DESCRIPTION DU BASSIN DU RHIN.

Ceinture du bassin.

A partir du Saint-Gothard, la paroi de gauche de la ceinture du bassin du Rhin est formée par les Alpes bernoises, le Jorat, le Jura, les ondulations de la trouée de Béfort, les monts Faucilles, l'Argonne et les Ardennes occidentales. La paroi de droite est formée, également à partir du Saint-Gothard, par les Alpes Grises, d'Algau, de Constance, la Forêt Noire, les Alpes de Souabe, de Franconie, le Fichtel-Gebirge (2), le Rhône-Gebirge, le Vogels-Gebirge (3) et l'Egge-Gebirge (4).

Les contre-forts qui se détachent de ces divers massifs resserrent le Rhin sur plusieurs parties de son cours, de manière à partager son bassin en plusieurs parties ou bassins partiels.

(1) Exactement la partie occidentale du bassin du Rhin, la partie orientale appartenant à la région germanique.

(2) Montagnes des Pins.

(3) Montagnes de l'Oiseau.

(4) Montagne de la Herse.

Ainsi, le Jura et la forêt Noire, vers Bâle, forment un premier étranglement qui détermine le bassin supérieur du Rhin, lequel comprend la SUISSE. L'Eifel et le Westerwald, contrefort du Vogels-Gebirge, déterminent, vers Coblentz, un autre resserrement, et forment ainsi le second bassin du Rhin. Toute la rive gauche de ce second bassin est essentiellement française. La rive droite, au contraire, est allemande. Le troisième bassin du Rhin s'étend jusqu'à la mer du Nord.

Dans ce bassin comme dans le précédent, le fleuve sépare l'Allemagne de la France. Aux embouchures du Rhin se trouve la Hollande.

Cours du Rhin.

En Suisse, le Rhin coule d'abord du S. au N., puis, à sa sortie du lac de Constance, de l'E. à l'O. Dans son second bassin, le fleuve se dirige du S. au N., en arrosant les villes de Huningue, Neuf-Brisach, Spire, Worms, Mayence, Coblentz, Cologne, Dusseldorf, Wesel, et se divise vers Tolhuis en 4 bras, l'Yssel, le vieux Rhin, le Leck et le Wahal.

Affluents du Rhin.

En ne tenant compte que des affluents qui arrosent le territoire français (1), nous trouverons la Birse, l'Ill, la Moder, la Lauter, la Queich, la Nahe, la Moselle et la Meuse.

1° La *Birse* descend du Jura, et se jette dans le Rhin au-dessus de Bâle. Cette rivière nous servait de limite au traité de Lunéville.

2° L'*Ill* descend du Jura, et va se jeter dans le Rhin au-dessous de Strasbourg. Elle arrose Mulhouse, Colmar, Schelestadt et Strasbourg.

3° La *Moder* prend sa source dans les Vosges, passe à Haguenau, et reçoit, à droite, *la Zorn*, qui descend aussi des Vosges et passe à Saverne, près de Phalsbourg.

(1) Par conséquent nous ne parlerons que des affluents de la rive gauche dans les 2e et 3e bassins; le 1er bassin étant à la Suisse, et la rive droite des 2e et 3e bassins étant à l'Allemagne.

4° La *Lauter* descend des Vosges, passe à Weissembourg, et se jette dans le Rhin à Lauterbourg; cette rivière nous sert actuellement de limite.

5° La *Queich* descend des Vosges, arrose Landau et la Bavière rhénane.

6° La *Nahe*, qui descend de l'Idar Wald et se jette à Bingen.

7° La *Moselle* descend des Vosges, arrose Épinal, Toul, Metz, Thionville, entre dans la Prusse rhénane au-dessous de Sierck, passe à Trèves, et se jette dans le Rhin à Coblentz.

Ses affluents sont, à droite, *la Meurthe, la Seille* et *la Sarre;* à gauche, *la Sure.*

a. La *Meurthe* descend des Vosges, passe près de Lunéville et arrose Nancy.

b. La *Seille* sort de l'étang de Lindre, dans un pays célèbre par ses étangs et ses salines, arrose Dieuze, Marsal, Vic, et va se jeter dans la Moselle à Metz.

c. La *Sarre* descend aussi des Vosges, arrose Sarreguemines et Sarrelouis.

d. La *Sure* descend des Ardennes orientales, reçoit l'*Alzette*, qui traverse Luxembourg.

8° La *Meuse*. La Meuse prend sa source au plateau de Langres, coule du S. E. au N. O., et arrose Domrémy, Verdun, Sedan, Mézières, Givet, en France; Namur, Liége, en Belgique; Maestricht, en Hollande. La Meuse ou ses affluents traversent les départements des Vosges, de la Meuse, des Ardennes; les provinces belges du Hainaut, du Luxembourg, de Namur, de Liége; les provinces hollandaises du Limbourg, du Brabant, de la Hollande méridionale; la régence prussienne d'Aix-la-Chapelle. Elle se divise, vers Gorkum, en plusieurs bras, dont l'un se réunit au Rhin (Leck et Wahal); les autres se jettent, à travers des sables et des îles nombreuses, dans la mer du Nord.

Affluents de la Meuse.

Les affluents de droite sont le Chiers, l'Ourthe, la Roër ; les affluents de gauche sont le Viroin, la Sambre, la Dommel.

Le *Chiers* arrose deux places fortes importantes, Montmédy et Longwi.

L'*Ourthe* se jette dans la Meuse à Liége.

La *Roër* descend de l'Eifel, et se jette dans la Meuse à Ruremonde. Un de ses affluents passe à Aix-la-Chapelle.

Le *Viroin* arrose le pays dans lequel se trouvent Philippeville et Mariembourg, places fortes perdues en 1815.

La *Sambre* arrose Landrecies, Maubeuge, Wattignies, en France; et en Belgique, Charleroy, Fleurus, et se jette dans la Meuse à Namur.

La *Dommel* parcourt un pays marécageux et passe à Bois-le-Duc.

Géographie politique du bassin du Rhin.

Les provinces situées dans la partie française du bassin du Rhin sont :

Les départements du Haut-Rhin, — du Bas-Rhin, — des Vosges, — de la Meurthe, — de la Moselle, — de la Meuse, — des Ardennes,	à la France.
La Bavière Rhénane, Partie de la Hesse-Darmstadt, Partie de la Prusse Rhénane, Le Luxembourg hollandais,	à la Confédération germanique.

§ 7. BASSINS CÔTIERS DE LA MER DU NORD ENTRE LE RHIN ET LE PAS DE CALAIS.

Ces bassins sont ceux de l'Escaut, de l'Yser et de l'Aa.

Bassin de l'Escaut.

Ceinture du bassin.

Ce bassin n'est circonscrit que par de très-faibles hauteurs, les collines de Belgique, qui vont au N. entre l'Escaut et la Meuse, et par les collines de l'Artois, qui vont à l'O. se terminer au cap Gris-Nez.

Cours de l'Escaut.

L'Escaut sort des Ardennes au point où ces montagnes se trifurquent; il coule du S. au N., et arrose les villes de Cambrai, Denain, Valenciennes, en France ; il passe près de Fontenoy, à Tournay, Oudenarde, Gand et Anvers, en Belgique. Au-dessous de cette ville il entre en Hollande et se divise en deux branches, l'Escaut occidental et l'Escaut oriental. Les îles qui se trouvent à son embouchure forment la province de Zélande.

Affluents de l'Escaut.

Les affluents de droite sont le Haisne, la Rupel; ceux de gauche sont la Scarpe et la Lys.

Le *Haisne* passe à Mons, près de Jemmapes, et finit à Condé. Dans sa vallée on trouve encore Malplaquet.

La *Ruppel* est formée de trois rivières qui se réunissent près de Malines, et qui sont la Senne, la Dyle et la Nèthe.

La *Senne* passe près de Steinkerque et de Waterloo, puis arrose Bruxelles.

La *Dyle* arrose Louvain et Malines; on trouve encore dans la vallée de cette rivière Ramillies et Nerwinde.

La *Nèthe* est formée de deux cours d'eau du même nom.

La *Scarpe* arrose Arras et Douay.

La *Lys* passe à Aire, en France, et à Courtray, en Belgique. Son affluent principal est à droite, la *Deule*, qui laisse sur sa gauche Lens, et arrose Lille.

Géographie politique.

Les provinces situées dans le bassin de l'Escaut sont :

Une partie du département du Pas-de-Calais, Le département du Nord,	à la France.
Les provinces de Hainaut, — Flandre occidentale, — Flandre orientale, — Anvers, — Brabant méridional,	à la Belgique.
La province de Zélande,	à la Hollande.

L'Yser et l'Aa se jettent tous deux dans la mer du Nord, le premier à Nieuport, le second à Gravelines. L'Aa arrose Saint-Omer. Entre ces deux fleuves se trouve Dunkerque.

§ 8. BASSINS CÔTIERS DE LA MANCHE ENTRE LE PAS DE CALAIS ET LA SEINE.

Ces bassins sont ceux de la Liane, de la Canche, de l'Authie, de la Somme, de la Bresle et de l'Arques.

Ils sont circonscrits par les collines de l'Artois qui se détachent des Ardennes occidentales et vont finir au cap Gris-Nez, et par les collines de Picardie qui se détachent également des Ardennes et vont se terminer au cap de la Hève. Ces bassins ne sont séparés les uns des autres que par de petites hauteurs ou de simples ondulations de terrain.

La *Liane* se jette dans la Manche à Boulogne.

La *Canche* passe à Montreuil.

L'*Authie* arrose Doullens.

La *Somme*, le plus considérable de ces fleuves, prend sa source près de Saint-Quentin, arrose cette ville, puis Péronne, Amiens et Abbeville.

La *Bresle* se jette dans la Manche au-dessous d'Eu.

L'*Arques* a son embouchure à Dieppe.

Géographie politique.

Les départements arrosés par ces cours d'eau sont ceux du Pas-de-Calais, de la Somme, de la Seine-Inférieure.

§ 9. BASSIN DE LA SEINE.

Ceinture du bassin.

Depuis le cap de la Hève jusqu'aux sources de l'Oise, le bassin est circonscrit par les collines de Picardie ; depuis ce point jusqu'aux sources de la Marne, par les Ardennes occidentales et l'Argonne ; ensuite viennent, le plateau de Langres, la côte d'Or, qui font partie de la ligne de partage des eaux ; enfin les monts du Morvan, le plateau d'Orléans, les collines du Perche, desquelles se détache, à l'ouest des sources de la Rille, un petit contre-fort (les *collines du Lieuvin*) qui va se terminer en face le cap de la Hève.

Cours de la Seine.

La Seine descend du plateau de Langres, coule au N. O., en traversant les villes de Châtillon, Troyes, Montereau, Melun, Paris, Saint-Denis, Saint-Germain, Mantes, Rouen, et se jette dans la Manche entre le Havre et Honfleur.

Affluents de la Seine.

Les affluents de droite sont l'Aube, la Marne, l'Oise et l'Epte ; les affluents de gauche sont l'Yonne, le Loing, l'Eure et la Rille.

L'*Aube* descend du plateau de Langres, et arrose Bar et Arcis.

La *Marne* sort du même plateau, passe près de Langres, à Chaumont, Châlons et Meaux. Elle reçoit *l'Ornain*, qui arrose Bar-le-Duc.

L'*Oise* descend des Ardennes occidentales, passe à La Fère, laisse à gauche Laon, puis arrose Compiègne et Pontoise. Son affluent principal est l'*Aisne*, qui sort de l'Argonne et arrose Réthel et Soissons. L'Aisne reçoit à gauche *la Vesle*, qui traverse Reims.

L'*Epte*, ancienne limite de la Normandie et de la France, arrose Gisors et Saint-Clair.

L'*Yonne* descend du mont Beuvron, passe à Auxerre, Sens,

et se jette dans la Seine à Montereau. Son affluent principal est *l'Armançon*, qui sort du mont Moresol, arrose Semur, et se jette sur la rive droite de l'Yonne, au-dessus de Joigny.

Le *Loing* prend sa source dans les ondulations qui sont entre les monts du Morvan et le plateau d'Orléans, et arrose Montargis.

L'*Eure* descend des collines du Perche, arrose Chartres, Ivry, Cocherel et Louviers, en laissant Dreux puis Évreux sur sa gauche.

La *Rille* descend de ces mêmes collines et passe à Laigle.

Géographie politique.

Les départements situés dans ce bassin sont ceux de :

Départements	
La Côte-d'Or, L'Yonne, Seine-et-Marne, Seine, Seine-et-Oise, Eure, Seine-Inférieure,	traversés par la Seine.
La Haute-Marne, La Marne, Seine-et-Marne,	traversés par la Marne.
Partie de la Meuse, Les Ardennes, L'Aisne, L'Oise,	traversés par l'Oise et ses affluents.
L'Yonne, Le Loiret, L'Eure-et-Loir, L'Eure,	traversés par les divers affluents de rive gauche.

§ 10. BASSINS CÔTIERS DE LA MANCHE ENTRE LA SEINE ET L'OCÉAN ATLANTIQUE (du cap de la Hève au cap Saint-Mathieu).

Les fleuves qui arrosent nos côtes de la Manche, entre les points que nous venons de désigner, sont la Touques, l'Orne, la Vire, la Rance, et plusieurs autres petits cours d'eau de peu d'étendue.

Ceinture.

Cet ensemble de bassins côtiers est limité par les collines du Lieuvin, du Perche, de Normandie, les monts Menez, et par les monts d'Arrée, jusqu'au cap Saint-Mathieu.

La *Touques* passe à Lisieux.

L'*Orne*, le plus considérable de tous ces fleuves, arrose Séez et Caen.

La *Vire* passe à Saint-Lô.

La *Rance* se jette dans la Manche à Saint-Malo.

Entre la Vire et la Rance s'étend la presqu'île du Cotentin, au N. de laquelle est Cherbourg.

Géographie politique.

Les départements compris dans cette partie de la France sont :

Le Calvados,
La Manche,
Une partie d'Ille-et-Vilaine,
Les Côtes-du-Nord,
Une partie du Finistère.

§ 11. BASSINS CÔTIERS DU GOLFE DE GASCOGNE ENTRE LE CAP SAINT-MATHIEU ET LA LOIRE.

Les fleuves qui arrosent cette partie de la France sont l'Aulne, le Blavet et la Vilaine.

Ceinture.

La circonscription de ces bassins est formée au N. par les monts Menez et d'Arrée ; il se détache de ces montagnes, aux sources de la Vilaine, un contre-fort qui va se terminer au Croisic (les *collines du Maine*) en formant la paroi orientale du bassin de la Vilaine.

L'*Aulne* a son bassin circonscrit par les monts d'Arrée et les montagnes Noires. Brest est la ville la plus considérable de ce bassin.

Le *Blavet* arrose Pontivy, et à son embouchure se trouvent Lorient et Port-Louis.

La Vilaine passe à Vitré, à Rennes, où elle reçoit l'Ille, à Redon, où elle reçoit *l'Oust*, et a son embouchure au-dessous de la Roche-Bernard.

Géographie politique.

Les départements situés dans ces bassins sont ceux :

Du Finistère,
Du Morbihan,
D'Ille-et-Vilaine.

§ 12. BASSIN DE LA LOIRE.

Ceinture.

La ceinture du bassin de la Loire est formée par les collines du Maine, par les collines de Normandie et du Perche, par le plateau d'Orléans, les montagnes du Morvan, la Côte-d'Or, les Cévennes septentrionales, les monts Margeride, d'Auvergne, du Limousin, du Poitou, le plateau de Gatine, et de petites hauteurs qui vont finir à la pointe de Pornic.

Cours de la Loire.

La Loire prend sa source au mont Gerbier des Joncs, dans les Cévennes, coule au N. jusqu'à Orléans, puis à l'O. jusqu'à son embouchure. Elle arrose le Puy, Roanne, Nevers, Cosne, Briare, Orléans, Blois, Amboise, Tours, Saumur, les ponts de Cé, Ancenis, Nantes, Paimbœuf, et se jette dans l'Océan à Saint-Nazaire.

Affluents.

Les affluents de la Loire sont, à droite, le Furand, l'Arroux, la Nièvre, la Maine formée de la Mayenne, de la Sarthe et du Loir, l'Erdre; à gauche, l'Allier, le Cher, l'Indre, la Vienne et la Sèvre nantaise.

Le *Furand* est un petit cours d'eau qui descend du mont Pilat et traverse le pays manufacturier et houillier dont Saint-Étienne est la ville la plus importante.

L'*Arroux* descend de la Côte-d'Or, arrose Autun, et se jette dans la Loire à Digoin.

La *Nièvre* prend sa source dans les montagnes du Morvan, et se jette à Nevers.

La *Maine* est formée de la Mayenne et de la Sarthe. La Mayenne descend des collines de Normandie, passe à Mayenne et à Laval. La Sarthe descend des collines du Perche, passe à Alençon, au Mans, et reçoit l'Huisne et le Loir. L'Huisne sort des collines du Perche, passe près de Mortagne, et vient se terminer au Mans. Le Loir sort du plateau d'Orléans, passe à Fréteval, à Vendôme et à la Flèche. La Maine arrose Angers avant de se jeter dans la Loire.

L'*Allier* descend des Cévennes, laisse à gauche Clermont et Riom, passe à Moulins, et se jette au-dessous de Nevers.

Le *Cher* passe à Montluçon, et se jette, au-dessous de Tours, dans la Loire. Il reçoit, à droite, l'Auron, qui arrose Bourges.

L'*Indre* arrose Châteauroux.

La *Vienne* descend des monts du Limousin, passe à Limoges et à Châtellerault; elle reçoit la Creuse qui arrose Aubusson, et le Clain qui passe à Poitiers.

La *Sèvre nantaise*, qui descend du plateau de Gatine, finit à Nantes.

Géographie politique.

Les départements situés dans ce bassin sont ceux de :

1° La Haute-Loire,
2° La Loire,
3° Saône-et-Loire,
4° Allier,
5° Nièvre,
6° Cher,
7° Loiret,
8° Loir-et-Cher,
9° Indre-et-Loire,
10° Maine-et-Loire,
11° Loire-Inférieure,

} arrosés par la Loire et les 3 premiers affluents de droite.

12° Eure-et-Loir,
13° Sarthe,
14° Mayenne,

} arrosés par la Maine et ses affluents.

15° Puy-de-Dôme,
16° Creuse,
17° Haute-Vienne,
18° Vienne,
19° Deux-Sèvres,

} arrosés par les affluents de gauche.

§ 13. BASSINS CÔTIERS DU GOLFE DE GASCOGNE ENTRE LA LOIRE ET LA GARONNE.

Les fleuves qui arrosent cette partie de la France sont le Lay, la Sèvre niortaise et la Charente. Le bassin de ces rivières est circonscrit depuis la pointe de Pornic jusqu'à la pointe de la Caubre par le plateau de Gatine, les collines du Poitou, et par les collines du Périgord qui se détachent des collines du Poitou et vont se terminer à la pointe de la Caubre.

Le *Lay*, ainsi que *la Sèvre* et son affluent *la Vendée*, arrosent le département de ce nom. La Sèvre passe à Niort.

La *Charente* descend des collines du Poitou, arrose Angoulême, Jarnac, Cognac, Saintes, Taillebourg, et se jette au-dessous de Rochefort, dans la rade de Rochefort, au N. de laquelle se trouve la Rochelle.

Géographie politique.

Les départements situés dans ces bassins sont ceux de :

La Vendée,	La Charente,
Les Deux-Sèvres,	La Charente-Inférieure.

§ 14. BASSIN DE LA GARONNE.

Ceinture.

La ceinture du bassin de la Garonne est formée par les collines de la Saintonge et du Périgord, par les monts du Limousin, d'Auvergne, Margeride, les Cévennes méridionales, les Corbières et les Pyrénées entre le pic de Corlitte et le mont Cylindre, où se détache de la chaîne un contre-fort qui va finir à la pointe de Grave, et qui porte les noms de montagnes du Bigorre et de Gascogne, ou bien collines de l'Armagnac et du Bordelais.

Cours de la Garonne.

La Garonne prend sa source dans les Pyrénées, au val d'Arran, qui est à l'Espagne, arrose Saint-Gaudens, Muret, Toulouse, Agen, Bordeaux, reçoit la Dordogne au bec d'Ambez, prend dès lors le nom de Gironde, arrose Blaye, et se jette dans le golfe de Gascogne entre les pointes de Grave et de la Caubre.

Affluents.

Les affluents de la rive droite sont l'Ariége, le Tarn, le Lot et la Dordogne ; le principal des affluents de gauche est le Gers.

L'*Ariége* descend du pic de Corlitte et arrose Foix.

Le *Tarn* descend des Cévennes, arrose Albi et Montauban, et a pour affluent l'*Aveyron*, qui descend du plateau de Lévezac et passe à Rhodez.

Le *Lot* descend de la Lozère, arrose Mende et Cahors.

La *Dordogne* a ses sources dans les monts d'Auvergne (au mont Dore); elle arrose Bergerac, Castillon et Libourne ; ses deux affluents sont la *Vézère*, qui reçoit la *Corrèze*, laquelle passe à Tulle; et l'*Isle*, qui arrose Périgueux.

Le *Gers* sort des montagnes de l'Armagnac et arrose Auch.

Géographie politique.

Les départements situés dans ce bassin sont ceux de :

Départements	
La Haute-Garonne, Le Tarn-et-Garonne, Le Lot-et-Garonne, La Gironde,	arrosés par la Garonne.
Le Gers,	arrosé par les affluents de la rive gauche.
L'Ariége, Le Tarn, L'Aveyron, La Lozère, Le Cantal, La Corrèze, Le Lot, La Dordogne,	arrosés par les affluents de droite.

§ 15. BASSINS CÔTIERS ENTRE LA GIRONDE ET LA BIDASSOA.

La ceinture de ces bassins est formée par les collines du Bordelais, de l'Armagnac et du Bigorre, puis par les Pyrénées et les montagnes de la Navarre ou du Bastan.

Les rivières qui arrosent ces bassins sont la Leyre, l'Adour et la Nivelle.

La *Leyre* arrose les Landes, et se jette dans le bassin d'Arcachon.

L'*Adour* descend du mont Tourmalet, arrose Tarbes et Bayonne. Il reçoit à droite la *Midouze*, qui passe à Mont-de-Marsan, et à gauche divers *gaves* ou rivières, entre autres le gave de Pau, grossi du gave d'Oléron, et enfin la Nive, qui se jette dans l'Adour à Bayonne.

Géographie politique.

Les départements situés dans ces bassins sont ceux :

Des Hautes-Pyrénées,	Des Landes,
Des Basses-Pyrénées,	Et une partie de la Gironde.

VERSANT DE LA MÉDITERRANÉE.

§ 16. BASSINS CÔTIERS DE LA MÉDITERRANÉE ENTRE LE CAP DE CERBERA ET LE RHÔNE.

Ces bassins sont au nombre de sept, savoir .

Le bassin du Tech,	Le bassin de l'Orb,
— de la Tet,	— de l'Hérault,
— de la Gly,	— de la Vidourle.
— de l'Aude,	

La ceinture de ces bassins est formée par la ligne de partage des eaux depuis le mont Laigonat jusqu'au pic de Corlitte. Les Pyrénées orientales, qui se détachent de ce pic et vont à l'est se terminer au cap de Cerbera, séparent le bassin du Tech de celui du fleuve espagnol la Mouga. Du mont Laigonat se détache un contre-fort formé par de petites collines qui séparent le bassin de la Vidourle de celui du Rhône.

Le *Tech* descend des Pyrénées orientales, et arrose Céret.

La *Tet* descend du pic de Corlitte, arrose Perpignan.

La *Gly* descend des Corbières orientales, arrose Rivesaltes, et se jette au S. de l'étang de Leucate.

L'*Aude* descend aussi du pic de Corlitte, passe à Carcassonne, près de Narbonne, et se jette au N. de l'étang de Sijean.

L'*Orb* prend sa source aux montagnes de l'Orb, et se jette au-dessous de Béziers.

L'*Hérault* descend du mont Laigonat, et a son embouchure au-dessous d'Agde et au S. O. de l'étang de Thau, près duquel se trouve Cette.

La *Vidourle* descend des Cévennes, passe près de Lunel, et se jette dans l'étang de Mauguio, à l'E. de Montpellier.

Géographie politique.

Les départements situés dans cette partie du territoire sont ceux :

Des Pyrénées-Orientales,
De l'Aude,
De l'Hérault.

§ 17. BASSIN DU RHÔNE.

Ceinture.

La ceinture du bassin du Rhône est formée à l'ouest par la ligne de partage des eaux, depuis le mont Saint-Gothard jusqu'au mont Laigonat, c'est-à-dire, par les Alpes bernoises, le Jorat, le Jura, les monts Faucilles, le plateau de Langres, la Côte-d'Or et les Cévennes ; vient enfin le contre-fort qui se détache du mont Laigonat; à l'est, par les Alpes pennines, depuis le Saint-Gothard jusqu'au mont Blanc ; par les Alpes grées, depuis le mont Blanc jusqu'au mont Cenis; par les Alpes cottiennes, depuis le mont Cenis jusqu'au mont Viso; et, par une partie des Alpes maritimes, jusqu'au col de Lauzanie, d'où se détache un contre-fort qui va au sud-est se terminer au nord de l'étang de Berre, en portant les noms de monts Esterel, et enfin d'Alpines.

Cours du fleuve.

Le Rhône descend du mont Saint-Gothard, coule d'abord à l'ouest, en arrosant le Valais et Sion ; il forme le lac de Genève, et sort de ce lac à Genève ; il passe à Seyssel, où il se perd un instant, c'est-à-dire que, pendant soixante pas, le fleuve coule sous les rochers qui barrent son passage ; il arrive à Lyon, où il change de direction ; dès lors il coule vers le sud et arrose Vienne, Tournon, Valence, Pont-Saint-Esprit, Avignon, Beaucaire et Arles. Là, il se partage en deux bras qui forment un delta, appelé l'île de la Camargue.

Affluents.

Les affluents de la rive droite sont l'*Arve*, le *Guiers*, l'*Isère*, la *Drôme*, la *Durance ;* ceux de gauche sont l'*Ain*, la *Saône*, l'*Ardèche* et le *Gard*.

L'*Arve* descend des Alpes, arrose la Savoie, et se jette dans le Rhône à Genève.

Le *Guiers* forme une partie de notre limite, et passe aux Échelles de Savoie et à Pont-de-Beauvoisin.

L'*Isère* sort du mont Iseran, arrose la Savoie, entre en France au-dessus du fort Barreaux, passe à Grenoble, et finit au-dessus de Valence.

La *Drôme* passe à Die.

La *Durance* descend du mont Genèvre, passe à Briançon, Montdauphin, Embrun, Sisteron, et se jette dans le Rhône au-dessous d'Avignon. Ses affluents sont l'Ubaye, qui arrose la vallée et la ville de Barcelonnette, le Bléone, qui passe près de Digne, et le Verdon.

L'*Ain* descend du Jura.

La *Saône* sort des monts Faucilles, passe à Gray, Auxonne, Châlon, Tournus, Mâcon, Trévoux, et se jette dans le Rhône à Lyon. Elle reçoit, sur sa rive gauche, le Doubs, qui arrose Pontarlier, Besançon et Dôle. Le Doubs a pour affluent la Savoureuse, qui arrose Béfort. La Saône reçoit, sur sa rive droite, l'Ouche, qui passe à Dijon.

L'*Ardèche* et le *Gard* descendent des Cévennes.

Géographie politique.

Les pays et départements situés dans ce bassin sont :

Le canton du Valais, Partie du canton de Vaud, Le canton de Genève,	à la Suisse.
La Savoie,	au royaume de Sardaigne.
Les départements de l'Ain, — du Rhône, — de l'Isère, — de l'Ardèche, — de la Drôme, — du Gard, — de Vaucluse, — des Bouches-du-Rhône,	arrosés par le Rhône et ses affluents.
Les départements de la Haute-Saône, Partie de la Côte-d'Or, Partie de Saône-et-Loire, — du Doubs, — du Jura,	arrosés par la Saône et le Doubs.
— des Hautes-Alpes, — des Basses-Alpes,	arrosés par la Durance.

§ 18. BASSINS CÔTIERS DE LA MÉDITERRANÉE ENTRE LE RHÔNE ET L'ITALIE.

Ces bassins sont ceux de l'Arc, de l'Argens, du Var, de la Roya et de l'Arosia.

Ils sont circonscrits par les Alpines, les monts Esterels et les Alpes maritimes, jusqu'au col de Cadibone.

L'*Arc* passe près d'Aix, et se jette dans l'étang de Berre.

L'*Argens* se jette à Fréjus.

Le *Var* descend des Alpes maritimes, et forme en partie notre limite du côté du comté de Nice.

La *Roya* descend du col de Tende, arrose Tende, Saorgio, et se jette à Vintimiglia.

L'*Arosia* se jette à Albenga.

Géographie politique.

Les départements et les pays situés dans cette partie du territoire sont ceux :

Du Var, Partie des Bouches-du-Rhône,	à la France.
Le comté de Nice,	à la Sardaigne.

§ 19. ÎLES DÉPENDANT DE LA FRANCE.

1° Dans la Manche :

Les îles normandes, dont les principales sont : Jersey, Guernesey, Aurigny; elles appartiennent à l'Angleterre.

2° Dans l'océan Atlantique :

L'île d'Ouessant.

3° Dans le golfe de Gascogne :

L'île de Croix,
Belle-Ile,
Ile de Noirmoutier,
Ile de Rhé,
Ile d'Aix,
Ile d'Oléron.

4° Dans la mer Méditerranée :

Les îles d'Hyères, au N. desquelles se trouve le port de Toulon.

Les îles de Lérins,

L'île de Corse, qui dépend géographiquement de l'Italie, appartient à la France, et forme un département dont le chef-lieu est Ajaccio. Ses rivières les plus considérables sont le Golo et le Liamone; elle est traversée du sud au nord par une chaîne de montagnes qui forme au nord de l'île le cap Corse.

CHAPITRE II.

La Gaule avant la conquête romaine (1).

L'histoire donne pour premiers habitants à la Gaule les Aquitains et les Ligures au midi, et les Galls (*Galli*) au nord. Plus tard, une nouvelle tribu, celle des Kimris, passa le Rhin, refoula devant elle les anciens habitants, ou bien se mêla avec eux. Dans le même temps, les Phéniciens fondaient des colonies sur le littoral de la Méditerranée : mais les Grecs chassèrent bientôt les Phéniciens, et la colonie grecque de Marseille (*Massilia*) fonda à son tour les villes d'Agde (*Agatha*), d'Antibes (*Antipolis*) et de Nice (*Nicœa*).

Enfin, une dernière invasion compléta la population de la Gaule, c'est celle des Belges (Kimris Belges), qui s'établit en deçà du Rhin.

Ces courtes explications historiques feront mieux comprendre le tableau que nous allons présenter de la géographie primitive de la Gaule, environ 200 ans avant J. C.

Au nord.

Entre la Seine et le Rhin, LES KIMRIS BELGES,

Dont les principales tribus étaient les *Remi*, les *Suessiones*, les *Bellovaci*, les *Veliocasses*, les *Ambiani*, les *Caleti*, les *Atrebates*, les *Morini*, les *Nervii*, les *Menapii*, les *Eburones*, les *Treveri*, les *Mediomatrici*, les *Leuci*.

Sur le Rhin, on trouve quelques peuplades dont quelques-unes sont peut-être germaniques; ce sont les *Tribocci*, les *Nemètes*, les *Vangiones*, les *Ubii*, les *Usipètes*, les *Batavi*.

(1) Voyez la première carte de l'Atlas.

A l'ouest.

Entre la Seine et la Garonne, LES GALLO-KIMRIS.

Les vingt-sept tribus de ce peuple étaient les *Lexovii,* les *Viducasses,* les *Baiocasses,* les *Unelli,* les *Abrincatui,* les *Redones,* les *Curiosolites,* les *Osismii,* les *Veneti* et les *Namnetes;* ces dix tribus composaient la confédération armoricaine (*armorike*), qui paraît avoir dominé les tribus dont les noms suivent : les *Eburovices,* les *Parisii,* les *Meldi,* les *Tricasses,* les *Lingones,* les *Senones,* les *Carnutes,* les *Essui,* les *Diablintes,* les *Cenomani,* les *Andes,* les *Turones,* les *Pictones,* les *Santones,* les *Lemovices,* les *Petrocorii,* les *Bituriges Vivisci.*

Au centre et à l'est.

Entre les Gallo-Kimris et les Alpes, les GALLS (*Celtes, Gaulois*).

Les tribus gauloises ou galliques formaient deux grandes confédérations, celles des *Arvernes* et des *Edues.* La plus puissante, celle des Arvernes, se composait des Arvernes (*Arverni*), dont la capitale était Gergovia; des *Vellavi,* des *Gabali,* des *Helvii,* des *Ruteni,* des *Cadurci,* des *Nitiobriges.*

La confédération des Edues se composait des Edues (*Ædui*), dont la capitale était Bibracte (*Autun*), ville célèbre par les écoles des Druides; des *Mandubii,* dont la capitale était Alise (*Alesia,* aujourd'hui Sainte-Reine); des *Bituriges,* dont la capitale était Avaricum (*Bourges*); des *Segusiani,* capitale *Lugdunum* (Lyon); des *Insubres,* des *Ambarri.*

Les Sequanes (*Sequani*) avaient pour capitale Vesontio (*Besançon*). Les Helvétiens (*Helvetii*) et les Allobroges étaient aussi à la tête de diverses petites tribus qui les avoisinaient.

Au sud-est.

Entre la Garonne et les Pyrénées, les AQUITAINS.

Les principales de ces tribus étaient les *Meduli,* les *Vocates,* les *Boates,* les *Cocosates,* les *Sotiates,* les *Garites,* les *Auscii,* les *Sibuzates,* les *Garumni,* les *Conso-*

ranni, les *Convenæ*, les *Bigerriones*, les *Elusates*, les *Tarasates*, les *Preciani*, les *Sibylates*, les *Tarbelli.*

Au sud.

Entre les Galls et la Méditerranée, les LIGURES.

Les tribus ligures qui occupaient ce pays étaient les *Sardones*, les *Salyi*, les *Suetteri*, les *Commoni*, les *Oxibii*, les *Deciates*, les *Nerusi*, les *Reii*, les *Mimeni*, les *Vulgieni* et les *Vocontii.*

Mais le littoral du pays des Ligures avait été conquis par les Grecs de Marseille ; de plus, une tribu belge, celle des *Volcæ tectosages* et *Arecomici*, s'était établie depuis *Tolosa* (Toulouse) jusqu'au Rhône.

LA PROVINCE ROMAINE.

Rome devait chercher à conquérir le midi de la Gaule pour lier ses possessions d'Espagne à l'Italie. L'occasion se présenta en 154. Marseille, alliée des Romains, les appela à son secours contre les tribus liguriennes qui s'opposaient à ses conquêtes. Les Romains passèrent les Alpes, battirent les Ligures, les Allobroges, les Arvernes, les Tectosages, fondèrent Aix (*Aquæ sextiæ*) et Narbonne (*Narbo Martius*), et réduisirent en province romaine toute cette partie méridionale de la Gaule qui composa depuis la Narbonaise.

C'est de cette province que César partit pour conquérir le reste de la Gaule (1).

(1) Voyez la carte 2, dressée pour servir à l'Histoire de la conquête de la Gaule par César.

CHAPITRE III.

La Gaule sous la domination des Romains.

§ I. HISTOIRE DES DIVISIONS DE LA GAULE (1).

César n'avait rien changé aux divisions de la Gaule ; Auguste la divisa, lors du partage de l'empire, en quatre grandes provinces, savoir : la *Belgique*, la *Lyonnaise* (ancienne Celtique), l'*Aquitaine* et la *Narbonaise* (ancienne province romaine). Strabon, Pomponius Méla, Pline et Ptolémée donnent des détails sur cette première division de la Gaule.

La Belgique fut subdivisée, sous Tibère, en trois provinces : la Belgique, la Germanie supérieure et la Germanie inférieure.

Cet état de choses subsista jusqu'à Dioclétien. Sous ce prince, dont le règne fut, comme on sait, une époque de réformes administratives, la division de la Gaule subit d'importantes modifications. Les anciennes provinces furent supprimées : l'empire fut partagé en diocèses et en préfectures. La Gaule devint alors un *diocèse* de la préfecture des Gaules, et fut partagée, suivant Ammien Marcellin (liv. XV), en douze provinces, savoir :

1° La 1re Germanie, cap. Mayence,
2° La 2e Germanie, cap. Cologne,
3° La 1re Belgique,
4° La 2e Belgique,
5° La Séquanaise,
6° La 1re Lyonnaise, cap. Lyon,
7° La 2e Lyonnaise, cap. Rouen,
8° Les Alpes grecques et pennines,
9° L'Aquitaine, cap. Bordeaux,
10° La Novempopulanie,
11° La Narbonaise,
12° La Viennoise.

Valentinien Ier ajouta (selon Sextus Rufus), quatre ans après

(1) Cf. Mémoires de l'académie des Inscriptions et Belles-Lettres, tome VIII, 405. Mémoire de Delabarre sur les divisions que les empereurs romains ont faites des Gaules en plusieurs provinces.

son avénement au trône (369), deux nouvelles provinces aux précédentes, savoir :

13° Les Alpes maritimes, démembrées de la Viennoise,
14° Une seconde Aquitaine.

Enfin un dernier partage, opéré sous Gratien, porta à dix-sept le nombre des provinces : c'est la division que donne la notice des dignités de l'empire (sect. 34, 46, 48), et qui fit appeler la Gaule le pays des dix-sept provinces ou les dix-sept provinces (1).

La Narbonaise fut alors partagée en deux parties, et les deux Lyonnaises partagées aussi chacune en deux provinces.

En 374, sept de ces provinces furent séparées du reste du diocèse, et formèrent un État particulier qui eut sa capitale (Arles) et son administration distinctes. Ces sept provinces étaient :

1° La Viennoise,
2° La 1re Aquitaine,
3° La 2e Aquitaine,
4° La Novempopulanie,
5° La 1re Narbonaise,
6° La 2e Narbonaise,
7° Les Alpes maritimes.

Il faut encore citer deux divisions géographiques assez importantes : nous voulons parler du *Tractus armoricanus* et du *Tractus nervicanus*. Ces deux divisions embrassaient toutes les côtes septentrionales de la Gaule. Le duc qui les gouvernait était chargé de les défendre contre les descentes des Saxons et des autres barbares qui attaquaient l'empire par mer.

§ 2. GÉOGRAPHIE DE LA GAULE SOUS LES ROMAINS (2).

Bornes.

La Gaule (*Gallia*) était bornée par le Rhin depuis son embouchure jusqu'à sa source, par les Alpes, par la Méditerra-

(1) Quelques auteurs ont admis 2 Viennoises; cette erreur du P. Pagi est réfutée par le témoignage de tous les auteurs anciens.

(2) Voyez la carte n° 3. — Les livres à consulter pour les détails sont les divers mémoires et ouvrages de Valois, de d'Anville, et surtout l'excellent ouvrage de M. le baron Walkenaer, sur la géographie des Gaules.

née, les Pyrénées, l'océan Atlantique, l'océan Britannique, la Manche, le Pas-de-Calais (*fretum Gallicum*) et l'océan Germanique (*mer du Nord*).

Montagnes.

Les chaînes de montagnes principales s'appelaient *Alpes* (les Alpes), subdivisées en Alpes pennines, grecques et maritimes ; *Pyrenæi* (les Pyrénées), *Cebenna* (les Cévennes), *Vogesus* (les Vosges), *Jura* (le Jura).

Fleuves.

Les fleuves les plus importants portaient les noms de *Rhenus* (le Rhin), *Scaldis* (Escaut), *Sequana* (Seine), *Liger* (Loire), *Garumna* (Garonne), *Rhodanus* (Rhône).

Les affluents du Rhin étaient *Mosella* (la Moselle), *Mosa* (la Meuse), *Sabis* (la Sambre).

Les affluents de la Seine étaient *Matrona* (la Marne), *Isara* (l'Oise), *Axona* (l'Aisne), *Icauna* (l'Yonne), *Atura* (l'Eure).

Les affluents de la Loire étaient *Meduana* (la Mayenne), *Lædus* (le Loir), *Elaver* (l'Allier), *Caris* (le Cher), *Vigenna* (la Vienne).

Les affluents de la Garonne étaient *Aurigera* (l'Ariége), *Tarnis* (le Tarn), *Oltis* (le Lot), *Durannius* (la Dordogne).

Les affluents du Rhône étaient *Arar* (la Saône), *Dubis* (le Doubs), *Isara* (l'Isère), *Druentia* (la Durance).

Les petits fleuves portaient les noms de *Samara* (la Somme), *Olina* (l'Orne), *Herius* (la Vilaine), *Carentulus* (la Charente), *Atur* (l'Adour), *Atax* (l'Aude), *Arauris* (l'Hérault), *Varus* (le Var).

Villes.

Les villes les plus considérables de la Gaule étaient : *Argentoratum* (Strasbourg) et *Moguntiacum* (Mayence), dans la Germanie première ; *Colonia Agrippina* (Cologne), *Confluentes* (Coblentz), dans la seconde Germanie ; *Augusta Treverorum* (Trèves), la métropole de la Gaule ; *Mediomatrici* (Metz), dans la première Belgique ; *Turnacum* (Tournai),

Atrebates (Arras), *Bononia* (Boulogne), *Ambiani* (Amiens), *Bellovaci* (Beauvais), *Suessiones* (Soissons), *Remi* (Reims), dans la seconde Belgique; *Vesontio* (Besançon), *Aventicum* (Avenche), dans la Séquanaise.

Dans la Lyonnaise on trouvait : *Lingones* (Langres), *Alesia* (Alise), *Augustodunum* (Autun), *Lugdunum* (Lyon), dans la première Lyonnaise; *Senones* (Sens), *Carnutes* (Chartres), dans la Lyonnaise quatrième; *Rotomagus* (Rouen), dans la seconde Lyonnaise; *Turones* (Tours), *Namnetes* (Nantes), *Andecavi* (Angers), *Veneti* (Vannes), dans la troisième Lyonnaise.

Les principales villes de l'Aquitaine étaient : *Bituriges* (Bourges), *Arverni* (Clermont), *Cadurci* (Cahors), dans la première Aquitaine; *Santones* (Saintes), *Burdigala* (Bordeaux), dans la seconde Aquitaine; *Elusa* (Eause), *Ausci* Auch), dans la Novempopulanie.

Les principales villes de la Narbonaise étaient *Tolosa* (Toulouse), *Narbo Martius* (Narbonne), *Nemausus* (Nîmes), dans la Narbonaise première; *Vienna* (Vienne), *Arausio* (Orange), *Arelate* (Arles), *Massilia* (Marseille), dans la Viennoise; *Aquæ sextiæ* (Aix), *Forum Julii* (Fréjus), dans la Narbonaise seconde; *Darantasia* (Moutiers), dans les Alpes grecques; *Ebrodunum* (Embrun), *Nicæa* (Nice), dans les Alpes maritimes.

CHAPITRE IV.

La Gaule sous les Franks.

Parmi les barbares qui détruisirent l'empire romain au cinquième siècle, les Franks, les Bourguignons et les Goths furent ceux qui s'établirent dans la Gaule.

Nous allons suivre l'histoire des divisions politiques de la Gaule pendant cette époque, et nous remarquerons que, malgré les nombreux changements survenus dans les royaumes barbares, l'ancienne division de la Gaule en provinces, cités et *pagi*, adoptée par le clergé, se perpétua au milieu de ces modifications continuelles et du désordre qu'elles entraînaient à leur suite.

§ 1. LA GAULE EN 481, À L'AVÉNEMENT DE CLOVIS (1).

La Gaule était divisée, à l'avénement de Clovis, en neuf parties : les royaumes franks, les possessions des Alémans, l'empire romain, la confédération armorikaine, la Bretagne, l'Aquitaine, la Septimanie, le royaume des Bourguignons, la province de Marseille.

1. *Les royaumes franks* étaient situés entre la Somme, l'Oise, la forêt des Ardennes, la Moselle, une partie du Rhin, le Mein, le Wéser et la mer du Nord (2). Ils étaient divisés en deux grandes parties : le royaume des Franks-Ripuaires (*Ripewares*) et les royaumes des Franks-Saliens (*Saliskes*).

(1) Voyez la carte n° 4. — Cette carte et ce chapitre ont été rédigés d'après un mémoire de Foncemagne (acad. des Inscrip., t. VIII); art. Clovis de la Biogr. univ. par Walkenaer; Schœll, Cours d'hist.; et surtout Grégoire de Tours et les actes des conciles.

(2) Pour les pays occupés à l'est du Rhin par les Franks et pour leurs origines, Cf. l'Hist. des institutions mérovingiennes, par Lehuerou, 1 vol. in-8°.

Le royaume des Ripuaires avait pour capitale Cologne. Coblentz, Tolbiac (*Duispargum*) en étaient les villes les plus importantes. On y trouvait encore *Tungri* (Tongres), dans la *Tungria*, si souvent confondue par les annalistes de ce temps avec la Thuringe (*Thuringia*).

Les royaumes des Saliens étaient au nombre de trois : ceux de Tournai, de Cambrai, de Thérouenne.

Le royaume de Tournai, gouverné par Clovis, se composait de la Ménapie, restreinte alors au diocèse de Tournai, qui comprenait les pays de Bruges, Gand, et Ypres (*Flandre*). Ce territoire était resserré entre la mer et l'Escaut.

Le royaume de Thérouenne comprenait la Morinie ou diocèses de Thérouenne et de Boulogne.

Le royaume de Cambrai se composait de la cité des Nerviens ou diocèse de Cambrai.

2. *Les possessions des Alémans.* — Les Alémans (*Alemanni*) étaient une tribu germanique établie entre le Rhin, la Bavière (*Baioaria*) et le Mein (c'est-à-dire, dans la Souabe ou Alemania du moyen âge). Pendant l'invasion, ils passèrent le Rhin et s'établirent jusqu'à la Meuse, occupant les provinces modernes d'Alsace, Lorraine et Bavière rhénane. Leurs villes principales étaient Mayence, Worms, Spire, Verdun, Toul.

3. *L'empire romain.* — On donnait ce titre pompeux aux provinces possédées encore par Syagrius, gouverneur romain. Ces provinces s'étendaient entre la Meuse, la Somme, la Seine et le royaume des Bourguignons. Les villes étaient Amiens, Saint-Quentin, Soissons, Reims, Châlons, Troyes, Auxerre, Sens, Beauvais.

4. *La confédération armorikaine.* — Cette confédération était située entre la Seine, la Loire et la Bretagne. Elle se composait des cités gallo-romaines d'Angers, Orléans, Melun, Paris, Rouen, Lillebonne, Lisieux, Vieux, Bayeux, Valognes, Seez, le Mans, Dreux, Chartres.

5. *La Bretagne.* — Les Kimris de la Bretagne étaient indépendants sous un comte particulier. Leur territoire s'étendait à peu près jusqu'à la Mayenne.

6 et 7. *L'Aquitaine et la Septimanie.* — Ces deux provinces appartenaient aux Wisigoths depuis le règne de l'empereur Honorius. L'Aquitaine comprenait les évêchés de Bordeaux, Eause, Bourges, Toulouse, Agde, Nîmes, Rodez, Albi, Cahors, Auch, Comminges, Béarn, Oléron, Lectoure, Limoges, Conserans, Périgueux, Uzès, Tarbes, Clermont, Bazas, Mende, Tours. La *Septimanie* se composait des sept diocèses qui étaient sous la métropole de Narbonne; ces évêchés étaient ceux de Béziers, Maguelonne, Nîmes, Agde, Lodève, Carcassonne, Elne.

8. *La province de Marseille* (Provence) appartenait aux Ostrogoths qui l'avaient enlevée aux Bourguignons. Cette province était formée par les diocèses et les villes d'Arles, Aix, Avignon, Digne, Fréjus, Marseille, Senez, Antibes, Avignon.

9. *Le royaume des Bourguignons* s'étendait entre l'Aquitaine et les Alpes, le Rhin et la Durance. Il se composait des cités de Langres, Nevers, Autun, Châlon, Dijon, Besançon, Avenche, Martigni, Genève, Mâcon, Lyon, Vienne, Valence, Tarantaise, Grenoble, Die, Gap, Embrun, Saint-Paul-Trois-Châteaux, Vaison, Orange, Carpentras, Cavaillon, Sisteron. Lyon, Châlon et Genève paraissent avoir été les capitales de ce royaume.

§ 2. LA GAULE A LA MORT DE CLOVIS (511).

Les conquêtes de Clovis et de ses fils modifièrent complétement l'état de la Gaule. La victoire de Soissons (486) fit tomber au pouvoir des Franks l'empire de Syagrius. La victoire de Tolbiac (496) les rendit maîtres des possessions des Alémans; la conversion de Clovis au christianisme établit sa domination sur la confédération armorikaine placée sous l'influence ou le gouvernement des évêques. Clovis s'empara aussi des cités de Rennes et de Nantes sur les Bretons. Enfin, la victoire de Vouillé (507) lui valut la possession de l'Aquitaine.

A la mort de Clovis, sauf la Bourgogne qui était demeurée

indépendante et la Septimanie qui resta encore longtemps aux Wisigoths, toute la Gaule appartenait aux Franks.

§ 3. LA GAULE APRÈS LA MORT DE CLOVIS.

1. *Partage entre les fils de Clovis* (1).

Thierry, Chlodomir, Childebert et Clotaire se partagèrent les possessions de Clovis après la mort de leur père.

Royaume de Metz.—Thierry eut ce royaume, qui fut composé des provinces transrhénanes, des cités gauloises comprises entre le Rhin et la Meuse, des cités de Reims, Châlons, Troyes, Avranches; et en Aquitaine, les cités de Clermont, Rodez, Cahors, Albi et Uzès.

Royaume d'Orléans. — Chlodomir obtint ce royaume, formé des cités de Sens, Auxerre, Orléans, Tours, le Mans, Angers; et dans l'Aquitaine, la Novempopulanie.

Royaume de Paris. — Childebert eut le royaume de Paris, c'est-à-dire, les cités de Meaux, Paris, Senlis, Beauvais, la seconde Lyonnaise tout entière, les cités de Rennes, Nantes, et la partie de l'Aquitaine comprise entre la Loire, la Vienne et la Gironde, avec les villes de Poitiers et Angoulême.

Royaume de Soissons. — Clotaire obtint ce royaume, qui était composé des cités de Laon, Soissons, Saint-Quentin, Amiens, Thérouenne, Tournai, Cambrai, Tongres; et dans l'Aquitaine, les cités de Bourges, Limoges et Brives.

Les fils de Clovis augmentèrent leurs États par leurs conquêtes. Thierry s'empara de la Thuringe, de la Bavière, et porta ainsi ses frontières jusqu'au pays des Saxons. Chlodomir, Childebert et Clotaire s'emparèrent du royaume des Bourguignons (534), lequel s'était accru de la province de Marseille que les Ostrogoths leur avaient cédée.

(1) Voyez la carte 5, dressée d'après dom Bouquet, t. II.

2. *Partage entre les fils de Clotaire Ier* (561).

ROYAUME DE PARIS. CARIBERT.	ROYAUME D'ORLÉANS. GONTRAN.	ROYAUME DE METZ. SIGEBERT.	ROY. DE SOISSONS. CHILPÉRIC.
Ancien royaume de Paris. Quercy, Albigeois. Province de Marseille.	Ancien royaume d'Orléans. Le royaume de Bourgogne.	L'ancien royaume de Metz. La Thuringe et la Bavière.	L'ancien royaume de Soissons. Plus le pays entre la Somme et la Seine, enlevé au royaume de Paris.

3. *Partage après la mort de Caribert* (567).

ROYAUMES D'ORLÉANS ET DE BOURGOGNE.	ROYAUME DE SOISSONS.	ROYAUME DE METZ.
Les royaumes d'Orléans, de Bourgogne. Les cités de Melun, de Saintes, Périgueux, Angoulême, Agen.	Le royaume de Soissons. Les cités du pays appelé depuis Normandie; de Rennes, Nantes, la Bretagne (?), Bordeaux, Limoges, Cahors, le Bigorre, le Béarn.	Le royaume de Metz. Avranches, Tours, Poitiers, Aire, Albi, Conserans.

4. *Les royaumes franks d'après le traité d'Andelot* (587) (1).

Pour mettre un terme à la guerre que se faisaient Brunehaut et Frédégonde, on signa un traité à Andelot (*Andelaus*) qui suspendit un instant la querelle de ces deux femmes, et d'après lequel la France se trouva ainsi partagée :

Gontran, outre son royaume, devait avoir le tiers de Paris, Châteaudun, Vendôme, Étampes et ses environs, le pays chartrain, le tiers de Rosson le Grand (2). — Childebert fut mis en possession de Meaux, Tours, Poitiers, Avranches, Aire, Conserans, Bayonne, Albi et Senlis. — Brunehaut eut en partage Cahors et ses environs; les quatre cités de Beneharnum (*Lescar*), Begorra (*Bigorre*), Bordeaux et Limoges, qu'elle possède, passent à Gontran, mais reviendront à Brunehaut à la mort de Gontran.

(1) Voyez la carte n° 6. — Cf. Greg. Turon., L. IX, c. 20.

(2) *Rossontensis*, près Soissons.

5. *La Neustrie et l'Austrasie.*

La division des Franks en Neustriens et Austrasiens était en usage dès le septième siècle. On entendait par Austrasie (de l'allemand *Oster-Reich*), le royaume oriental; et par Neustrie, *nich oster*, non oriental, le royaume occidental. La limite entre ces deux pays était formée par la Meuse, la forêt des Ardennes et les monts Faucilles.

Après de longues luttes entre les Neustriens et les Austrasiens, ceux-ci, après avoir renversé le gouvernement des rois mérovingiens, se rendirent d'abord indépendants (678), puis entreprirent la conquête de la Neustrie. La bataille de Testry, en 687, soumit la Neustrie à l'Austrasie.

La carte 7 de l'Atlas représente les royaumes franks partagés en Neustrie et Austrasie, en 678. L'Aquitaine est devenue libre de la domination des Franks; les Aquitains sont, en effet, gouvernés par les ducs mérovingiens descendant d'un frère de Dagobert.

6. *La France après la mort de Charles Martel* (741) (1).

La France est toujours partagée en trois grands pays, Austrasie, Neustrie et Bourgogne. Les limites de l'Austrasie sont celles qu'elle avait à la mort de Thierry Ier. La Neustrie s'est accrue de la Septimanie ou Gothie que Charles Martel a enlevée aux Sarrasins, à l'exception de Narbonne. L'Aquitaine et la Gascogne sont encore indépendantes.

7. *Étendue de la domination des Franks à la mort de Pépin le Bref* (2).

Les limites de la France de Pépin le Bref sont, au N., la Manche, le Pas-de-Calais et la mer du Nord; à l'E., le Rhin, la Lippe, la Saale, les montagnes de Bohême (*Bœhmerwald*),

(1) Voyez la carte n° 8.

(2) Ce n° répond à la première question du Programme des Études de géographie pour les élèves de rhétorique.

l'Ens et les Alpes ; au S., la Méditerranée et les Pyrénées; à l'O., l'océan Atlantique.

Les provinces du royaume de Pépin étaient la *Neustrie*, la *Bourgogne*, la *Septimanie* ou *Gothie*, la *Provence*, l'*Alsace*, l'*Alémannie* et la *Souabe*, la *Bavière*, l'*Austrasie* et la *Thuringe*.

CHAPITRE V.

Empire de Charlemagne (1).

§ 1. BORNES ET ÉTENDUE.

Les conquêtes de Charlemagne reculèrent les bornes de la France de Pépin le Bref, à l'est, jusqu'à l'Elbe, la chaîne des monts de Bohême, le Raab, la Drave, la Save et les limites de la Dalmatie; au sud, jusqu'au duché de Bénévent, en Italie, et jusqu'à l'Èbre, en Espagne; au nord, jusqu'à l'Eyder et la mer Baltique.

Il est impossible de déterminer avec précision quelles étaient les limites orientales de cet empire. En effet, Charlemagne avait rendu tributaires un certain nombre de peuplades voisines de ses frontières; mais on ne sait pas exactement jusqu'où s'étendaient ces peuples tributaires. Éginhard affirme que Charlemagne avait dompté les Slaves jusqu'à la Vistule; il est plus probable cependant que la limite n'allait pas au delà de l'Oder, des monts de Moravie, d'une ligne arbitraire tracée entre ces montagnes et la Theiss, de la Theiss enfin jusqu'à son confluent.

Au sud, on doit encore ranger les Lombards du duché de Bénévent parmi les peuples tributaires de Charlemagne. Ainsi renfermé dans les limites que nous venons de lui assigner, l'empire de Charlemagne comprenait la France actuelle, de plus, la Belgique, la Hollande, l'Allemagne, une partie de la Hongrie, l'Esclavonie, la Dalmatie, l'Italie, moins le royaume de Naples, la Suisse, la Navarre, l'Aragon, la Catalogne; enfin, les îles Baléares, la Corse et la Sardaigne.

(1) Ce chapitre répond à la seconde question du Programme de géographie pour les élèves de rhétorique. — Cf. la carte n° 9.

§ 2. DIVISIONS ET PROVINCES.

Les grandes provinces de l'empire étaient l'Austrasie, la Neustrie, l'Aquitaine, la Bourgogne, l'Italie, les provinces Illyriennes, la Bavière, l'Alémannie, la Thuringe et la Saxe.

1. L'*Austrasie*, composée des deux Germanies et de la première Belgique sur la rive gauche du Rhin, et, à droite de ce fleuve, de la France primitive (*Palatinat et Franconie*), renfermait les cités suivantes :

1re Belgique.	1re Germanie.	2e Germanie.
Civitas Trevirensis.	Civitas Moguntiensis.	Civitas Coloniensis.
— Mettensis.	— Argentinensis.	— Leodiensis.
— Tullensis.	— Spirensis.	— Ultrajectensis.
— Virdunensis.	— Wormensis.	
	— Constantiensis.	

Les villes principales étaient Aix la Chapelle (*Aquisgranum*), capitale de l'empire ; Metz, Nimègue, Duren, d'où partirent plusieurs armées contre les Saxons ; Héristall et son château, Mayence, Ingelheim, Worms, Selz, Toul, sur la rive droite du Rhin ; Fulde, Francfort, Wurzbourg et Bamberg.

2. La *Neustrie* comprenait les anciennes provinces de la Belgique seconde et des Lyonnaises seconde, troisième et quatrième, et les cités suivantes :

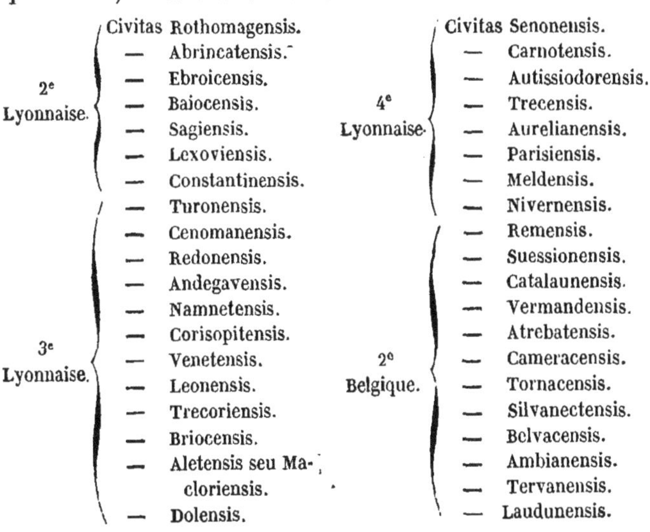

2e Lyonnaise.	4e Lyonnaise.
Civitas Rothomagensis.	Civitas Senonensis.
— Abrincatensis.	— Carnotensis.
— Ebroicensis.	— Autissiodorensis.
— Baiocensis.	— Trecensis.
— Sagiensis.	— Aurelianensis.
— Lexoviensis.	— Parisiensis.
— Constantinensis.	— Meldensis.
	— Nivernensis.

3e Lyonnaise.	2e Belgique.
— Turonensis.	— Remensis.
— Cenomanensis.	— Suessionensis.
— Redonensis.	— Catalaunensis.
— Andegavensis.	— Vermandensis.
— Namnetensis.	— Atrebatensis.
— Corisopitensis.	— Cameracensis.
— Venetensis.	— Tornacensis.
— Leonensis.	— Silvanectensis.
— Trecoriensis.	— Belvacensis.
— Briocensis.	— Ambianensis.
— Aletensis seu Macloriensis.	— Tervanensis.
— Dolensis.	— Laudunensis.

Les villes principales étaient Soissons, Laon, Paris, Boulogne et Gand, où stationnaient les flottes destinées à arrêter les invasions des Normands; les abbayes de Saint-Denis, de Jumièges et de Sithiu (Saint-Omer); Tours, Angers, Rennes, Nantes. La Bretagne était alors soumise à Charlemagne et réunie à la Neustrie. On doit encore citer les célèbres *villas* de Verberie, Attigny et Querzy.

5. L'*Aquitaine* comprenait les anciennes provinces de l'Aquitaine première, de l'Aquitaine seconde, de la Novempopulanie et deux cités de la Narbonaise première. Les cités étaient les suivantes :

AQUITAINE PREMIÈRE.	AQUITAINE SECONDE.	NOVEMPOPULANIE.
Civitas Bituricensis.	Civitas Burdegalensis.	Civitas Ausciensis.
— Arvernensis.	— Aginnensis.	— Aquensis.
— Rutenensis.	— Engolismensis.	— Lactoractensis.
— Albigensis.	— Santonensis.	— Convennensis.
— Cadurcensis.	— Petragoricensis.	— Consorannensis.
— Lemovicensis.		— Lascurrensis.
— Mimatensis.		— Vici Juliensis.
— Podiensis.		— Vasatensis.
		— Tarbensis.
		— Iluronensis.
		— Lapurdensis.

1re Narbonaise.	
	Civitas Tolosensis.
	— Ucetiensis.

Elle était divisée, sous le rapport politique, en quinze comtés, savoir :

Poitou,	capitale	Poitiers.	*Toulousan*,	capitale	Toulouse.
Berry,	—	Bourges.	*Agénois*,	—	Agen et la villa de Chasseneuil.
Saintonge,	—	Saintes.			
Angoumois,	—	Angoulême.	*Bordelais*,	—	Bordeaux.
Limosin,	—	Limoges.	*Quercy*,	—	Cahors.
Auvergne,	—	Clermont.	*Périgord*,	—	Périgueux.
Velay,	—	Le Puy.			
Gévaudan,	—	Javoulx.			
Rouergue,	—	Rhodez.			
Albigeois,	—	Albi.			

Le sud de la province, l'ancienne Novempopulanie portait le nom de *Gascogne*; on y trouvait Roncevaux dans les Pyrénées.

Du royaume d'Aquitaine dépendaient encore les deux provinces suivantes :

La *Gothie* ou *Septimanie* était formée de la première

Narbonaise presque tout entière; les cités de cette province étaient :

Civitas	*Narbonensis,*	ville principale	Narbonne.
—	*Biterrensis,*	—	Béziers.
—	*Nemausensis,*	—	Nîmes.
—	*Lutevensis,*	—	Lodève.
—	*Carcassonnensis,*	—	Carcassonne.
—	*Agathensis,*	—	Agde.
—	*Elnensis,*	—	Elne.
—	*Magalonensis,*	—	Maguelonne.

Les marches d'Espagne. — Les conquêtes de Charlemagne sur les Arabes d'Espagne s'étendirent jusqu'à l'Èbre ou à peu près. On en forma un marquisat ou *marche*, c'est-à-dire, un pays frontière. La marche d'Espagne fut subdivisée en deux parties, la marche de Gothie, qui correspond à la Catalogne actuelle, et la marche de Gascogne, qui correspond à la Navarre et à la partie de l'Aragon au nord de l'Èbre.

Les villes principales étaient Barcelone, la capitale de la marche de Gothie; Pampelune, capitale de la marche de Gascogne; Bezalu, Ampurias, Girone, Tarragone, Lérida.

4. *Bourgogne.* — Le royaume de Bourgogne était formé des anciennes provinces de la première Lyonnaise, de la Séquanaise, des Alpes grecques, de la deuxième Narbonaise et de la Viennoise. On y trouvait les cités suivantes :

1re Lyonnaise.	Civitas	Lugdunensis,	ville principale	Lyon.
	—	Augustodinensis,	—	Autun.
	—	Lingonensis,	—	Langres.
	—	Cabilonensis,	—	Châlon.
	—	Matisconensis,	—	Mâcon.
Séquanaise.	—	Vesontiensis,	—	Besançon.
	—	Bellicensis,	—	Belley.
	—	Lausannensis,	—	Lausanne.
	—	Basiliensis,	—	Bâle.
Alpes grecques.	—	Tarantasiensis,	—	Moutiers.
	—	Augustensis,	—	Aoste.
	—	Sidonensis,	—	Sion.
2e Narbonaise.	—	Aquensis,	—	Aix.
	—	Aptensis,	—	Apt.
	—	Regensis,	—	Riez.
	—	Foro Juliensis,	—	Fréjus.
	—	Wapincensis,	—	Gap.
	—	Segesteronensis,	—	Sisteron.
	—	Antipolitensis,	—	Antibes.

Viennoise.	—	Viennensis,	—	Vienne.
	—	Genevensis,	—	Genève.
	—	Gratianopolitanensis,	—	Grenoble.
	—	Vivariensis,	—	Viviers.
	—	Deensis,	—	Die.
	—	Valentinensis,	—	Valence.
	—	Maurianensis,	—	Maurienne (St-Jean de)
	—	Arelatensis,	—	Arles.
	—	Tricastinensis,	—	St-Paul 3 Châteaux.
	—	Vasensis,	—	Vaison.
	—	Arausicensis,	—	Orange.
	—	Cavilonensis,	—	Cavaillon.
	—	Avenionensis,	—	Avignon.
	—	Massiliensis,	—	Marseille.
	—	Tolonensis,	—	Toulon.
	—	Carpentoractensis,	—	Carpentras.

5. L'*Italie.*—Le royaume d'Italie comprenait toute la partie de l'ancien royaume des Lombards, située entre les Alpes au nord, le Garigliano et l'Ofanto au sud. Les diverses contrées de ce royaume étaient la Lombardie, le Tyrol, la marche de Trévise, le Frioul, le duché de Spolète et les possessions de l'Église.

Dans la Lombardie, les villes principales étaient Pavie, Milan et Vérone.

La ville principale du Tyrol était Trente; la marche Trévisane avait pour capitale Trévise; le Frioul formait aussi une marche fort importante pour la défense de l'Italie; Florence et Pise étaient les deux villes les plus considérables de la Toscane; enfin Spolète était la capitale du duché de ce nom.

Les possessions de l'Église se composaient des donations de Pépin et de Charlemagne, c'est-à-dire, du patrimoine de l'Église romaine (*ancien exarchat de Ravenne*), avec sa capitale Ravenne, et du duché de Rome (*aujourd'hui patrimoine de saint Pierre*); Rome était la capitale de ces provinces.

Dans les Alpes, qui séparent l'Italie de la Bourgogne, on trouve souvent cités, dans les opérations militaires de ce temps, les deux défilés ou routes du Pas de Suze (Vallis Sensana ou Segusiana) et les portes des Franks (*clusæ Francorum*), aujourd'hui le col du petit Saint-Bernard.

6. *Provinces Illyriennes.* — Nous comprenons sous ce nom toutes les provinces conquises sur les Slaves de l'Illyrie ou Servie, savoir : la Liburnie, la Dalmatie, la Carniole, l'Esclavonie, la Carinthie. Ces provinces n'avaient de villes importantes que les cités maritimes, et celles-ci appartiennent à l'empire grec.

7. L'*Avarie.* — Cette province, qui est aujourd'hui l'Autriche proprement dite, formait alors la marche d'Autriche, et s'étendait jusqu'au Raab, où de redoutables retranchements furent élevés contre les barbares, qui s'avançaient de ce côté. La ville principale était Vienne (*Vindobona*).

8. La *Bavière* avait pour villes remarquables Ratisbonne (*Reginoburgum*), sa capitale, Augsbourg et Salzbourg.

9. L'*Alémannie,* qui comprend la Souabe du moyen âge, et qui forme aujourd'hui le Wurtemberg, le duché de Bade et la Suisse allemande, avait alors pour principale ville Constance.

CHAPITRE VI.

§ 1. DÉMEMBREMENT DE L'EMPIRE DE CHARLEMAGNE. — LA FRANCE MODERNE.

Charlemagne, pour résister aux invasions qui menaçaient l'Europe occidentale, avait réuni en un faisceau la France, l'Italie et l'Allemagne, et, à l'aide de ces nations, il avait pu détruire la barbarie dans le nord de l'Allemagne (la Saxe), refouler les invasions des Slaves et des Sarrasins, et assurer ainsi le développement des sociétés modernes contre la conquête musulmane qui les menaçait au sud, et contre la barbarie des Slaves qui les menaçait au nord.

Fier de tant de grandeur et abusé par les souvenirs encore si puissants de l'empire romain, de son unité, de son administration, Charlemagne avait rêvé de rétablir l'empire d'Occident. Son œuvre a échoué sur ce point; mais Charlemagne n'en a pas moins consolidé l'Europe occidentale. Après lui, la France, l'Italie, l'Allemagne, désunies, il est vrai, ont néanmoins repoussé les invasions des barbares. L'empire de Charlemagne n'a pas été conquis comme l'empire romain. Les trois grands États qu'il avait réunis ont formé trois grandes nations; et même l'Espagne chrétienne ne doit-elle pas autant à Charlemagne, fondateur de la marche d'Espagne, qu'à Pélage, fondateur du royaume des Asturies?

Était-il probable que ces diverses nations, de mœurs si différentes, continueraient à rester unies après la mort du fondateur de l'empire, qu'elles deviendraient un seul peuple? Nous ne le pensons pas; le rôle de chacune de ces nations a été trop divers, trop caractérisé, trop important pour croire qu'il était dans les desseins de la Providence qu'un grand empire se formât alors, et que la faiblesse des hommes soit la seule cause de sa décadence et de sa ruine.

Ce qui détruisit l'empire carlovingien, c'est le développement des nationalités, et particulièrement le rétablissement de la nationalité française. Vaincue par Rome, la vieille Gaule, bien que modifiée par ses vainqueurs, avait conservé, avec le souvenir de son indépendance, son génie particulier, enrichi de tout ce qu'il avait emprunté au génie romain pour s'agrandir et se rendre meilleur. Conquise par les Franks, par les Wisigoths, par les Bourguignons, les Gallo-Romains avaient promptement modifié leurs vainqueurs germaniques, à tel point que les rois neustriens avaient été, dès Clotaire II, obligés de lutter contre la barbarie austrasienne pour sauver la Gaule d'une nouvelle conquête. Malgré les efforts de deux siècles, en 687, l'Austrasie avait vaincu à Testry. La Neustrie avait été emportée par le flot de barbares qui venait de l'Orient. A leur tour aussi les vainqueurs de Testry, les Carlovingiens s'étaient promptement façonnés à la civilisation et soumis aux idées de la Gaule, et ces barbares, qui semblent venus pour la détruire, sont ceux qui font les plus grands efforts pour conserver la civilisation; c'est Charles Martel qui sauve l'Europe du joug musulman, c'est Pépin qui fonde la puissance de l'Église, c'est Charlemagne qui fait réaction de toutes parts contre la barbarie, qui refoule les Arabes, et fonde un État chrétien en Espagne ; qui arrache la Saxe à l'idolâtrie, fait entrer l'Allemagne dans l'Europe civilisée, jusqu'alors menacée par ces redoutables Germains, qui fait enfin de l'Allemagne l'avant-garde de l'Europe contre les Scythes, ces nouveaux ennemis de l'Europe, qui ne sont pas encore domptés !

La Gaule et son clergé avaient transformé les Austrasiens ; tout Allemand qu'il était de race, Charlemagne n'en est pas moins un des grands hommes produits par la Gaule, enfantés par sa civilisation. Toutefois, la Gaule et la Germanie étaient demeurées étrangères et hostiles, et la nationalité française, vaincue à Testry, devait chercher à se relever. Elle le fit à la bataille de Fontenoy.

La victoire de Fontenoy brisa l'unité de l'empire carlovingien, sépara les nations française, allemande et italienne, et dès lors la France moderne apparaît distincte par la langue, les mœurs et le génie de ses habitants.

Le vieille Gaule tant de fois conquise, si profondément modifiée, reprit-elle, en recouvrant son indépendance, ses anciennes limites, tout son territoire? C'est une question qu'il importe de résoudre.

Le courant qui, depuis six siècles, jetait les barbares sur l'Europe occidentale, venait de l'est. Les tribus asiatiques avaient poussé les Slaves qui, à leur tour, avaient poussé devant eux les Germains. Il en était résulté un déplacement général des limites des races. Les Slaves, qui n'allaient que jusqu'à la Vistule au temps de Tacite, venaient jusqu'à l'Oder : les Germains, qui s'arrêtaient au Rhin, étaient établis jusque sur la Meuse. Le pays entre Rhin et Meuse se trouvait entraîné dans le mouvement de la Germanie depuis Brunehaut.

Le traité de Verdun ne rendit pas ces provinces à la France, et depuis lors elle ne les a possédées qu'un moment. Elle ne les a pas encore, et cependant l'Allemagne a repris sa vieille limite de la Vistule, les Slaves occidentaux obéissent à des rois allemands. L'œuvre de l'invasion n'a donc été détruite que sur un point, cependant la Gaule n'a pas cessé de faire de grands efforts pour refouler la race germanique au delà du Rhin.

§ 2. TRAITÉ DE VERDUN (843). — LA FRANCE PERD SES LIMITES NATURELLES.

Le traité de Verdun partagea l'empire de Charlemagne en trois parties ainsi limitées. La France fut comprise entre l'Escaut jusqu'à sa source; de là la limite allait rejoindre la Meuse, qu'elle suivait également jusqu'à sa source, puis, après avoir atteint les sources de la Saône, la limite longeait la Saône jusque vers Châlon, puis les Cévennes, et atteignait la Méditerranée un peu à l'ouest du Rhône. La mer Méditerranée et l'Èbre formaient au sud la limite de la France. Charles le Chauve obtint cette partie de l'empire.

Lothaire eut pour royaume l'Italie et toute la partie de la

Gaule comprise entre l'Escaut, la Meuse, la Saône et les Cévennes à l'ouest, le Rhin et les Alpes à l'est.

La Germanie tout entière, jusqu'au Rhin et aux Alpes, fut donnée en partage à Louis le Germanique (1)

§ 5. DÉMEMBREMENT INTÉRIEUR DE LA FRANCE.

En même temps que l'empire carlovingien fut partagé en trois royaumes, chacun de ces États tendait à se morceler intérieurement. La féodalité, comprimée jusqu'alors, l'emporta sur la monarchie, et Charles le Chauve, par son capitulaire de Kierzy (877), sanctionna sa victoire. Les comtes, les ducs, les marquis, c'est-à-dire, les officiers du roi, les gouverneurs des provinces obtinrent l'hérédité de leurs charges et de leurs fonctions, de sorte que les gouverneurs, devenus libres de toute dépendance, se rendirent souverains, et que la France compta autant de souverainetés indépendantes qu'elle avait compté auparavant de divisions administratives.

Il est difficile de donner une liste exacte des grands fiefs existant alors en France. La liste suivante, empruntée au cours d'histoire de M. Guizot, nous paraît assez complète, et nous n'hésitons pas à la reproduire dans ce travail.

Tableau des vingt-neuf fiefs existant en France vers la fin du neuvième siècle.

Noms des fiefs.	Date de l'hérédité.	Noms des fiefs.	Date de l'hérédité.
Duché de Gascogne......	872	Seigneurie de Bourbon...	»
Vicomté de Béarn........	819	Comté du Lyonnais......	890
Comté de Toulouse......	850	Seigneurie de Beaujolais..	id.
Marquisat de Septimanie..	878	Duché de Bourgogne.....	887
Comté de Barcelone......	864	Comté de Châlon........	886
Comté de Carcassonne...	819	Duché de France........	830
Vicomté de Narbonne....	»	Comté de Vexin.........	878
Comté de Roussillon.....	»	Comté de Vermandois....	880
Comté d'Urgel..........	884	Comté de Valois........	id.
Comté de Poitiers.......	880	Comté de Ponthieu.....	859
Comté d'Auvergne.......	864	Comté de Boulogne......	860
Duché d'Aquitaine.......	id.	Comté d'Anjou..........	870
Comté d'Angoulême......	866	Comté du Maine........	853
Comté de Périgord.......	id.	Comté de Bretagne......	»
Vicomté de Limoges.....	887		

(1) Voyez la carte 10.

Ces fiefs ne sont pas les seuls que nous aurons à signaler; le morcellement territorial ne s'arrêta pas là, et bientôt il n'y eut pas de terre sans seigneur.

Plus tard nous aurons à étudier l'histoire de la réunion de tous ces morceaux autour d'un centre puissant; ce sera là le sujet des chapitres que nous consacrerons à l'histoire de la formation intérieure du territoire français. Nous devons nous occuper maintenant de l'histoire de notre limite.

§ 4. HISTOIRE DE LA LOTHARINGIE (Lorraine) (1).

Nous avons vu quelle fut la part de Lothaire au traité de Verdun; il nous faut suivre avec détail ce que devint la zone orientale de la France qui lui avait été cédée.

En 855, Lothaire partagea son royaume entre ses fils. Louis II eut l'Italie, et les possessions en France furent assignées à Charles et à Lothaire. C'est alors que se formèrent les royaumes de Lorraine et de Bourgogne; ils étaient séparés par les monts Faucilles et le plateau de Langres.

Le royaume de Lorraine ou de Lotharingie (*Lotharii regnum* ou *Lotharingia*), comme on le disait alors, tire son nom de Lothaire (Lotharius), fils de l'empereur Lothaire, et non pas de celui-ci, comme on l'a écrit quelquefois.

Depuis, *Lotharii regnum* a formé *Lotharingia*, qui a donné naissance à *Loherrègne* (vieux français), par contraction *Lorrène*, et finalement *Lorraine*.

Ce royaume comprenait les villes d'Utrecht, Cologne, Tongres, Trèves, METZ (capitale), Toul, Verdun, Cambrai, Strasbourg, etc.

Lothaire étant mort sans enfants, ses deux oncles, Louis le Germanique, roi de Germanie, et Charles le Chauve,

(1) Voyez pour cette question l'intéressant ouvrage intitulé : « L'intrigue de « la trahison lorraine, qui a fait perdre cette couronne de Lorraine à celle de « France, et les prétentions imprescriptibles que la France y peut, et doit « encore fonder. »

Dédié au roy, par Dubosc de Montandré. Paris, 1563, petit in-4.

roi de France, se partagèrent ses États; mais il est à croire que ce dernier ne posséda que nominalement sa portion, ou qu'on la lui enleva bientôt, car les historiens disent que, après la mort de Louis le Germanique, le royaume de Lorraine passa à ses deux fils, Louis III de Saxe et Charles le Gros. Après eux, l'empereur Arnould le posséda jusqu'à sa mort, et le transmit à son bâtard, Zuentibold, qui fut assassiné par ses sujets en 900..

La même année, les Lorrains se donnèrent à l'empereur Louis IV, qui fut roi de Lorraine jusqu'en 911. Charles le Simple, roi de France, fut reconnu roi par les Lorrains, et réunit ainsi à la France la Lotharingie. Mais l'empereur Henri Ier l'Oiseleur, profitant de la faiblesse de Charles le Simple, dépouillé de toute puissance par ses vassaux, reprit la Lorraine vers 923, et la réunit pour longtemps à l'Allemagne.

Après la mort de Henri Ier, les Lorrains, ennuyés de la domination allemande, se soulevèrent, et appelèrent à leur secours Louis d'Outremer, roi de France (939). Othon le Grand, qui avait succédé en Allemagne à Henri l'Oiseleur, marcha contre Louis d'Outremer, et remit la Lorraine sous sa domination (940).

En 953, l'empereur Othon ayant donné le gouvernement de la Lorraine, devenue province de l'Empire, à son frère Brunon, archevêque de Cologne, ce prélat, pour empêcher que les rois de France ne s'emparassent de ce pays, le divisa en deux parties, la haute Lorraine ou Mosellane, et la basse Lorraine.

La Lorraine Mosellane (*ducatus Mosellanorum*, ou *ducatus Lotharingorum*) comprenait la Lorraine proprement dite, le Luxembourg, les diocèses de Trèves, Strasbourg, Metz, Toul, Verdun, et une partie du Palatinat.

La Lorraine inférieure (*ducatus Lotharingiæ*, *Ripuariorum, duché de Lothier ou de Brabant*) renfermait le Brabant, le diocèse de Cambrai, l'évêché de Liége, de Cologne, la Gueldre.

TABLEAU DES PROVINCES SITUÉES DANS LA LOTHARINGIE.

Provinces	
Cambrésis, Lorraine, Alsace,	à la France.
Brabant, Limbourg, Comté de Namur, Hainaut, Luxembourg, Évêché de Liége, Zélande, Marquisat d'Anvers,	à la Hollande et à la Belgique.
Duché de Deux-Ponts, Partie du palatinat du Rhin, Partie des électorats de Trèves, — Cologne, — Mayence, Duché de Juliers, Duché de Clèves,	à la Confédération germanique.

« Après la mort d'Othon le Grand, le roi Lothaire, dit Aug. Thierry, s'abandonnant à l'impulsion de l'esprit français, rompit avec les puissances germaniques, et tenta de reculer jusqu'au Rhin la frontière de son royaume. Il entra à l'improviste sur les terres de l'Empire, et séjourna en vainqueur dans le palais d'Aix-la-Chapelle. Mais cette expédition aventureuse, qui flattait la vanité française, ne servit qu'à amener les Germains, au nombre de soixante mille, Allemands, Lorrains, Flamands et Saxons, jusque sur les hauteurs de Montmartre, où cette grande armée chanta en chœur un des versets du *Te Deum*. »

L'empereur fut battu pendant sa retraite sur l'Aisne ; cependant Lothaire lui abandonna ses droits sur la Lorraine. Mais, en 985, il fit une nouvelle agression dans ce pays ; il ne put s'en emparer, et la Lorraine resta enfin à l'Allemagne.

Ce fut ainsi que la Gaule perdit pour longtemps ses limites naturelles, et que les provinces françaises, entraînées dans la sphère de l'Allemagne, prirent cette apparence germanique qu'elles ont encore superficiellement.

§ 5. HISTOIRE DU ROYAUME DE BOURGOGNE OU DE PROVENCE, OU D'ARLES.

A la mort de Lothaire Ier (855), ses fils, comme on l'a vu, se partagèrent ses États : Charles obtint le pays situé entre les Alpes, le Rhin, les monts Faucilles, la Saône et les Cévennes, il donna à ce nouveau royaume le nom de royaume de Provence. A la mort du roi Charles, ses deux fils, Louis II et Lothaire, se partagèrent encore ces contrées. Charles le Chauve essaya de conquérir ce royaume divisé, et de rendre ainsi à la France le territoire que le traité de Verdun lui avait fait perdre; mais il ne put que se rendre maître de Lyon, de Vienne et de quelques pays voisins. Bientôt il inféoda ces conquêtes à Boson, son beau-frère, lequel agrandit ses domaines par de nouvelles acquisitions, et se trouva assez puissant pour se faire élire, en 879, roi de Provence, par les évêques et les comtes de ses États assemblés à Mantaille(1). A sa mort (887), son fils Louis lui succéda; mais en 888 Rodolphe, gouverneur de la Bourgogne supérieure, se rendit indépendant dans son gouvernement. Le royaume de Provence fut dès lors partagé en deux parties, savoir :

Le royaume de Bourgogne inférieure ou Cisjurane.
Le rogaume de Bourgogne supérieure ou Transjurane.

Ces royaumes étaient ainsi composés :

BOURGOGNE TRANSJURANE	*Suisse romane* (à peu près jusqu'à l'Aar).	
	Franche-Comté.	
	Duché de Chablais,	*en Savoie.*
	Baronnie de Faucigny (?)	
	Duché de Genevois,	
BOURGOGNE CISJURANE	Duché de Savoie,	en Savoie.
	Comté de Maurienne,	
	Comté de Tarantaise,	
	Mâconnais.	
	Châlonnais.	
	Bresse.	
	Lyonnais.	
	Dauphiné.	
	Vivarais.	
	Comté de Forcalquier.	
	Comté de Provence divisé en 1054 en	Comté d'Arles. marquisat de Provence.
	Uzége.	

(1) Les évêques présents à l'assemblée de Mantaille, sont : les archevêques de Vienne, Lyon, Tarantaise, Aix, Arles, Besançon (Embrun, quoique absent, fait partie du royaume), les évêques de Valence, Grenoble, Vaison, Die, Maurienne, Gap, Toulon, Châlon, Lausanne, Apt, Mâcon, Viviers, Marseille, Orange, Avignon, Uzès, Riez. — Cf. sur cette question, PAPON, *Histoire de Provence*, tom. I.

Ces royaumes se divisèrent peu à peu en une infinité de fiefs, parmi lesquels nous citerons :

En Suisse
- 50 comtés, 150 baronnies (1).
- Les évêchés de Genève, Bâle, Lausanne.
- Plusieurs villes libres.

La Savoie.
Le comté de Bourgogne ou *Franche-Comté.*
Le comté de Lyon.

En Dauphiné (2)
- Comté du Graisivaudan.
- Comté de Vienne et d'Albon.
- Baronnie de la Tour-du-Pin.
- Comté de Valence.
- Comté de Die.
- Baronnie de Meuillon et Montalban.
- Comté de Gap.
- Comté d'Embrun.
- Duché de Champsour.
- Principauté de Besançon.

En Provence
- Comté d'Arles (basse Provence).
- Comté de Forcalquier (haute Provence).
- Marquisat de Provence ou comtat Venaissin.
- Vicomté de Marseille.
- Seigneurie de Baux.
- Principauté d'Orange.

Nous ne voulons pas faire ici l'histoire de ces deux États, mais nous sommes obligés cependant de signaler quelques faits importants, et qui touchent de près notre sujet.

En 933, Rodolphe II, roi de la Transjurane, devient aussi roi de la Cisjurane par la cession que lui fait Hugues, roi de ce dernier État. Les deux royaumes de Bourgogne, ainsi réunis, prennent le titre de *royaume d'Arles.*

Le royaume d'Arles était entièrement indépendant de la France, et l'anarchie du dixième siècle ne semblait pas devoir faire espérer la réunion de cet État à la monarchie française. Cependant les Capétiens étaient montés sur le trône ; et, dès son avénement, cette famille chercha à reconstituer le terri-

(1) Voyez Schœll, Hist. des États Europ., t. VII. — Muller, t. I.

(2) Voyez l'exellente carte féodale du Dauphiné, dans *Hist. du Dauph.*, 2 vol. in-fol., Genève, 1722, et l'*Hist. du Dauph.* par Nic. Chorier, laquelle contient une géographie féodale très-complète de cette province, p. 777. 1 vol. in-fol., 1661.

toire morcelé de la France. Dans ce but, Hugues Capet fit épouser à son fils Robert, qui lui succéda (996), Berthe, sœur de Rodolphe III, roi d'Arles. Rodolphe n'avait point d'héritier; sa sœur pouvait donc faire revenir à la France les nombreux fiefs du royaume d'Arles. Mais l'empereur d'Allemagne Othon III, qui convoitait la succession de Rodolphe, força le pape allemand Grégoire V à exiger de Robert qu'il répudiât sa femme, sous prétexte qu'elle était sa parente à un degré trop rapproché, et força Rodolphe à le désigner pour son successeur. En 1032, à la mort de Rodolphe, Othon réunit à l'Empire les provinces françaises qui composaient le royaume d'Arles.

Nous verrons plus loin comment quelques-unes de ces provinces firent retour à la couronne. Cependant nous croyons devoir donner dès à présent quelques notions sur ce point, pour compléter la question que nous avons traitée dans ce chapitre.

1° La *Suisse* s'est constituée en nation indépendante.

2° La *Savoie*, par la puissance qu'elle a acquise en Italie, s'est aussi maintenue indépendante.

3° La *Franche-Comté* a été réunie à la France par la maison de Bourgogne ; à la couronne par Louis XI, et enfin en 1678.

4° Le *Dauphiné* a été réuni à la France par Philippe de Valois.

5° Le *Mâconnais* fut repris à la Bourgogne par Louis le Bègne et Carloman (1).

6° Le *Châlonnais* se rend indépendant vers 960, et est réuni au duché de Bourgogne en 1237.

7° Le *comté de Lyon* a été réuni à la France par Philippe le Bel.

8° La *Provence* a été réunie à la France par la maison d'Anjou, et à la couronne par Louis XI.

9° L'*Uzége* a été réuni au comté de Toulouse.

(1) Dict. géogr. de la Martinière, art. Mâcon.

10° Le *comté de Forcalquier* est réuni en 1209 au comté d'Arles et de Provence.

11° Le *comtat Venaissin* fut cédé à la papauté en 1274.

12° La *vicomté de Marseille* et la *seigneurie de Baux* furent réunies à la Provence.

13° La *principauté d'Orange* passa à la maison de Nassau.

CHAPITRE VII.

Histoire de la formation de notre limite depuis Hugues Capet jusqu'au règne de Louis XI.

§ 1er. LIMITES DE LA FRANCE A L'ÉPOQUE DE HUGUES CAPET (1).

En résumant ce que nous venons de dire sur le traité de Verdun et sur ses conséquences, on peut dire que le royaume de France était borné à l'est par l'Escaut depuis son embouchure jusque vers sa source ; de là, la limite suivait à peu près le 50e parallèle, en longeant la Champagne, puis joignait la Meuse, et suivait cette rivière jusqu'à sa source. La limite était ensuite tracée par la Saône jusqu'à Lyon ; ici, elle passait à l'ouest du Lyonnais et du Forez, qui relevaient de la Bourgogne, et rejoignait le Rhône au sud du Lyonnais, puis longeait le fleuve jusqu'à son embouchure.

Au sud (2), la limite partait de l'embouchure du Llobregat, et allait rejoindre la Sègre au-dessus de son confluent avec la Ribagorzana, suivait la Sègre jusqu'au confluent de la Ribagorzana, cette rivière jusqu'à sa source, de là les Pyrénées, et atteignait le golfe de Gascogne.

A l'est et au nord, la mer bornait le royaume.

Accroissements.

Depuis le traité de Verdun, la France a étendu sa limite des Cévennes à la Saône et au Rhône presque partout, parce que :

(1) Voyez la carte n° 11.

(2) Voyez la carte du 2e vol. de l'Hist. du Languedoc, par Dom Vaissette.

1° Le Châlonnais s'est séparé du royaume d'Arles (1);

2° Le Mâconnais a été enlevé au royaume d'Arles par Louis et Carloman (2);

3° Le Beaujolais s'est placé sous la suzeraineté du roi Hugues Capet (3);

4° Le Vivarais, sauf la ville de Viviers, a été réuni au comté de Toulouse (4);

5° L'Uzége a été aussi réuni au comté de Toulouse (5).

Il n'y a plus jusqu'au Rhône que les comtés de Lyon et du Forez, et la ville de Viviers, qui restent au royaume d'Arles (6).

§ 2. LIMITES A LA MORT DE LOUIS VII (7) 1180.

La limite de la France n'a pas beaucoup changé du côté de l'Allemagne. En 1125, les comtes de Toulouse et de Provence ont signé un traité par lequel le comte de Toulouse obtient le marquisat de Provence, c'est-à-dire, le pays entre Isère et Durance, avec la suzeraineté des comtés de Die et de Valence. Le comté de Forez s'est séparé du comté de Lyon, et s'est placé sous la suzeraineté de la France (1173-1177). Tout le reste des royaumes d'Arles et de Lorraine relève toujours des empereurs d'Allemagne.

A l'ouest, la France est entourée par les rois d'Angleterre, qui possèdent toutes nos provinces occidentales; nous traiterons cette question plus loin, regardant, comme faisant partie de la formation intérieure du royaume, l'histoire de la conquête des fiefs relevant des rois d'Angleterre.

§ 3. LIMITES A LA MORT DE SAINT LOUIS (1270) (8).

A la mort de saint Louis, la limite avait subi d'importantes modifications. 1° *Lyon* s'était rendu indépendant de l'empire

(1) Descript. hist. et géogr. de la France, par Longuerue.
(2) Id. — (3) Id. — (4 et 5) Hist. du Languedoc. — (6) Longuerue.
(7) Voyez la carte n° 12.
(8) Voyez la carte n° 14.

d'Allemagne, et cherchait déjà à se placer sous la suzeraineté de la France (1245).

2° *Le comté de Provence,* avec ses dépendances (1), avait été conquis en 1246, par le frère de saint Louis, Charles d'Anjou, qui avait épousé l'héritière de ce comté.

3° Par le traité de Corbeil (1258), saint Louis céda au roi d'Aragon, Jayme Ier, ses droits de suzeraineté sur les comtés de Barcelone, de Bezalu, de Roussillon, de Cerdagne, de Conflans, et sur la seigneurie de Montpellier. En échange de ces droits, saint Louis obtint la renonciation de ceux du roi d'Aragon sur Carcassonne, le Rasez, le Lauraguais, le Termenois, Béziers, le Menervois, le comté de Fenouillèdes, Pierre Pertuse, Sault, Agde, l'Albigeois, le Quercy, Narbonne, le Gévaudan, le comté de Milhau, Nîmes, Toulouse, et le comté de Saint-Gilles, c'est-à-dire sur le comté de Toulouse, qui venait d'échoir à un prince capétien. La limite de la France fut ramenée jusqu'à la rivière de la Tet (2). Ce traité, désavantageux en apparence, avait l'avantage immense de donner une limite fixe à la France. Le Roussillon aurait dû être conservé sans doute; mais le Roussillon n'était pas plus français alors que la Catalogne, et saint Louis craignait, avec raison, que l'on ne cherchât à s'établir au delà des Pyrénées, en Espagne. Nous verrons en effet que son successeur essaya de conquérir l'Aragon.

4° Au moment où le roi de France abandonnait ainsi ses droits sur une partie des conquêtes de Charlemagne, le comte de Champagne, Thibaut, devenait roi de Navarre en 1234, par suite de son mariage avec l'héritière de ce royaume. La Navarre était réunie au territoire de la France, duquel elle ne fut détachée qu'au seizième siècle.

(1) Le comté de Forcalquier, la seigneurie de Baux. Le prince d'Orange et le Dauphin de Viennois lui firent hommage (*).

(2) Voyez dans le Dict. encyclopédique d'histoire de France (collection de l'Univers pittoresque) l'article que nous y avons inséré sur les relations de la France et de l'Aragon.

(*) Papon, Hist. de Provence, tom. I, p. 337.

§ 4. LA MÉDITERRANÉE EST UN LAC FRANÇAIS.

Du onzième au treizième siècle.

Cette excursion, que nous faisons en dehors de notre sujet, est nécessitée par l'importance des faits que nous allons signaler. On dit souvent : « La Méditerranée doit être un lac français. » Combien peu cependant savent que la Méditerranée a été un lac français. Mais ce fait n'est pas le seul de nos vieilles gloires dont le souvenir ait cessé d'être populaire.

Dès le onzième siècle, les Normands, Robert Guiscard et Roger, s'étaient établis dans le royaume des Deux-Siciles et en Épire; ils avaient soumis Alger, Tunis et Tripoli. A la fin du onzième siècle, les croisés avaient fondé le royaume de Jérusalem, avec les principautés qui en relevaient, Tyr, Édesse, Antioche, etc. Tous ces trônes étaient occupés par des princes français. Plus tard, l'Arménie et Chypre tombaient aussi au pouvoir de seigneurs français. En 1204, l'empire grec fut conquis par les Français et les Vénitiens; mais les premiers eurent la presque totalité de l'empire; ce fut alors que se formèrent les diverses principautés d'Achaïe, d'Athènes, etc., dont l'histoire est si intéressante et si française. Au milieu du treizième siècle, Charles d'Anjou achevait de rendre la France toute-puissante sur la mer Méditerranée, en s'emparant de toute l'Italie et d'une multitude d'États. Charles était maître de Naples, de la Sicile, de Malte, des îles Ioniennes; il était protecteur de la Toscane et des villes lombardes, sénateur de Rome, possesseur du Piémont, suzerain de Tunis, roi d'Albanie ou d'Épire, prince d'Achaïe. La Hongrie, et bientôt la Pologne, furent gouvernées par des princes de cette maison d'Anjou. Le Portugal et la Castille avaient des rois issus des Capétiens. La maison française de Luxembourg gouverna l'Allemagne pendant longtemps. L'Angleterre elle-même était au pouvoir des Plantagenets. L'Europe était française alors! L'Asie ne connaissait que les Franks! Les mameluks voulaient que saint Louis fût leur sultan! Une infâme conspiration ourdie par des marchands aragonnais, vénitiens et grecs, les Vêpres siciliennes, détruisit la puissance de Charles d'Anjou. Les Grecs reprirent Constantinople; les Turcs la terre sainte; avec les croisades et l'esprit qui les avait fait entreprendre, se termine la domination de la France en Orient et sur la Méditerranée.

§ 5. LIMITES A LA MORT DE PHILIPPE LE BEL (1314) (1).

Depuis que Philippe III le Hardi avait réuni le Languedoc à la couronne, et que Charles d'Anjou avait conquis la Provence, « une impulsion presque physique, dit M. Mignet, en-« traîna d'abord les armes françaises du Languedoc en Espa-« gne, et de la Provence dans le royaume de Naples (2). »

Cette impulsion s'explique en effet par l'indécision même des limites et par l'extrême fusion des races de ces provinces. Les guerres de Philippe III dans l'Aragon, celles de Charles d'Anjou en Italie, entraînaient la France dans une fausse politique, en lui faisant négliger ses vrais intérêts dans le nord de son territoire, et en la précipitant sur les États du sud, qui sont réellement ses alliés.

Saint Louis semble avoir pressenti cette fausse politique et avoir voulu empêcher ces folles conquêtes au delà des limites naturelles.

Philippe le Bel n'imita pas son prédécesseur; le traité de Tarascon, conclu avec l'Aragon en 1291, mit fin à ces guerres.

« Après cet arrangement, la conquête, qui, dirigée pendant un siècle vers le midi, avait dépassé même, de ce côté, les limites naturelles de la France.......... fut alors ramenée vers l'ouest, vers le nord et vers l'est, dont les frontières n'étaient pas formées (3). » Nous verrons, dans un chapitre suivant, l'histoire des conquêtes de Philippe le Bel sur les Anglais de la Guyenne et sur les Flamands. Nous ne nous occuperons ici que des conquêtes de ce roi sur l'Allemagne.

1° Philippe le Bel force, en 1301, le duc de Bar à se reconnaître vassal de la couronne de France.

(1) Voyez la carte n° 15.

(2) Essai sur la formation territoriale et politique de la France, depuis la fin du XIe jusqu'à la fin du XVe siècle, t. II, 2e série des Mém. de l'Acad. des sciences mor. et polit. — (3). Id.

2° En 1295, Philippe le Bel s'empara de la comté de Bourgogne (*Franche-Comté*), qui, à sa mort, fut gouvernée par son fils Philippe, et sa femme, Jeanne de Bourgogne. Devenu roi, Philippe V donna la comté et sa fille à Eudes, duc de Bourgogne, et dès lors cet important fief impérial fut gouverné par des princes français.

3° En 1312, il s'empara de Lyon : ni le pape ni l'empereur Henri VII ne réclamèrent contre cette conquête, qui se trouva ainsi légitimée.

4° Philippe le Bel essaya-t-il de reprendre la limite du Rhin? Si l'on en croyait un dit-on rapporté par Guillaume de Nangis, Philippe le Bel et l'empereur Albert d'Autriche seraient convenus, dans l'entrevue de Vaucouleurs (1299), de donner le Rhin pour limite à la France et à l'Allemagne. Voici les faits qui auront sans doute donné naissance à l'assertion de Guillaume de Nangis.

L'opinion populaire regardait toujours comme français les pays situés entre Meuse et Rhin, et lorsque l'on vit Philippe le Bel acquérir Lyon, la comté de Bourgogne et le Barrois sans que l'empire y mît obstacle, la France qui souhaitait la conquête du Rhin, qui la voyait commencer, qui savait que des négociations avaient lieu avec l'Empire, put croire que l'empereur avait fait cette importante concession à Philippe le Bel pour obtenir son alliance, dont il avait besoin.

Les négociations dont nous venons de parler sont dignes d'être rapportées. L'empire d'Allemagne était alors en proie à l'anarchie. Philippe IV profita avec beaucoup d'habileté de ces dissensions pour augmenter la puissance de son royaume. Le P. Daniel affirme qu'en 1299 des traités furent signés à propos du mariage de Blanche, sœur du roi, avec le fils de l'empereur Albert, et que ces traités donnaient à Blanche, pour douaire, l'Alsace et Fribourg (en Suisse) (1). Philippe le Bel obtint de l'empereur Henri VII, lorsque celui-ci vint à Paris, qu'il ne mentionnerait pas les fiefs situés dans l'ancien royaume

(1) Cf. Pfeffel, *Abrégé de l'hist. d'Allemagne*, p. 263.

de Bourgogne comme relevant de l'Empire, « ce qui devait permettre peu à peu leur réunion à la France(1). » En effet, Lyon fut conquis, et, comme on l'a vu, l'empereur ne réclama point. Henri VII consentit à ce que Philippe, fils du roi, fût reçu comme comte de Bourgogne, rendant hommage à l'Empire ; de plus, le traité porte que les *prétentions* de part et d'autre seraient remises à la décision de prud'hommes (2).

La Meuse resta cependant la limite de notre territoire. Nous croyons devoir rapporter à ce sujet un fait récemment signalé (3). A Milly-devant-Dun, on trouve une pierre célèbre, connue sous le nom de la hotte du Diable, et, selon la tradition, elle fut plantée pour marquer la séparation de l'Empire et de la France après l'entrevue de Vaucouleurs.

§ 6. LIMITES A LA MORT DE PHILIPPE VI.

Les efforts des rois capétiens pour rendre à la France ses limites naturelles ont déjà produit de grands résultats. L'empire d'Allemagne a été surtout attaqué du côté des Alpes ; l'ancien royaume d'Arles est réuni à la France, à l'exception du Dauphiné, de la Savoie et de la Suisse romane.

1° Sous Philippe VI, la France s'accroît du Dauphiné. Cette belle province fut cédée au roi en 1343, par le traité de Vincennes.

Par ce traité, Humbert, dauphin de Viennois, *pour maintenir l'unité et tranquillité de ses terres et sujets* après sa mort, puisqu'il n'a pas d'héritiers, cède et transporte au roi de France ses États, savoir :

Le Dauphiné de Viennois,
Le duché de Champsour,
La principauté de Briançonnais,
Le marquisat de Césane,
Le comté de Vienne,
Le comté d'Albon,
Le comté de Graisivaudan (*Graisinoudan*),
Le comté d'Embrun,
Le comté de Gapençais,
La baronnie de la Tour-du-Pin,
La baronnie de Valbone,
La baronnie de Faucigny (Fucuir),
La baronnie de Meullon,
La Baronnie de Montalban,

(1) Mignet, p. 616.
(2) *Corp. diplom.*, t. I, p. 358.
(3) Dans le Bulletin du comité des arts et monuments, t. II, 2e partie, p. 322.

sauf certaines terres (en Savoie (?)), dont la suzeraineté reste au roi, à condition que le Dauphiné demeurera un fief qui ne sera jamais réuni au royaume, « fors entant et comme l'Empire y seroit uni (1). »

En 1351, Philippe VI et le comte de Savoie signèrent un traité à Villeneuve-lèz-Avignon, par lequel on stipula que le roi de France ne pourrait acquérir aucune terre en Savoie, et réciproquement, que le comte de Savoie ne pourrait en acquérir dans le Dauphiné (2). La Savoie garantissait ainsi son indépendance, menacée par l'extension de la puissance française.

2° Philippe VI acheta en 1349, au roi de Majorque, la seigneurie de Montpellier (traité de Villeneuve-lèz-Avignon).

3° L'impulsion qui portait les Français sur l'Italie se manifeste encore par l'acquisition du comté et de la ville de Lucques, qui furent acquis par Philippe VI en 1334. Jean, roi de Bohême, céda ce comté au roi de France (3), mais cette acquisition ne paraît pas avoir eu de suites.

4° En 1340, la châtellenie de Cambrai et Crèvecœur fut acquise par Philippe VI, qui l'acheta de Béatrix, veuve de Jean de Flandre : le roi laissa à l'évêque son droit féodal sur la châtellenie de Cambrai, qui passa en 1435 à la Bourgogne (4).

§ 7. TRAITÉ DE BRETIGNY (5), 1360.

Pendant que la France faisait ainsi sur l'empire germanique d'incessantes conquêtes, facilitées par l'anarchie de cet État, elle se trouva engagée dans une guerre qui compromit son existence. La guerre avec l'Angleterre, signalée par les désastres de Crécy et de Poitiers, fut suspendue par le traité de Bretigny, qui enlevait à la France le tiers de son territoire. Les faits sont

(1) Dumont, *Corp. dipl.*, t. I, 2e partie, p. 210.
(2) *Corp. dipl.*, tom. I, 2e partie, p. 267.
(3) Id. p. 147.
(4) Dict. géogr. de la Martinière.
(5) Voyez la carte n° 16, et le *Corp. dipl.*, t. II, p. 7.

trop connus pour qu'il convienne d'en parler ici; nous citerons seulement les conditions du traité relatives aux provinces cédées.

Le roi Jean donnait au roi d'Angleterre, *en toute souveraineté,* sans condition d'hommage ni de vassalité, les fiefs qu'il possédait en Guyenne et en Gascogne, c'est-à-dire, ce que saint Louis lui avait inféodé par le traité d'Abbeville, et de plus :

La cité, château et comté de Poitiers, Toute la terre et pays de Poitou, Les fiefs de Thouars, La terre de Belleville, La Rochelle, Saintes, et la Saintonge, Périgueux et le Périgord, Limoges et le Limosin, Cahors et le Caourcin ou Quercy, Tarbes et le Bigorre, Comté et pays de Gaure, Angoulême et l'Angoumois, Rhodez et le Rouergue.	en Aquitaine.
Les comtes de Foix, — d'Armagnac, — de Lille, — de Périgord, Le vicomte de Limoges et autres *(non désignés).*	deviendront vassaux de l'Angleterre.

Au nord de la France, on cède encore à l'Angleterre, également en toute souveraineté :

Montreuil-sur-mer.	La seigneurie de Hamme.
Le comté de Ponthieu.	— de Walle.
Calais.	— d'Oye.
La seigneurie de Merck.	Le comté de Guignes, et leurs dépendances.
— de Sandgate.	
— de Couloigne.	

L'Angleterre, en échange, renonce à la Flandre, à la Bretagne, à la Normandie, au Maine, à l'Anjou et à la Touraine.

Vingt ans plus tard, les clauses de ce honteux traité étaient annulées, et Charles V à sa mort avait enlevé aux Anglais toutes leurs conquêtes, à l'exception de Calais, Bordeaux et Bayonne (1).

Mais sous le règne de Charles VI, les Anglais, favorisés par les troubles intérieurs, reprirent leurs conquêtes, et la France, moins les provinces du centre (2), se trouva pour un temps en leur pouvoir. Ce n'est pas à cette époque que nous trouverons de nouvelles acquisitions; la politique séculaire des rois de France est entravée par la guerre contre les Anglais ; ce ne sera qu'après avoir chassé l'ennemi du sol français que Charles VII continuera l'œuvre de ses prédécesseurs. Il y a cependant sous Charles VI deux faits qu'il convient de signaler, sinon pour le résultat qui fut bientôt annulé, au moins pour l'idée politique qui les fit accomplir. Charles VI trouvant que Sédan et son château étaient importants pour couvrir les frontières du royaume, obligea le sire de Barbançon à les lui céder, en 1389, moyennant échange. Charles VI acquit aussi la châtellenie de Taillebourg. Dans l'acte qui mentionne cette réunion, on trouve, dit le P. Daniel (3), que le roi s'attribue le droit de réunion à la couronne sur tous les ports de mer et sur toutes les places frontières, en vertu de sa puissance souveraine, pour le bien de l'État, à charge seulement de dédommager les possesseurs.

§ 8. LIMITES A LA MORT DE CHARLES VII (4).

1° Les Anglais, qui, sous le règne de Charles VI (5), ont conquis la Guyenne et toutes les provinces du Nord jusqu'à la Loire, ont été chassés de France après la levée du siége d'Orléans et les glorieuses et trop peu populaires victoires de Formigny et de Castillon. Ils ne possèdent plus que Calais et son territoire.

2° En 1450, René, duc d'Anjou et de Bar, épousa Isa-

(1) Voyez la carte 17.
(2) Voyez la carte n° 18.
(3) D'après l'inventaire des chartes.
(4) Voyez la carte 19.
(5) Voyez la carte 18.

belle, héritière du duché de Lorraine, et transmit aux princes français de sa maison cet important héritage. Mais la maison d'Anjou-Lorraine ne resta pas longtemps française, comme on le verra plus loin.

3° En 1444, Charles VII se mit en mesure « de revendiquer les anciens droits de la couronne de France sur tous les pays situés en deçà du Rhin (1). » Ainsi la France, à peine échappée à la conquête étrangère, dirigea toutes ses forces contre l'Allemagne pour reprendre sa limite du Rhin. Les événements extérieurs favorisaient ce projet. L'empereur Frédéric III implorait l'alliance du roi de France contre les républiques suisses; René, duc de Lorraine, appelait aussi Charles VII contre la ville libre de Metz qu'il voulait réunir à son duché, ainsi que celles de Toul et de Verdun. La France mit deux armées sur pied. Le Dauphin marcha contre les Suisses, prit Montbéliard, essaya de réunir Bâle à la France; mais cette expédition se termina sans que le territoire français fût augmenté. Le Dauphin signa cependant un traité d'alliance avec les Suisses, et alla rejoindre son père en Lorraine.

Charles VII avait envahi la Lorraine; et bien qu'il protestât de son respect pour les possessions de l'Empire, il sommait les villes impériales de la Lorraine de le reconnaître suzerain : il déclarait s'être « transporté vers les marches de Barrois et de « Lorraine, et vers les Allemagnes, pour donner provision et « remède à plusieurs usurpations faites sur les droits des « royaume et couronne de France, en plusieurs pays, seigneu- « ries, cités et villes, étant deçà la rivière du Rhin, qui d'an- « cienneté soulaient (2) être aux rois de France. » Verdun, Épinal, Orville, Toul se soumirent : cette dernière ville réserva cependant les droits de l'empereur. Metz résista et fut assiégée; les Messiens protestèrent, en disant qu'ils n'étaient point du royaume ni de la seigneurie de Charles VII. Le roi fit répondre que : « Le roy prouveroit suffisamment, si besoin estoit, tant

(1) Æneas Sylvius, epist. 87.

(2) Soulaient, *solebant, avaient coutume.*

« par chartes que chroniques et histoires, *qu'ils étoient et « avoient été de tout temps passé* sujets du roy et du royaume; « que le roy étoit bien averti qu'ils étoient coutumiers de faire « et trouver telles cautèles et cavillations, et comment, quand « l'empereur d'Allemagne étoit venu à grande puissance et in- « tention de les contraindre d'obéir à lui, pour leur défense « ils se disoient lors être dépendans du royaume de France et « tenans de la couronne; semblablement, quand aucuns roy « des prédécesseurs du roy de France étoient venus pour les « faire obéir à eux, ils se disoient être de l'Empire et sujets « de l'empereur (1). »

Metz cependant ne se rendit pas. L'Empire s'alarmait; la trêve avec les Anglais allait expirer; on ne pouvait s'engager dans une guerre avec l'Allemagne pendant que l'Anglais était encore sur notre territoire. Charles VII signa la paix, et Metz resta libre, ainsi que les autres villes impériales. Le roi garda cependant la souveraineté d'Épinal.

Cette campagne avait produit peu de résultats matériels, mais elle avait servi à constater le droit et les justes prétentions de la France sur la rive gauche du Rhin.

§ 9. DE LA PUISSANCE DE LA MAISON DE BOURGOGNE.

Pendant que Charles VII essayait de rendre à la France ses limites naturelles, les ducs de Bourgogne reculaient leur domination, et par suite le territoire de la France, jusqu'au Rhin. Telle est en abrégé l'histoire des accroissements de ce royaume franco-bourguignon.

Philippe le Hardi, premier duc Valois de Bourgogne, avait été investi en 1363, par le roi Jean son père, du duché de Bourgogne. Par son mariage avec Marguerite, héritière de Louis III, dernier comte de Flandre, il réunit à ses États (1369) la Flan-

(1) Michelet et H. Martin, Hist. de Fr., t. V et VII. D'après : Ordonn. t. XIII. —Dom Calmet, Hist. de Lorr., t. II.—Archives du roy., Trés. des ch., Reg. 177, nº 54, 55. — Mathieu Coucy.

dre, l'Artois, la Franche-Comté, Nevers, Rethel, Malines et Anvers, qu'on appelle encore le Marquisat du saint Empire. En 1406, Antoine de Bourgogne, son second fils, hérita, par sa femme Jeanne de Brabant, des duchés de Brabant et de Limbourg.

Sous Philippe le Bon, la puissance de la maison de Bourgogne s'augmenta rapidement. Philippe le Bon acheta, en 1428, le comté de Namur à Thierry. Il fut l'héritier de son cousin, le fils d'Antoine de Bourgogne, et réunit ainsi à ses États les comtés de Brabant et de Limbourg. En 1436, il succéda à Jacqueline de Hainaut, dans les comtés de Hainaut, de Hollande, de Zélande et de Frise; enfin, en 1443, il s'empara du comté de Luxembourg, sur un usurpateur, et la légitime héritière lui laissa cette province.

Bien que le traité d'Arras (1435) n'ait donné à la Bourgogne que des provinces françaises, nous le mentionnons néanmoins ici pour compléter le tableau des acquisitions de Philippe le Bon. Philippe le Bon acquérait les comtés d'Auxerre, de Mâcon; les châtellenies de Péronne, Roye, Montdidier; les villes de la Somme.

Charles le Téméraire augmenta encore les possessions bourguignonnes : il acheta, en 1469, au duc d'Autriche, le comté de Ferrette, l'Alsace, le Sundgau et le Brisgau; en 1472, il acheta le duché de Gueldre et le comté de Zutphen. Il tenta la conquête de la Suisse, et fit pour un temps celle de la Lorraine. Si le Téméraire eût réussi, il eût repris à l'Allemagne tout ce qu'elle avait enlevé à la France à la paix de Verdun. En effet, à l'exception des trois archevêchés de Cologne, Trèves et Mayence, et de quelques petites principautés, Charles possédait à sa mort toute la rive gauche du Rhin, et s'étendait, aux embouchures de ce fleuve, beaucoup au delà de sa rive droite.

La succession que Louis XI devait recueillir se composait donc des fiefs français de Bourgogne, Franche-Comté (1),

(1) La Franche-Comté commence à porter ce nom sous le duc Philippe le Bon.—Art de vérifier les dates.

Artois, Nevers, Flandre; de six provinces enlevées à l'Empire par les ducs de Bourgogne, savoir, le Brabant, le Limbourg, le comté de Namur, le Hainaut, le comté de Luxembourg, la Zélande; et enfin de quatre provinces situées hors de France, la Hollande, la Frise, la Gueldre et le comté de Zutphen, qu'il eût été possible d'échanger.

Nous verrons comment Louis XI termina cette grande querelle de la succession de Bourgogne.

§ 10. LA LIMITE A LA MORT DE LOUIS XI. (1483.)

Les différentes dynasties féodales et le roi de France avaient atteint, sur presque tous les points, les limites naturelles de la Gaule. Louis XI avait peu à faire pour consolider l'œuvre de ses prédécesseurs. Mais si, à l'intérieur, par la vigueur de son gouvernement, Louis XI a obtenu de grands résultats, on ne trouve pas qu'à l'extérieur sa politique ait été aussi féconde. Dans la plus grande circonstance de son règne, la succession de Bourgogne, Louis XI ne se montra pas aussi habile qu'on serait en droit de l'espérer.

Charles le Téméraire était mort au siége de Nancy en 1477; son héritière était sa fille Marie, âgée de vingt ans. L'occasion se présentait de réunir les immenses possessions de la maison de Bourgogne à la couronne de France; et si elle était saisie, la France obtenait enfin sa limite. Louis XI s'empara de la Bourgogne; la Franche-Comté, la Picardie, l'Artois se soumirent à lui. Louis XI annonça alors le projet de faire épouser Marie par le Dauphin âgé de sept ans; mais la duchesse répugnait à contracter ce mariage. Les Flamands ne se souciaient pas de passer sous la domination de Louis XI; ils haïssaient son despotisme et craignaient pour leurs libertés. Louis XI tint alors une conduite perfide qui perdit sa cause : tout en continuant à proposer le mariage, à promettre aux Flamands le maintien de leurs libertés, il conquérait les villes de Flandre, se réservant de faire le mariage s'il était vaincu; se proposant, sans doute, de ne pas le faire s'il était vainqueur. Les

États de Flandre, qui négociaient, furent effrayés des progrès de l'armée du roi; et lorsque l'empereur Frédéric III leur fit proposer son alliance, s'ils voulaient donner en mariage la duchesse Marie à son fils Maximilien, ils acceptèrent. Le mariage fut signé, et l'Autriche s'empara ainsi, au détriment de la France et par la faute de Louis XI, des possessions de la maison de Bourgogne.

Louis XI conservant ses conquêtes, Maximilien lui déclara la guerre et le battit à Guinegate (1479). L'Angleterre menaçait de s'allier avec l'Autriche. Louis XI allait être accablé, lorsque Marie se tua en tombant de cheval (1482).

Marie laissait deux enfants, Philippe le Beau et Marguerite, qui devaient lui succéder. Louis XI semblait avoir perdu tout moyen de ressaisir quelque partie de cette riche succession; mais les Flamands étaient mécontents de Maximilien, de sa cupidité et de ses cruautés. Ils avaient cru trouver en lui un défenseur, et s'étaient donné un maître insupportable. Louis XI profita habilement de ces circonstances et répara en partie ses fautes passées. Il conclut, malgré Maximilien et l'Angleterre, avec les États de Flandre un traité par lequel le Dauphin épousait Marguerite de Bourgogne. Les États donnaient en dot à la duchesse les comtés d'Artois, de Bourgogne, de Mâcon, d'Auxerre, et les seigneuries de Salins, Bar-sur-Seine et Noyers, lesquels feraient retour au duc Philippe, frère de Marguerite, ou à ses héritiers, à défaut d'héritiers mâles ou femelles issus du Dauphin et de Marguerite. La Bourgogne et la Picardie étaient définitivement réunies à la couronne. La Flandre faisait hommage au roi. Cette province, avec le Brabant, le Hainaut, Namur, Luxembourg, la Gueldre, la Zélande, la Hollande, la Frise et le comté de Zutphen, constituaient l'apanage de Maximilien. (Traité d'Arras, 1482.) La France perdit ainsi plusieurs provinces qu'elle n'a pas encore reprises. Pour compléter enfin ce qui reste à dire sur l'état de la limite à la mort de Louis XI, nous ajouterons qu'en 1462, par le traité de Sauveterre, Louis XI acquit du roi d'Aragon, le Roussillon et la Cerdagne, pour prix de son alliance contre la Castille, et qu'il réunit le duché de Bar à la couronne.

Quant à la succession d'Anjou, nous nous réservons d'en parler à l'histoire de la réunion des fiefs à la couronne.

§ 11. DU TRAITÉ DE SENLIS. (1495.)

A l'époque du mariage de Charles VIII avec Anne de Bretagne, pour détruire la ligue formée contre lui par Maximilien, et pour faciliter ses projets de conquêtes en Italie, Charles VIII signa le funeste traité de Senlis, par lequel il rendait l'Artois et la Franche-Comté à Maximilien, le Roussillon et la Cerdagne à Ferdinand le Catholique, roi d'Aragon. Charles VIII rendit aussi le duché de Bar au duc de Lorraine. Il faudra, plus tard, toute la puissance de Richelieu et de Louis XIV pour reprendre ces provinces abandonnées si légèrement.

§ 12. DES TRAITÉS DE BLOIS. (1504.)

On conçoit facilement pourquoi nous ne comprenons pas dans notre travail l'histoire des conquêtes de Charles VIII, Louis XII, François Ier et Henri II en Italie. Ces conquêtes importent peu à la formation de notre limite. Loin de là, elles troublent la politique séculaire de la France, en la jetant dans des guerres sans résultats et en l'empêchant de donner à ses véritables intérêts toute l'attention nécessaire. Nous ne mentionnerons, pendant le règne de Louis XII, que les traités de Blois, conclus avec l'empereur Maximilien, parce que ces traités intéressent la France directement. Ces traités sont au nombre de trois. Les deux premiers sont relatifs aux affaires d'Italie; par le troisième, Louis XII donne en dot, mais seulement après sa mort, à sa fille Claude, promise à Charles d'Autriche (Charles-Quint), les duchés de Milan, de Gênes, d'Asti, en Italie, et *ceux de Bretagne, de Blois et de Bourgogne.* Louis XII brisa plus tard ces traités, et il maria sa fille à François d'Angoulême (François Ier). On peut se convaincre combien les guerres d'Italie avaient faussé la politique de la France, pour amener son gouvernement à conclure de pareils traités.

§ 15. DES LIMITES PENDANT LES RÈGNES DE FRANÇOIS Ier ET DE HENRI II. (1515-1559.)

Les guerres d'Italie, commencées par la maison d'Anjou et continuées par Charles VIII et Louis XII, prennent sous François Ier un nouveau caractère. Au désir de conquérir des États en Italie, se joint la nécessité de défendre l'indépendance nationale contre Charles-Quint. La querelle de Milan et de Naples se complique de la querelle de la succession de Bourgogne. A ces causes de guerre, il faut encore joindre ce désir de fonder une monarchie universelle, désir ambitieux qui fit agir la maison d'Autriche pendant tout le cours du seizième siècle. Si l'on réfléchit à la puissance de ces princes autrichiens, dont l'un avait le droit de dire que le soleil ne se couchait jamais dans ses États, on ne s'étonnera pas si pendant tout le règne de François Ier la France se tient sur la défensive, et n'augmente pas son territoire.

1° Le premier traité signé par François Ier, et qui intéresse le sol français, est celui de Londres, conclu en 1518, avec Henri VIII d'Angleterre. Par ce traité, Henri rend à la France Tournai, Mortagne et Saint-Amand, conquis par les Anglais dans la guerre précédente.

2° *Le traité de Madrid*, signé en 1526 avec Charles-Quint, après la bataille de Pavie, eût été un traité désastreux pour la France, si François Ier eût tenu à ses engagements. Ce traité n'a eu aucun résultat; nous mentionnons cependant la clause relative à la Bourgogne. « La duché de Bourgogne, dont la grand'mère de l'empereur fut de fait et sans juste cause despouillée par le feu roi Louis XI, sera rendue » à Charles-Quint, ainsi que le comté de Charollais, les seigneuries de Noyers, de Château-Chinon, la vicomté d'Auxonne et le ressort de Saint-Laurent.

3° *Le traité de Cambrai*, signé en 1529, annulait la clause du traité de Madrid relative à la Bourgogne; la France restait maîtresse de cette province et de ses dépendances. Mais François Ier cédait à l'empereur Tournai et le Tournésis, avec Mortagne et Saint-Amand; il renonçait à tous ses droits sur Arras et l'Artois, ainsi que sur la Flandre. Charles-Quint renonçait de son côté à tous ses droits sur les villes de la Somme, sur les comtés de Boulogne, de Guines et de Ponthieu. Charles-Quint reste encore maître du comté de Charollais.

4° *Le traité de Crespy*, signé en 1544, répète les mêmes conditions.

5° *Le traité d'Ardres*, signé avec Henri VIII, en 1546, rendait à la France la ville et le comté de Boulogne, ainsi que ses dépendances.

Depuis Louis XI, la France qui a dévié de sa politique, qui s'est jetée dans les aventures, a perdu successivement : 1° les provinces cédées par le traité de Senlis sous Charles VIII; 2° le Tournésis, sous François Ier; elle a renoncé à ses droits de suzeraineté sur l'Artois et la Flandre; elle a oublié ses vieux projets de conquêtes sur le Rhin pour aller *conquêter en Italie*. Ses fautes depuis 1477 ont permis à l'Autriche de devenir la première puissance de l'Europe. Sous Henri II, nous allons voir que la France, tout en continuant les guerres d'Italie, reprit sa politique à l'endroit de sa frontière du Rhin.

6° *Conquêtes sur le Rhin ou voyage d'Austrasie*, 1551-1552 (1). — Tout le monde sait que, dans la lutte que soutinrent François Ier et Henri II contre Charles-Quint, les princes protestants d'Allemagne furent les alliés de la France. Par le traité signé, le 5 octobre 1551, entre Henri II et Maurice, le roi de France s'engageait à défendre les princes et les libertés germaniques contre Charles-Quint. Maurice et les princes coalisés promettaient au roi de l'aider à recouvrer son patrimoine, et déclaraient « trouver bon que le seigneur roi s'impatronisât des villes impériales n'étant pas de la langue germanique, comme Cambrai, Metz, Toul et Verdun. »

(1) Voyez pour les détails l'excellente histoire de M. Henri Martin, t. IX.

Pour la seconde fois, la France, détournée de sa vraie ligne politique, y était ramenée par un gouvernement habile; et l'élan patriotique de la nation prouvait combien était vif le sentiment qui la poussait à faire le voyage d'Austrasie. Tout le monde s'enrôlait. Henri II ne se contentait plus de reprendre les villes impériales, il voulait conquérir tout le royaume d'Austrasie jusqu'au Rhin.

L'armée française occupa Toul et Metz; le roi garantit leurs priviléges, et donna à Metz, dont il voulait faire un des boulevards de la France, une bonne garnison. Puis on marcha contre Strasbourg qui refusa d'ouvrir ses portes. On prit Haguenau, Weissembourg; Spire résista et ne put être prise. Toute l'Allemagne s'effrayant de ces conquêtes et menaçant de se rallier à Charles-Quint pour chasser les Français, Henri II battit en retraite, et l'armée française, après avoir abreuvé ses chevaux dans les eaux du Rhin, reprit la route de France. Chemin faisant, Henri II prit Verdun, Yvoy, Montmédy, Arlon et Chimai.

7° *Traité de Cateau-Cambrésis*, 1559. — 1° *Avec l'Angleterre.* Élisabeth cédait Calais, le comté de Guines et la terre d'Oye à la France. Le duc de Guise avait conquis cette place en 1558, et l'Anglais était enfin chassé de notre territoire. — 2° *Avec l'Espagne et la Savoie.*

Le roi d'Espagne rend à la France :	Saint Quentin. Catelet. Ham. Thérouanne (démantelée).
Le roi de France rend à l'Espagne :	Thionville. Mariembourg. Yvoy (démantelée). Danvilliers. Montmédy.

Le roi de France garde Metz, Toul et Verdun.

Le roi d'Espagne garde :	Hesdin et bailliage. Le comté de Charollais. Le royaume de Navarre.
Le roi de France garde en Savoie :	Turin, Quiers, Pignerol, Chivas, Villeneuve d'Ast, pour 3 ans, jusqu'à la paix avec la Savoie.

La France rend : { Sienne aux Florentins. Le Montferrat à Mantoue. Valenza à Milan. La Corse aux Génois.

§ 14. DE LA LIMITE SOUS LE RÈGNE DE HENRI IV.

1. *Traité de Vervins*, conclu en 1598 avec Philippe II. — Ce traité, qui n'a rien fait et ne pouvait rien faire pour notre limite, n'est que la reproduction du traité de Cateau-Cambrésis, qui « est ratifié et pris pour base comme s'il était inséré mot à mot en icelui. » L'Espagne rendait toutes les places fortes qu'elle occupait en France, Calais, Ardres, Monthulin, Dourlans, la Capelle, le Catelet, Blavet; la Savoie rendait aussi le fort de Berre. L'indépendance et l'intégrité de la France maintenues contre les tentatives de l'Espagne, seront éternellement la gloire de la paix de Vervins.

2. *Traité de Lyon*, conclu en 1601 avec la Savoie. — Henri IV donne à la Savoie le marquisat de Saluces (1), situé au delà des Alpes, et reçoit en échange la Bresse et le Bugey; ce qui recule la limite de la France, depuis la Saône jusqu'au Rhône, entre Genève et les Alpes.

3. *Projet d'établissement de la république européenne.* — Henri IV conçut le premier l'idée de constituer l'Europe en un État fédératif appelé la république chrétienne. Quinze États de religion et de formes politiques diverses devaient former l'Europe nouvelle (2). Il n'entre pas dans le plan de ce livre de donner de grands détails sur ce magnifique projet, qui, bien que sans cesse ajourné, n'en est pas moins l'idéal vers lequel tendent les nations européennes; il convient seulement de rechercher quelles devaient être les limites de la France dans cette nouvelle organisation de l'Europe. Le projet, tel que nous le connaissons (3), semble vouloir laisser la France

(1) Ce marquisat avait été confisqué en 1548 par Henri II sur le possesseur, qui avait voulu le livrer à Charles-Quint.

(2) Voyez l'Histoire de Henri IV, par Péréfixe, et les OEconomiques royales de Sully.

(3) La publication de toutes les lettres de Henri IV, dont on s'occupe en ce moment, devra éclairer cette question fort obscure. Voyez aussi Corresp. de Henri IV avec le landgr. de Hesse, 1 vol. in-8°.

dans ses limites de Vervins; la Franche-Comté et l'Alsace appartiendront à la république des Suisses; les dix-sept provinces des Pays-Bas formeront une république. On conçoit que Henri IV ait dissimulé ses projets ultérieurs d'agrandissement; ce qui le ferait d'ailleurs supposer, ce sont certaines phrases des Mémoires de Sully, et entre autres celle-ci : « Conjoindre entièrement et inséparablement la France avec les Provinces unies, est le seul moyen de remettre la France en son ancienne splendeur et la rendre supérieure à toute la chrétienté (1). »

§ 15. ÉTAT DES LIMITES DE LA FRANCE AVANT ET PENDANT LA GUERRE DE TRENTE ANS.

La mort de Henri IV avait suspendu l'exécution de ses desseins. Le cardinal de Richelieu continua la politique de Henri IV, au moins en ce qui concerne l'affaiblissement de la maison d'Autriche. Cette famille, depuis le quinzième siècle, ne cessait de s'agrandir; elle avait, sous Charles-Quint, menacé l'Europe entière, et sans la résistance énergique de la France, la monarchie universelle de l'Espagne se fût peut-être établie pour un temps. Partagé en deux États après l'abdication de Charles-Quint, l'empire autrichien pressait de toutes parts la France, et Philippe II avait pu un instant se croire maître de notre territoire, ouvert de tous côtés à ses armées, entamé partout par des possessions espagnoles.

La France avait alors au N. pour bornes, la limite de la Picardie et de la Champagne; à l'E., celle de la Champagne et des Trois-Évêchés; puis venait la Saône jusqu'à Lyon, le Rhône entre Lyon et le Guiers, enfin les Alpes et le Var. Au S., elle avait pour limite les Pyrénées, depuis les sources de la Bidassoa jusqu'à celles de l'Aude; puis le Roussillon lui manquant, sa limite n'était autre que le petit fleuve de la Têt.

(1) Voy. aussi Négoc. de Jeannin, 1609. — Kæmpens, Hist. des Pays-Bas, t. I, p. 599.

La branche espagnole de la maison d'Autriche possédait les Pays-Bas, qui comprenaient la Flandre française et l'Artois; de sorte que la Somme, avec les mauvaises places qui la défendaient, était notre seule barrière contre l'Espagne du côté du N. La branche allemande possédait par ses vassaux, le Palatinat, la Lorraine, et directement l'Alsace; la Franche-Comté était à l'Espagne, alliée ou maîtresse de la Savoie; enfin, au S., le Roussillon, qui était encore à l'Espagne, ouvrait à ses armées le Languedoc et nos provinces méridionales.

Une telle situation ne pouvait durer. Nous verrons par ce qui suivra, comment Richelieu, Mazarin et Lionne parvinrent à donner à la France un système de frontières capable de protéger son indépendance contre les attaques de ses ennemis.

§ 16. DE LA POLITIQUE DE RICHELIEU ET DE MAZARIN A L'ENDROIT DE LA LIMITE DU RHIN.

1° *Richelieu.*

Le cardinal de Richelieu n'était pas partisan de la grande idée nationale de donner à la France sa limite du Rhin.

« Il ne penchait point pour l'acquisition des Pays-Bas; il en avait été détourné par des raisons de politique pratique qui depuis ont empêché la France de les prendre ou de les conserver. C'était cette double difficulté qu'il objectait, en juin 1634, à leur partage, qui lui avait été proposé par les Provinces unies. « Quand même, disait-il, on en viendrait « à bout avec beaucoup de temps, de peine et de dépense, la « conservation de ce qu'on aurait acquis ne se pourrait faire « qu'avec de très-grosses garnisons, qui nous rendraient in- « continent odieux aux peuples, et nous exposeraient par ce « moyen à de grandes révoltes et à de perpétuelles guerres.

« Et quand même la France serait si heureuse que de con- « server les provinces qui lui seraient tombées en partage en « une dépendance volontaire de sa domination, il pourrait « arriver bientôt après que, n'y ayant plus de barre entre nous

« et les Hollandais, nous entrerions en la même guerre en la-« quelle eux et les Espagnols sont maintenant; au lieu que pré-« sentement nous sommes en bonne intelligence, tant à cause « de la séparation qui est entre nos États, qu'à cause que nous « avons un ennemi commun qui nous tient occupés en tant « que nous sommes également intéressés à son abaisse-« ment (1). »

Richelieu était d'avis « qu'absolument il ne fallait point entreprendre la guerre à dessein de conquérir la Flandre; » il pensait, au contraire, qu'il fallait transformer les Pays-Bas espagnols en une république catholique indépendante. Il trouvait ainsi la solution aux objections données précédemment : la France et la Hollande, en se débarrassant du contact des Espagnols, restaient séparées et conséquemment amies; de plus, elles se créaient un allié dans le nouvel État forcément placé, par la crainte de l'Espagne, dans l'alliance française.

Cette conduite était assurément la plus sage à une époque où l'alliance de la Hollande était nécessaire pour résister à la maison d'Autriche. Plus tard, lorsque la France victorieuse pourra se passer de cette alliance, il lui sera permis de penser à l'établissement de sa limite, en forçant la Hollande à accepter l'agrandissement nécessaire de la France.

2° *Mazarin.*

Le cardinal Mazarin doit être regardé comme le premier de nos politiques qui aient conçu l'importance et la nécessité d'une frontière réelle au N.-E.; aussi, pendant tout le temps de son ministère, il s'occupa par-dessus tout de réunir la Flandre au territoire français. La guerre de la fronde l'empêcha de réaliser ce grand projet en le chassant du pouvoir et en affaiblissant les ressources de la France. Il avait pensé échanger la Catalogne conquise par les Français pour les Pays-Bas espagnols et la Franche-Comté, et rien ne semblait devoir soutenir l'Espagne épuisée et obligée de céder, lorsque ses intrigues, en fai-

(1) Négoc. relativ. à la succ. d'Espagne, par Mignet, t. I, 174.

sant éclore une guerre civile de dix ans, força la France, épuisée à son tour, à diminuer ses prétentions et à perdre l'occasion, tant de fois trouvée et perdue, de faire cette réunion.

C'est dans un mémoire adressé aux ambassadeurs français à Munster, en 1646 (1), que se trouvent les idées de Mazarin sur le sujet que nous traitons. Le cardinal trouve douze avantages pour la France à acquérir les Pays-Bas : « Premièrement, « dit-il, l'acquisition des Pays-Bas forme à la ville de Paris un « boulevard inexpugnable ; et ce serait alors véritablement « que l'on pourrait l'appeler le cœur de la France, et qu'il « serait placé dans l'endroit le plus sûr du royaume. L'on en « aurait étendu la frontière jusqu'à la Hollande, et du côté de « l'Allemagne, qui est celui d'où l'on peut aussi beaucoup « craindre, jusqu'au Rhin, par la rétention de la Lorraine et « de l'Alsace, et par la possession du Luxembourg et du « comté de Bourgogne....

« En quatrième lieu, la puissance de la France se rendrait « redoutable à tous ses voisins, et particulièrement aux An- « glais, qui sont naturellement jaloux de sa grandeur, et qui « ne laisseraient échapper aucune occasion de procurer son dé- « savantage et sa diminution, si une si importante acquisition « ne leur ôte toute espérance d'y pouvoir réussir ; aussi on « peut bien être assuré que s'ils avaient connaissance d'une « pareille négociation, et que leurs discordes intestines (2) ne « les embarrassassent pas au point qu'elles font, il n'y a rien « qu'ils ne hasardassent pour en empêcher l'effet.

« Cinquièmement, si la France doit appréhender quelque « chose de la maison d'Autriche, ce ne peut être que du côté « de Flandre et de celui d'Allemagne, tant pour l'union qu'ils « peuvent faire de leurs forces, ces deux pays étant contigus, « que parce que, quelques avantages que nous ayons sur eux, « un seul bon succès qu'ils remportent, soit par surprise de « quelques places sur la Somme, soit par combat gagné ou au-

(1) Mignet, loc. cit., t. I, p. 177 et suiv. — Négoc. de Munster, édit. in-fol., t. III, p. 21. Voyez aussi l'Hist. de Louis XIV, par La Martinière, t. I.

(2) C'est en effet l'époque de la révolution d'Angleterre.

« trement, peut mettre aussitôt la même épouvante dans Pa-« ris, qui en est si proche, qu'il s'est vu en la prise de Corbie, « et en la perte de la bataille de Hennecourt, et nous obliger, « pour accourir au cœur, à retirer ou au moins à diminuer « les forces employées au loin, comme en Catalogne et en « Italie, et laisser ces endroits-là dégarnis, ainsi qu'on en « usa pour Corbie, qui fit lever le siége de devant Dôle, lequel « était prêt à se rendre, quoique nous n'eussions point de « guerre à faire du côté d'Espagne.

« Sixièmement, l'acquisition des Pays-Bas nous garantit de « ces deux craintes pour jamais. Il n'y aura plus de jonction « de troupes de nos ennemis, puisque l'Espagne ne possède-« rait rien de ce côté-là, et ayant étendu nos frontières jus-« qu'au Rhin de toutes parts, tant s'en faut que nous fussions « en état de craindre aucun mal du côté de l'empereur.. »

Telles sont les considérations politiques qui faisaient agir Mazarin : il serait superflu de vouloir, par des explications, en démontrer la vérité : elle apparaît trop bien d'elle-même.

Les autres motifs de Mazarin pour désirer la limite du Rhin sont d'un intérêt moins permanent et découlent des premiers ; ainsi c'est en Flandre que se trament les complots des mécontents; c'est de Flandre que viennent à leur secours les troupes espagnoles leurs alliées : la sûreté du royaume sera garantie contre ces coupables menées.

Mazarin comprend bien que la France, ainsi limitée, n'a plus de guerre à redouter dans l'avenir. « Huitièmement, « dit-il, et cela serait, à mon avis, la vraie sûreté pour la « durée de la paix, laquelle nous trouverions dans nos pro-« pres forces; car il faudrait que les ennemis eussent perdu le « jugement, si les choses étant réduites à ce point-là, ils se ré-« solvaient jamais à une rupture avec ce royaume.... »

§ 17. DE L'ACCROISSEMENT DE LA FRANCE PENDANT LE RÈGNE DE LOUIS XIV.

N° 1. *Traité de Westphalie, signé à Munster, en 1648, avec l'empereur d'Allemagne, après la guerre de 30 ans.*

1° La France est confirmée dans la possession des trois évêchés de Metz, Toul, Verdun, de leurs districts, et spécialement de Moyenvic.

2° L'Autriche cède à la France : le landgraviat de haute et basse Alsace et du Sundgau ; la préfecture des 10 villes impériales, savoir : Haguenau, Schelestadt, Colmar, Wisenburg, Landau, Oberenheim, Rosheim, Munster, Kaisers, Turinghaim (Turckeim).

3° Elle obtient le droit de mettre garnison à Philipsbourg sur le Rhin.

4° Elle obtient Pignerol en Italie.

5° La France rend : 1° les quatre villes forestières, Rheinfeld, Seckingen, Lauffenburg, Waltshut; 2° tout ce qu'elle a conquis à la droite du Rhin, c'est-à-dire, le Brisgau, la forêt Noire et l'Ortenau.

N° 2. *Traité des Pyrénées signé avec l'Espagne*, en 1659.

La France obtient : 1° *en Artois.* — Les villes et bailliages d'Arras, de Hesdin, de Bapaume, de Lens, de Thérouanne, de Pas et Lilers. L'Espagne garde les bailliages d'Aire et de Saint-Omer.

2° *En Flandre.* — Gravelines (avec les forts Philippes, l'Écluse et Hannuin), Bourbourg et sa châtellenie, et Saint-Venant.

3° *Dans le Hainaut.*—Les villes et bailliages de Landrecies, du Quesnoy, d'Avesnes, de Philippeville et de Mariembourg.

4° *Dans le Luxembourg.* — Les villes et prévôtés de Thionville, Montmédy, Damvillers, Ivoy, de Chavancy-le-Château et le poste de Marville.

5° L'Espagne nous restitue Rocroi et le Catelet.

6° « Les monts Pyrénées, qui avaient anciennement divisé les Gaules des Espagnes, seront aussi dorénavant la division des deux mêmes royaumes. » En conséquence l'Espagne cède au roi de France les comtés et vigueries de Roussillon, de Conflans et la Cerdagne française (1).

7° La France restitue :

1° Dans les Pays-Bas, Ypres, Oudenarde, Dixmude, Furnes, Menin et Comine.

2° En Italie, Valenza et Mortere.

3° En Franche-Comté, les places occupées.

4° En Espagne, Roses, Sau-d'Urgel, Ripol, Puicerda.

8° La France rend la Lorraine, à l'exception de Moyenvic, du duché de Bar, du comté de Clermont, des prévôtés de Stenay, Dun et Jamets, qui demeurent incorporés à la couronne.

N° 3. *Traité d'Aix-la-Chapelle, signé avec l'Espagne en 1668, après la guerre de Brabant.*

Louis XIV reste saisi des villes, bailliages et châtellenies de Charleroi, Binch, Ath, Douai, Tournai, Oudenarde, Lille, Armentières, Courtray, Bergues, Furnes, situés dans la Flandre et le Hainaut.

N° 4. *Traité de Nimègue, signé en 1678, après la guerre de Hollande.*

1° *Avec l'Espagne.* — 1° Louis XIV rend à l'Espagne les villes, places et châtellenies de Charleroi, Binch, Ath, Oudenarde, Courtrai, cédées en 1668.

2° Condé reste à la France, quoique étant situé dans la châtellenie d'Ath.

3° Louis XIV reste saisi de la Franche-Comté.

4° La France conserve, en Flandre, Valenciennes, Bouchain, Cambrai et le Cambrésis, Ypres et sa châtellenie, War-

(1) L'Espagne conserva toute la partie de la Cerdagne située au delà des Pyrénées.

wick et Warneton sur la Lys, Poperinghen, Bailleul, Cassel, Bavai, Maubeuge et leurs dépendances.

5° L'Espagne cède encore Dinant dans les Pays-Bas.

6° La France obtient en Artois, les villes et bailliages d'Aire et de Saint-Omer.

2. *Avec l'empereur et le duc de Lorraine.* — 1° La France conserve le droit de mettre garnison dans Philipsbourg.

2° Elle acquiert les ville et citadelle de Fribourg.

3° Le passage du Rhin de Brisach à Fribourg.

4° Nancy et sa banlieue sont réunies à la couronne.

5° Louis XIV obtient quatre routes en Lorraine, de Saint-Dizier à Nancy, de Nancy en Alsace, de Nancy à Vesoul, de Nancy à Metz. Ces chemins auront une demi-lieue de largeur, et tous les lieux, bourgs et villages compris dans iceux appartiendront au roi de France.

6° Louis XIV obtient la ville et prévôté de Longwy.

7° Toul est cédé au duc de Lorraine en échange de Nancy.

N° 5. *Des réunions opérées par les Chambres dites de réunion.*

Les diverses provinces et villes que les traités précédents cédaient à la France, étaient données « avec leurs dépendances. » Dans un ordre de choses régulier, le terme eût été clair; mais dans le régime féodal, auquel étaient encore soumis tous ces pays, le mot *dépendances* devenait tellement élastique qu'il était possible de lui faire dire tout ce qu'on voulait. Désireux de donner à son royaume une limite redoutable, Louis XIV résolut de prendre un certain nombre de villes et de pays, lesquels pouvaient être considérés comme des dépendances des provinces précédemment cédées. En 1679, Louis XIV créa, dans les parlements de Metz, de Brisach et de Besançon, des chambres dites de réunion, qui furent chargées de rechercher quels étaient les fiefs, villes ou terres, qui relevaient ou avaient relevé de la Franche-Comté, de l'Alsace, des Trois-Évêchés et de la Flandre. Le droit eût exigé que des commissaires impériaux et espagnols eussent pris part aux décisions des chambres. Louis XIV, usant de toute sa puissance, agit seul, et ses parlements enlevèrent successivement et malgré les remontrances de l'Empire,

Les villes de	Saarbruck,	à l'électeur de Trèves.
—	Saarwerden,	
—	Falkenberg,	
—	Germersheim,	
—	Waldentz,	à l'électeur palatin.
—	Deux-Ponts,	au roi de Suède.
—	Lauterbourg,	à l'évêque de Spire.
—	Montbéliard,	au duc de Wurtemberg.
—	Strasbourg,	ville libre.
Courtrai, Dixmude et Luxembourg,		aux Pays-Bas espagnols,

et une multitude de villes, bourgs, villages et terres dans les provinces du Luxembourg, de Namur, le Hainaut, la Flandre, le Brabant, la banlieue d'entre Sambre et Meuse, la terre de Thy, la mairie de Saint-Gérard, dont la liste occupe 10 colonnes du *Corpus diplomaticum* (1), c'est-à-dire, presque toutes ces provinces.

Vauban complétant l'œuvre des parlements, et la pensée de Louis XIV, « faisait de Lille, Metz et Strasbourg les trois centres de défense du royaume; il bâtissait Huningue et Béfort pour tenir Bâle en respect et couvrir l'entrée du royaume; Landau, pour rendre Philipsbourg inutile et défendre l'entrée de l'Alsace par le nord; Phalsbourg, pour fermer les défilés des Vosges; Saarlouis, pour couvrir l'intervalle entre les Vosges et la Moselle (2). »

L'Europe s'effraya, réclama, puis fut obligée de signer la trêve de 20 ans à Ratisbonne, en 1684. L'Empire cédait pour 20 ans, Strasbourg et le fort de Kehl, plus toutes les réunions prononcées par les chambres jusqu'au 1er août 1681, c'est-à-dire, tout ce que nous avons cité plus haut. L'Espagne cédait aussi pour 20 ans, les villes et prévôtés de Luxembourg, de Beaumont, de Bouvines et de Chimay.

(1) Tom. VII, 2e part., p. 415-9. Voyez surtout le Recueil des arrêts des trois chambres royales de réunion, imprimé à la suite du recueil des traités de paix, par Léonard, t. VI.

(2) Lavallée, *Hist. des Franç.*, t. III, p. 259.

N° 6. *Traité de Ryswick, conclu en 1697, après la guerre de la ligue d'Augsbourg.*

1° *Traité de Turin avec le duc de Savoie.*—La France cède Pignerol, dont les fortifications seront rasées. La France rendra à l'Espagne toutes les acquisitions faites par les chambres de réunion, sauf quatre-vingt-deux villes, bourgs et villages dont les principaux sont : Chièvres, Anthoin, Fontenoy, Givet, et qui sont importants pour couvrir la frontière du côté des Pays-Bas (1).

2° *Avec l'Espagne.* — La France rend Luxembourg, le comté de Chimay à l'Espagne ; Dinant à l'évêque de Liége ; Charlemont, Mons, Courtray.

3° *Avec l'Empire.* — La France rend les pays et villes réunis par les chambres dites de réunion et cédés par la trêve de Ratisbonne.

La France acquiert Strasbourg, et cède en échange Kehl, Fribourg, Vieux-Brisach (2) et Philipsbourg.

4° *Avec la Lorraine.* — Louis XIV rend Nancy, Bitche et Hombourg au duc de Lorraine ; il renonce aux quatre chemins cédés par la paix de Nimègue. Louis XIV garde Sarrelouis avec un district d'une demi-lieue, ainsi que la ville et la préfecture de Longwy ; et il aura en tout temps, ainsi que ses troupes, le libre passage par les terres du duc de Lorraine.

N° 7. *Des traités de partage de la monarchie espagnole.*

Le but permanent de la politique de Louis XIV avait été l'affaiblissement de l'Espagne. Le mariage de Louis XIV avec Marie-Thérèse, et les clauses du traité des Pyrénées relatives à la renonciation de cette princesse, avaient été, dans la pensée de Mazarin, un moyen de faire obtenir un jour la totalité de la succession espagnole à la France. Le testament de Charles II en faveur du duc d'Anjou réalisa enfin la pensée de Mazarin.

Mais avant que ce testament n'ait été fait, et pendant les

(1) Voyez Dumont, p. 419, t. VII, 2e partie.

(2) Ce fut après la restitution du Vieux-Brisach que Louis XIV fit bâtir, en 1699, le nouveau ou Neuf-Brisach.

longues intrigues diplomatiques qui précédèrent la mort de Charles II, Louis XIV signa deux traités de partage de la monarchie espagnole, par lesquels la France devait obtenir diverses provinces importantes. Le premier traité fut signé à la Haye en 1698 : le Dauphin obtenait le Guipuscoa, qui complétait la limite des Pyrénées occidentales; le marquisat de Final, en Italie, qui couvrait les limites du Var; enfin, le royaume de Naples et les présides de Toscane (1). La mort du duc de Bavière, qui était l'une des parties co-partageantes, amena un second traité qui fut signé à Londres en 1700. Le Dauphin devait avoir le Guipuscoa, le marquisat de Final, le royaume des Deux Siciles, les présides de Toscane, et de plus le duché de Lorraine (2). Ces traités conclus entre la France, l'Angleterre et la Hollande, assuraient à la France d'importants accroissements. On sait quelles sont les hautes considérations politiques qui décidèrent Louis XIV à accepter le testament de Charles II, et à faire ainsi passer la totalité de la succession espagnole à un prince français, sans que la France augmentât son territoire.

N° 8. *Traités d'Utrecht et de Rastadt, signés en 1713 et en 1714 avec l'Europe, après la guerre de la succession d'Espagne.*

1° *Avec la Prusse.* — Le roi de Prusse, héritier par sa mère de la maison d'Orange, renonce à tous droits sur la principauté d'Orange, qui est réunie à la couronne de France.

2° *Avec la Savoie.* — La France rend la Savoie et le comté de Nice, conquis pendant la guerre; elle cède tout ce qui est « à l'eau pendante » des Alpes du côté du Piémont, savoir, la vallée de Pragelas, les forts d'Exilles, de Fenestrelles, les vallées d'Oulx, de Sezane, de Bardonache, de Château-Dau-

(1) L'archiduc Charles devait avoir le duché de Milan; le reste de la succession était donné au duc de Bavière, lequel, Charles II par un premier testament, reconnaissait pour son héritier universel.

(2) Le duc de Lorraine devait avoir le Milanais, et l'archiduc Charles le reste des possessions espagnoles.

phin. La Savoie cède à la France tout ce qui est « à l'eau pendante » des Alpes du côté du Dauphiné, c'est-à-dire la vallée de Barcelonnette et dépendances.

3° *Avec la Hollande.* — La France garde Saint-Amant et Mortagne, et rend Tournai, Menin, Anthoin, Ypres, Dixmude.

4° *Avec l'Angleterre.*—Louis XIV fera raser toutes les fortifications de la ville de Dunkerque, combler le port, ruiner les écluses qui servent au nettoiement dudit port, le tout à ses dépens, et dans le terme de cinq mois après la paix conclue.

5° *Traité de Rastadt, signé en 1714 avec l'empereur et l'Empire.* — Le roi de Suède, duc de Deux-Ponts, cède Landau et ses dépendances à la France, et l'empereur garantit cette cession.

Le traité de Ryswick est renouvelé; la France, en conséquence, rend : Vieux-Brisach avec dépendances, Fribourg, le fort de Kehl et le château de Bitche.

§ 18. DES LIMITES DE LA FRANCE A LA MORT DE LOUIS XV.

N° 1. *Réunion de la Lorraine à la France par le traité de Vienne, conclu après la guerre de la succession de Pologne, en 1738.*

Depuis la paix de Nimègue, nul traité n'avait donné au territoire français un tel accroissement. La France s'agrandissait de la Lorraine et du Barrois, qui lui étaient cédés par l'Empire. Ainsi se trouva terminée cette série de tentatives faites depuis Louis XIII pour réunir la Lorraine à la France.

Nous donnons ici l'histoire des traités relatifs à cette affaire.

1° *Sous le duc Charles IV* (1624-1675). — Le duc Charles soutient la duchesse de Chevreuse, Gaston et les seigneurs mécontents contre le cardinal de Richelieu (1627-9). Cette politique l'engage dans une série de guerres contre le roi de France.

1re guerre, 1631.	Terminée par le traité de Vic, 1632......	Le duc cède Marsal pour 3 ans,

2e guerre, 1632.	terminée par le traité de Liverdun, 1632.	Le duc cède Stenay, Jametz, pour 4 ans. Et Clermont pour toujours.
3e guerre, 1633.	— par le traité de Nancy, 1633...	Le duc cède Nancy pour 4 ans.
Charles IV passe, en 1634, au service de l'empereur.	En 1641 il signe le traité de Saint-Germain, par lequel	Il cède pour toujours Clermont. — Stenay. — Jametz et — Dun. Marsal est démantelé. — Il fait l'hommage pour le duché de Bar.
5e guerre, 1641.	Terminée par le traité de Vincennes, 1661, réglant les clauses du traité des Pyrénées. — C'est le dernier traité signé par Mazarin. — La Lorraine est ouverte et affaiblie. — Le dernier vassal de la couronne est soumis.	Nancy est démantelé. Clermont, Moyenvic, Sierck, Sarrebourg, Phalsbourg, sont cédés à la France. Le duc cède un chemin de Metz en Alsace; il fait l'hommage pour le duché de Bar.
	Traité de Montmartre, 1662.	Charles IV institue Louis XIV son héritier et lui promet Marsal comme gage de sa parole; mais refuse de la livrer.
6e guerre, 1663.	Terminée par le traité de Noméņy, 1663.........	Confirmatif de celui de Vincennes. Louis XIV garde Marsal.
7e guerre, 1670.	Charles IV passe au service des Impériaux, et meurt en 1675.	

2° *Depuis le duc Charles IV* (1675-1738). — Depuis 1670 la Lorraine est occupée par Louis XIV. Le duc Charles V reste dans l'Empire à la tête des armées impériales, et y meurt. Charles V n'avait pas voulu accepter les clauses du traité de Nimègue.

Léopold, son successeur, accepta celles du traité de Ryswick relatives à la Lorraine, et régna sur son duché.

En 1698, le traité de partage de la monarchie espagnole donnait la Lorraine à la France; Léopold devait recevoir une compensation. Mais cette convention n'eut pas de suite.

Enfin, le traité de Vienne donna la Lorraine au roi de Pologne, Stanislas Leczinski; il était convenu qu'à la mort de Stanislas le duché de Lorraine serait réuni à la couronne.

En 1766, Stanislas étant mort, la Lorraine devint en effet une province française.

N° 2. *Traité d'Aix-la-Chapelle, signé après la guerre de la succession d'Autriche*, en 1748.

Cette guerre n'a valu aucun accroissement de territoire. La France était cependant victorieuse et maîtresse des Pays-Bas, de la Savoie et du comté de Niçe. La mauvaise politique du gouvernement rendit nuls les succès des armées ; nous rendîmes nos conquêtes, et on consentit même à renouveler l'article du traité d'Utrecht relatif à Dunkerque. Dunkerque devait rester fortifié du côté de la terre ; mais du côté de la mer, il devait rester sur le pied fixé par les anciens traités, c'est-à-dire démantelé.

Le *traité de Versailles* (1783) fit enfin cesser cette honte. La France fut libre dès lors de rendre à Dunkerque son port et ses murs.

N° 3. *Acquisition de la Corse*, 1768.

L'île de Corse appartenait depuis le moyen âge aux Génois. Jamais les Corses n'avaient été complétement soumis ; et lorsqu'au dix-huitième siècle la puissance maritime de Gênes fut entièrement anéantie, les Corses, sous la conduite de Paoli, proclamèrent leur indépendance ; et comme les Génois imploraient l'appui de la France, la Corse appela l'Angleterre à son secours. « Que l'Angleterre, dit un historien éminent, vînt « à s'emparer d'une île située à quelques heures de Toulon et « de Marseille, et elle avait aux portes de la France une cita- « delle, comme elle en avait déjà une aux portes de l'Espagne : « avec la Corse, Minorque et Gibraltar, elle chassait la France « et l'Espagne d'une mer qui semble leur domaine naturel. « Il fallait à tout prix empêcher un tel événement. Choiseul « résolut de prendre la Corse pour la France ; d'en faire non « pas seulement une colonie précieuse par son voisinage, ses « ports, ses forêts, mais, malgré sa position, sa langue et ses « mœurs, une partie intégrante du territoire français. Un

« traité fut conclu, par lequel Gênes céda la Corse à Louis XV, « qui en prit le titre de roi, et décréta la réunion de cette île « au royaume de France (1). »

L'opinion publique ne paraît pas avoir compris, à ce moment, l'importance politique de cette réunion. En effet, on lit dans les mémoires de Choiseul (2) le passage suivant :

« L'Angleterre a senti mieux que l'on ne l'a senti en France, l'avantage de cette acquisition (de la Corse). Elle a vu qu'en temps de guerre cette île était un point essentiel pour le soutien du commerce de la France dans le Levant ; elle a prévu que cette possession consolidée, procurerait à Votre Majesté le moyen facile de donner la loi à toutes les côtes d'Italie; elle a vu que les marines de France et d'Espagne pourraient former le projet de combattre la marine d'Angleterre dans l'Océan, et celui de la primer dans la Méditerranée, avec infiniment moins de dépenses qu'il n'en peut coûter à l'Angleterre pour soutenir Gibraltar et Mahon.

« Je crois que la Corse peut assurer à Votre Majesté et à l'Espagne cette domination dans la Méditerranée. »

§ 19. LA FRANCE A SES LIMITES NATURELLES.

N° 1. *Premières conquêtes de la république.*

La révolution française, en excitant une guerre générale contre la France, nous donna les moyens de conquérir en quelques années nos limites naturelles sur tous les points. Menacée d'un démembrement par les puissances coalisées, la France aurait été refoulée jusqu'aux limites qu'elle avait sous Philippe le Bel (3), si elle n'eût écrasé les armées de la coalition. Il n'entre pas dans notre plan de faire ici le tableau des succès de nos armées ; il nous suffira de citer les acquisitions incessantes de territoire.

(1) Lavallée, *Histoire des Français.*

(2) Rédigés par Soulavie, 2 vol. in-8°, t. I, p. 103.

(3) C'était le projet des alliés depuis Pilnitz; en 1813 on publia, en Allemagne, une brochure et une carte à ce sujet.

Le gouvernement, dès le début des hostilités, avait résolu de se tenir sur la défensive partout où la France avait déjà ses limites naturelles, et de prendre l'offensive là où la France n'était limitée que par une ligne de démarcation arbitraire : sage politique à laquelle on aurait toujours dû rester fidèle.

1. L'Assemblée constituante, en 1791, avait réuni Avignon et le comtat Venaissin à la France, et en avait formé, le 25 septembre, le département de *Vaucluse*.

2. Le 21 novembre 1792, la Savoie, conquise par Montesquiou, est réunie, et forme le département du *Mont-Blanc*.

3. Le 4 février 1793, le comté de Nice, conquis par Anselme, est réuni, et forme le département des *Alpes-Maritimes*.

4. Le 14 février, on joint à ce département la principauté de Monaco.

5. Le 28 mars, le pays de Porentruy, enlevé à l'évêque de Bâle par Custine, et constitué d'abord en république, est réuni à la France et forme le département du *Mont-Terrible* jusqu'en 1800 (l'an VIII), époque à laquelle il fut incorporé au département du Haut-Rhin, dans lequel il forma deux sous-préfectures, celles de Délemont et de Porentruy (1).

6. En 1793, la principauté de Montbéliard fut enlevée au duc de Wurtemberg et Teck, qui la céda par le traité du 7 août 1796. Le 1er mars 1797 (loi du 11 ventôse an V), elle fut annexée au département du Mont-Terrible, puis passa avec lui dans le département du Haut-Rhin en 1800. Depuis 1815, le canton de Montbéliard appartient au département du Doubs.

N° 2. *Traités de Bâle.* (5 avril 1795.)

La coalition, vaincue par les armées françaises dans l'immortelle campagne de 1794, perdit l'année suivante l'un de ses membres principaux. La Prusse, inquiète sur les projets

(1) Lois des 28 pluviôse (17 février 1800), et 17 ventôse an VIII (8 mars 1800) sur la division et l'administration des départements. Le nom du département du Mont-Terrible se trouve cité pour la dernière fois dans la loi du 11 frimaire an VIII.

d'agrandissement de l'Autriche, se sépara de la coalition et négocia avec la république française.

Lorsque l'on s'occupa dans la Convention de jeter les bases de la négociation que l'on allait ouvrir avec la Prusse, il fut décidé que la France devait avoir sa limite naturelle du Rhin : c'était l'opinion unanime de l'Assemblée (1). Ce fut la première condition du traité, et la Prusse fut obligée d'y accéder.

En effet, par l'article 5 du traité de Bâle, on convint que : « les troupes de la république française continueront d'oc- « cuper la partie des États du roi de Prusse, située sur la rive « gauche du Rhin. Tout arrangement définitif à l'égard de ces « provinces sera renvoyé jusqu'à la pacification générale entre « la France et l'empire Germanique. »

On stipule aussi dans un article secret (le deuxième) que : « Si, à la pacification générale entre l'empire Germanique et « la France, la rive gauche du Rhin reste à la France, S. M. « le roi de Prusse s'entendra avec la république française sur « le mode de la cession des États prussiens situés sur la rive « gauche de ce fleuve, contre telle indemnisation territoriale « dont on conviendra (2). »

Le traité avec la Prusse fut suivi de trois autres traités qui intéressent également le territoire français.

Le premier fut conclu avec la Hollande (16 mai).

La république gardait Maestricht, Vanloo et le territoire hollandais situé en deçà de la principale bouche du Rhin.

Le deuxième fut conclu avec le landgrave de Hesse-Cassel (4 septembre).

Le landgrave cédait à la France ses possessions situées sur la rive gauche du Rhin, à condition que si à la paix générale la France restait maîtresse de toute la rive gauche du Rhin, il serait indemnisé.

Le troisième traité fut signé avec l'Espagne.

(1) Manusc. de l'an III, par Fain, p. 26.

(2) Fain, Manusc. de l'an III. — Le texte de tous les traités conclus par la république se trouve au Bulletin des lois. Nous avons toujours cité les dates de la ratification de ces traités par le gouvernement français.

La république française rendait ses conquêtes, et l'on convenait que les limites de l'Espagne et de la France seraient autant que possible tracées sur la crête des montagnes qui forment le versant des eaux de France et d'Espagne.

Enfin, le 26 octobre 1795, le duché de Bouillon fut réuni à la France par décret du 4 brumaire an IV, et forma un canton du département des Ardennes.

N° 3. *Traités de Paris et de Tolentino.*

1. Le traité de Paris, conclu le 30 floréal an IV (19 mai 1796) avec le roi de Sardaigne, cédait à la France les comtés de Nice, de Tende, et la Savoie, déjà provinces françaises depuis 1793. La limite entre les deux États était fixée par la crête des Alpes depuis le mont Maudit jusqu'à la Roccabarbona, sur les confins de la république de Gênes.

2. Le traité de Paris, conclu le 14 fructidor an IV (31 août 1796) avec le margrave de Bade, cédait à la république les droits qu'il avait sur les seigneuries de Rode-Machern et de Hesperingen dans le duché de Luxembourg; tous les territoires (comté de Sponheim, terre de Kutzenhausen, seigneurie de Grevenstein, bailliages de Bentheim et de Rhod) et droits qu'il possédait ou prétendait avoir droit de posséder sur la rive gauche du Rhin. — Le Rhin est fixé comme limite, et sa navigation déclarée libre.

3. Le traité de Tolentino fut conclu par Bonaparte avec le pape, le 1er ventôse an V (19 février 1797). Par cette convention, le pape cédait à la France le comtat Venaissin et Avignon, réunis en 1791.

N° 4. *Traité de Campo-Formio*, 17 *octobre* 1797.

La coalition, bien que découragée par la perte de plusieurs de ses alliés, continua la guerre. L'Autriche se décida, lorsque les six armées qu'elle avait envoyées en Italie eurent été écrasées à Montenotte, Millesimo, Dego, Mondovi, Lodi, Castiglione, Arcole et Rivoli, par Bonaparte, à signer le traité de Campo-Formio.

La paix de Campo-Formio donnait à la France un territoire considérable, mais ne nous faisait pas encore arriver jusqu'au Rhin. L'Autriche nous cédait les Pays-Bas autrichiens (1) (la Belgique) et le comté de Falkenstein (2). Quant aux pays situés entre le Rhin et les Pays-Bas autrichiens, l'empereur promettait d'employer ses bons offices pour décider le corps germanique à les céder à la France (3). Enfin on stipula, relativement aux possessions prussiennes situées à la gauche du Rhin, et sur lesquelles le traité de Bâle n'avait rien décidé, que : « La France ne faisant point de difficulté de restituer au roi de Prusse les provinces prussiennes de la rive gauche du Rhin, il ne serait question pour la Prusse d'aucune acquisition nouvelle (4). »

Bonaparte, dans un but tout personnel, avait signé ce traité, peu avantageux à la France (5), malgré le Directoire qui n'avait pas osé défaire l'œuvre du tout-puissant général. Pour que la paix de Campo-Formio nous donnât nos limites naturelles, il fallait qu'un congrès s'assemblât à Rastadt et que la France traitât avec le corps germanique.

La seconde coalition se forma presque aussitôt après (1798), et l'Autriche fit assassiner nos ambassadeurs à Rastadt.

Le traité de Campo-Formio n'eut donc aucun résultat ; mais la coalition, vaincue de nouveau, fut obligée bientôt de signer la paix de Lunéville.

N° 5. *Acquisitions de territoire en 1798.*

L'année 1798 vit s'opérer deux réunions importantes, celle de Genève et celle de Mulhouse.

(1) Art. 3.

(2) Art. 3 du traité secret.

(3) Art. 1 du traité secret.

(4) Art. 9 du traité secret, cité par Bignon, Histoire de France, t. I, p. 367.

(5) La cession criminelle de Venise à l'Autriche, l'abandon des provinces du Rhin, expliquent l'opposition du Directoire à la signature du traité; en effet, le général Bonaparte signait la paix, en songeant aux seuls intérêts de son ambition qui se révèle tout entière dans les paroles adressées aux négociateurs autrichiens sur le droit qu'a la France de changer le mode de son gouvernement.

La république libre de Mulhouse (*Mulhausen*) fut déclarée, sur sa demande, partie intégrante de la France, par le traité de Mulhouse ratifié le 11 ventôse an VI (1er mars 1798), et annexée au département du Haut-Rhin, dans lequel elle forma un canton.

Le canton suisse de Genève fut également réuni, sur sa demande, au territoire de la république, par le traité de Genève, conclu le 28 floréal an VI (17 mai 1798), et forma dès lors, avec quelques cantons distraits des départements de l'Ain et du Mont-Blanc, le département du Léman (1), établi le 8 fructidor an VI (25 août 1798).

N° 6. *Traité de Lunéville (1801), signé après la défaite de la seconde coalition.*

La conclusion du traité de Lunéville fut annoncée par une proclamation qui commençait par ces mots :

« Français !

« Une paix glorieuse a terminé la guerre du continent. Vos « frontières sont reportées aux limites que leur avait marquées « la nature ; des peuples séparés longtemps de vous se rejoi« gnent à leurs frères, et accroissent d'un sixième votre po« pulation, votre territoire et vos forces. »

En effet, l'Autriche, tant en son nom qu'en celui du corps germanique, cédait à la France (art. 2), les Pays-Bas, le comté de Falkenstein, les pays allemands situés entre le Rhin et les Pays-Bas (art. 6), afin que le thalweg du Rhin fût désormais la limite entre la France et l'Allemagne, depuis Bâle jusqu'à l'endroit où il entre sur le territoire hollandais.

N° 7. *Limites de la France en 1801.*

Les limites de la France, à cette époque mémorable, sont les Alpes depuis leur jonction avec les Apennins jusqu'aux sources de la Doire Baltée ; de là, la limite court au nord joindre le lac de Genève, qu'elle atteint un peu à l'ouest de l'en-

(1) Le lac de Genève s'appelait jadis *lacus Lemanus*.

droit où le Rhône vient s'y jeter; elle suit le bord méridional du lac, puis le Jura, le Doubs, la Birse, atteint le Rhin à l'ouest de Bâle, le longe jusqu'au point où il se partage en plusieurs bras, à son entrée en Hollande; de là, la limite va au sud, coupe la Meuse, et se termine à l'ouest, à l'embouchure de l'Escaut occidental.

Les départements existant alors sont, outre les 85 formés de l'ancienne France, ceux :

			Chef-lieux.
De *Vaucluse*........	Formé du comtat Venaissin........		Avignon.
Des *Alpes-Maritimes*.	— du comté de Nice...........		Nice.
Du *Mont-Blanc*.....	— de la Savoie..............		Chambéry.
Du *Lac Léman*......	— de la Savoie et du canton de Genève.................		Genève.
De la *Lys*..........	— d'une partie de la Flandre.	Belgique et partie de la Hollande.	Bruges.
De *Jemmapes*.......	— du Hainaut............		Mons.
De *Sambre-et-Meuse*.	— du comté de Namur et évêché de Liége.........		Namur.
Des *Forêts*..........	— duché de Luxembourg...		Luxembourg.
De l'*Ourthe*.........	— duché de Limbourg et évêché de Liége.........		Liége.
De la *Meuse-Inférieure*...............	— Gueldre S. et province de Liége..............		Maestricht.
De la *Dyle*..........	— d'une partie du Brabant..		Bruxelles.
De l'*Escaut*.........	— d'une partie de la Flandre.		Gand.
Des *Deux-Nèthes*....	— partie du Brabant, marquisat d'Anvers.........		Anvers.
De la *Roer*..........	Formés des électorats de Cologne,		Aix-la-Chapelle.
De la *Sarre*.........	de Trèves, de Mayence; des duchés		Trèves.
De *Rhin-et-Moselle*...	de Juliers et de Clèves; du Palati-		Coblentz.
Du *Mont Tonnerre*...	nat, etc.......................		Mayence.

L'arrondissement de Porentruy dans le département du Haut-Rhin.

§ 20. DES LIMITES DE L'EMPIRE FRANÇAIS SOUS NAPOLÉON.

La France a atteint ses limites naturelles au traité de Lunéville; la Suisse s'est maintenue libre; une petite partie de territoire reste encore à la Hollande; mais, en supposant qu'on ait dû opérer encore quelques réunions pour achever de rendre invulnérable notre territoire, devait-on l'étendre indéfiniment?

Les exigences de la politique générale portèrent Napoléon à ajouter successivement à la France les divers pays dont nous donnons ici la liste, et qui sont situés en dehors de nos limites naturelles :

1° *Les duchés de Parme et de Plaisance* sont cédés à la France par le traité d'Aranjuez (21 mars 1801), et réunis par sénatus-consulte du 21 mai 1808.

2° *Le Piémont*, réuni en 1802.

3° *L'île d'Elbe, les Présides et la principauté de Piombino* sont réunis par sénatus-consulte du 26 août 1802 (8 fructidor an x).

4° *La république de Gênes* est réunie à la France en 1805.

5° *L'Istrie et la Dalmatie vénitiennes* sont cédées par l'Autriche, au traité de Presbourg en 1805.

6° *Les îles Ioniennes*, cédées par la Russie, au traité de Tilsitt en 1807.

7° *Le territoire de Lommel et celui de Flessingue* sont donnés à la France par la Hollande, le 11 novembre 1807.

8° *La Toscane* est jointe à l'empire français en 1808, par décret.

9° *Les provinces Illyriennes*, savoir, la Croatie, la Carniole, l'Istrie autrichienne, le littoral hongrois, le cercle de Villach en Carinthie, le gouvernement de Trieste, le comté de Gorice, les îles Illyriennes, sont cédées par l'Autriche, au traité de Vienne, en 1809.

10° *L'État romain* réuni par décret du 17 février 1810.

11° *Le Brabant, la Zélande, le pays situé entre la Meuse et le Wahal* sont cédés par la Hollande le 16 mars 1810.

12° *La Hollande*, réunie par décrets du 5 juin et du 9 juillet 1810.

13° *Le Valais* (1),
14° *Le Hanovre*,
15° *Le duché d'Oldembourg*,
16° *Les villes anséatiques*,
} réunis par décret du 12 novembre 1810.

Tous ces États annexés au territoire furent divisés en départements, dont voici le tableau :

(1) Le Valais seul est sur le territoire naturel de la France.

ÉTATS ÉTRANGERS.	DÉPARTEMENTS.	CHEFS-LIEUX.
Parme	Taro	Parme.
Piémont	Doria	Yvrée.
	Sesia	Verceil.
	Marengo	Alexandrie.
	Stura	Coni.
	Pô	Turin.
Gênes	Montenotte	Savone.
	Gênes	Gênes.
	Apennins	Chiavari.
Toscane	Ombrone	Sienne.
	Arno	Florence.
	Méditerranée	Livourne.
État romain	Rome	Rome.
	Trasimène	Spolète.

		DÉPARTEMENTS.	CHEFS-LIEUX.
PROVINCES de la HOLLANDE.	*Zélande*	Bouches de-l'Escaut	Middelbourg.
	Brabant	Bouches-du-Rhin	Bois-le-Duc.
	Hollande S.	Bouches-de-la-Meuse	La Haye.
	Hollande N.	Zuyderzée	Amsterdam.
	Utrecht	Yssel-Supérieur	Arnheim.
	Frise	Frise	Leuwarden.
	Groningue	Ems-Occidental	Groningue.
	Over-Yssel	Bouches-de-l'Yssel	Zwolle.
	Ost-Frise	Ems-Oriental	Aurich.
Hanovre ...... *Oldembourg*... *Villes Anséatiques*		Ems-Supérieur	Osnabruck.
		Lippe	Munster.
		Bouches-du-Weser	Brême.
		Bouches-de-l'Elbe	Hambourg.

§ 21. *Des traités de 1814 et de 1815* (1).

N° 1. DU TRAITÉ DE PARIS, 1814.

Il n'entre pas dans le plan de ce livre de raconter la longue série de fautes, de revers et de trahisons qui amènent la ruine de l'empire de Napoléon, ni le brillant ensemble d'actes héroïques qui retardent sa chute. Il suffit de dire que, vaincue, écrasée, la France fut restreinte à ses limites de 1792 après la chute de l'homme qui avait reculé si loin les bornes de sa domination.

Le traité du 31 mai 1814 laissait à la France ses limites de 1792 et quelques cantons, seuls fruits de tant de conquêtes, garanties par tant de traités. La France gardait :

(1) Voyez la carte n° 33.

Dans le département *de Jemmapes*, les cantons de Dour, de Merbes-le-Château, de Beaumont et de Chimay.
— *de Sambre-et-Meuse*, les cantons de Valcour, de Florennes, de Beauraing et de Gédinne.
— *de la Sarre*, les cantons de Sarrebruck et d'Arneval.
— *du Mont-Tonnerre*, les cantons entre la Lauter et la Queich pour réunir Landau au territoire français.
— *du Mont-Blanc*, la sous-préfecture de Chambéry (moins les cantons de l'Hôpital, de Saint-Pierre d'Albigny, de la Rocette et de Montmélian), et celle d'Annecy, moins une partie du canton de Faverge.

Le comté de Montbéliard, le pays de Gex, le comtat Venaissin nous étaient également cédés.

N° 2. TRAITÉ DE VIENNE, 1815.

Le traité de 1815 nous fit perdre toutes ces cessions, moins les trois dernières, et notre limite de 1792 fut ouverte de tous côtés par l'enlèvement de Philippeville, de Marienbourg, de Sarrelouis et de Landau, et par la démolition d'Huningue.

CHAPITRE VIII.

LIMITES DE LA FRANCE D'APRÈS LES TRAITÉS DE 1815.

Ce que nous nous proposons dans ce chapitre, c'est de faire connaître l'état de nos limites, telles que les traités de 1815 les ont fixées.

Si nous avons donné autant de détails topographiques, c'est que la question, essentiellement géographique, ne peut être bien entendue et convenablement résolue que par une connaissance positive de ces détails.

Nous avons déjà indiqué quelles sont les limites naturelles de notre patrie; ce sont les limites de l'ancienne Gaule: le Rhin, les Alpes, les Pyrénées et la mer. Aujourd'hui cependant la France n'a pas ses limites. Elle les possède au sud incomplétement, car tout le versant français des Pyrénées n'est pas à nous. Les Alpes ne nous bornent pas entièrement; nous ne touchons au Rhin que par un seul point, l'Alsace. Nos limites sont donc artificielles sur presque tous les points.

§ 1er. FRONTIÈRE DU N.-E., OU DU RHIN.

(*Bassins du Rhin, de la Meuse et de l'Escaut; départements du Haut-Rhin, du Bas-Rhin, de la Moselle, de la Meuse, des Ardennes, de l'Aisne, du Nord.*)

Cette frontière est marquée par le Rhin, depuis Huningue jusqu'au confluent de la Lauter; par la Lauter jusqu'à Schlettenbach; à partir de ce point, la frontière suit une ligne arbitraire qui coupe perpendiculairement tous les cours d'eau sortant de notre territoire, savoir : la Schwolb, la Blise, la Sarre, la Moselle, la Semoy, la Meuse, la Sambre, le Haine, l'Escaut, la Lys, l'Yser et la Colme; cette ligne se termine un peu au nord de Dunkerque sur la mer du Nord.

Pour qui voudra jeter les yeux sur une carte, il sera démontré que toutes ces rivières sont autant de routes ouvertes à l'ennemi pour pénétrer sur notre territoire; et comme la capitale n'est distante que de quarante-huit lieues de la frontière, la nécessité de la couvrir nous oblige à entretenir une armée considérable sur ce point.

Examinons maintenant quels sont les défauts de cette frontière, et quels sont les obstacles que l'on a élevés pour la défendre contre l'ennemi.

1° D'Huningue à la Lauter, la limite étant tracée par le Rhin, défendue par Strasbourg, et ayant en arrière l'Ill, les Vosges, la Moselle, la Meuse, les Ardennes, qui forment autant de lignes de défense contre un ennemi qui attaquerait la France par l'Alsace; cette limite, disons-nous, serait bonne si elle n'était pas annulée, 1° par la destruction d'Huningue, qui ouvre la trouée de Béfort, et qui permet de tourner Strasbourg et les Vosges par le sud, en franchissant le Rhin à Bâle (1); 2° par la perte de Landau, qui permet de tourner Strasbourg par le nord (2), et d'aborder la montée de Saverne, dans les Vosges, passage important, et gardé par Phalsbourg.

En effet, la route de Mayence à Strasbourg, autrefois défendue par Landau, ne l'est plus aujourd'hui que par Weissembourg, place trop faible pour résister longtemps. De plus, toutes nos opérations contre Mayence, sur le Rhin et sur le Main, sont rendues impossibles par la perte de cette place qu'il faut d'abord prendre (3).

Les places fortes élevées sur cette partie de la frontière sont Brisach, Schelestadt, Strasbourg, Lichtenberg et Weissembourg.

2° *De la Lauter à la Meuse.* — Cette partie de la frontière, comprise entre les Vosges et les Ardennes, est ouverte au milieu par la Moselle, et présente deux points particulièrement

(1) On va fortifier Thann pour couvrir Strasbourg de ce côté.

(2) On va fortifier Haguenau pour soutenir Weissembourg.

(3) Voyez la campagne de Hoche en 1793, dans ce pays, après la prise de Landau par les alliés, Hoche étant par conséquent dans une position semblable à celle où se trouverait un général de notre temps.

faibles : l'un, entre Thionville et les Vosges ; l'autre, entre Thionville et Montmédy. Voyons actuellement comment cette partie de la frontière est défendue. Les Vosges, sinon par leur hauteur, du moins par la largeur de leur massif, par l'épaisseur des forêts qui les couvrent, et par le développement de leurs contre-forts, présentent un obstacle réel à l'ennemi. A l'ouest des Vosges, les contre-forts des Vosges et la place de Bitche, et en deuxième ligne, Phalsbourg, défendent suffisamment la frontière jusqu'à la Sarre. Ici la frontière est ouverte. Les traités de 1815 nous ont enlevé tout ce que Louis XIV avait établi pour boucher cette trouée. Notre limite alors, depuis Sarreguemines jusqu'au confluent de la Sarre, était couverte, dans tous les points vulnérables, par le cours de la Sarre et par l'importante place de Sarrelouis ; la limite passait même à cinq lieues au N. de Sarrelouis. Aujourd'hui notre limite, dans la même étendue, est à deux lieues au S. de la Sarre, et Sarrelouis est à la Prusse. L'importante place de Marsal défend sur ce point le territoire, sans toutefois protéger Metz, comme le faisait Sarrelouis.

La vallée de la Moselle est défendue par Thionville et Metz en deuxième ligne : il est difficile d'y pénétrer, et d'ailleurs l'ennemi rencontrerait encore l'Argonne. Mais à l'ouest de la Moselle, entre cette rivière et Montmédy, il existe une trouée défendue seulement par Longwy, Verdun en deuxième ligne, et l'Argonne en troisième (1). Louis XIV avait conquis Luxembourg pour assurer cette partie de la frontière. Luxembourg est à la confédération germanique depuis 1815. A l'ouest de Montmédy, les Ardennes et leurs ramifications, les places de Sédan, Mézières, Givet et Rocroy, défendent la frontière.

A l'ouest de la Meuse, entre cette rivière et la Sambre, la limite n'a plus de défense naturelle ; on peut pénétrer sans obstacle des Pays-Bas en Champagne, comme les Espagnols en 1645. C'est pour cela que Louis XIV avait occupé Philippeville et Marienbourg qui couvraient cette trouée. En 1815 ces deux

(1) C'est par là que les Prussiens envahirent la France en 1792.

places nous ont été enlevées; les sources de l'Oise, c'est-à-dire, la tête de la vallée de cette rivière qui conduit droit à Paris, sont même à l'ennemi. Rocroy est aujourd'hui, comme au temps du grand Condé, notre seule défense; avec le souvenir de sa victoire, cependant! A partir des sources de l'Oise, jusqu'à la mer du Nord, la frontière est entièrement artificielle ; cependant les canaux et les marais, et surtout un grand nombre de places fortes défendent les approches de Paris. Ainsi, Laon, Soissons, la Fère ferment la vallée de l'Oise; Maubeuge et Landrecies défendent le cours de la Sambre, appuyées à droite sur Avesnes ; le Quesnoy couvre le pays entre la Sambre et l'Escaut; Condé, Valenciennes, Bouchain, Cambrai ferment la vallée de l'Escaut; Douai et Arras, la vallée de la Scarpe; Lille, Bergues et Dunkerque défendent l'espace compris entre l'Escaut et la mer, entrecoupé d'ailleurs par une infinité de canaux dont la défense peut tirer un excellent parti. En arrière de ces trois places, viennent Béthune, Aire, Saint-Omer, Gravelines et Calais; puis deux cours d'eau parallèles à la frontière, la Canche et l'Authie, avec Doulens, Montreuil et Boulogne pour places fortes; enfin, la Somme avec Péronne-la-Pucelle, Amiens et Abbeville. En dernière ligne, Paris fortifié, ainsi que Vitry sur la route de Paris à Strasbourg; Béfort et Langres sur la route de Paris à Bâle, afin de réparer la trouée d'Huningue.

Ainsi, par suite des traités de 1815, la France en est réduite à fortifier ses villes intérieures pour fermer les ouvertures de sa frontière et couvrir sa capitale menacée. Nous examinerons plus loin si ce système de défense comparé à l'état de nos frontières est suffisant pour sauver Paris, dans l'hypothèse d'une nouvelle coalition, dont les armées victorieuses envahiraient la France. Car enfin la question des limites est là tout entière.

Il faut encore ajouter, pour compléter cette partie si importante de ce chapitre, que si la France avait sa capitale, ce qui devrait être, au centre du pays, par exemple à Bourges, où les Anglais, au quinzième siècle, ne purent pénétrer à cause de la Loire qui couvre ce pays, ou bien à Orléans, à Blois, dans l'une de ces villes de la Loire, où nos grands hommes d'État du seizième siècle avaient rationnellement placé la capitale du pays, notre frontière, telle qu'elle est, cesserait d'être mauvaise, en ce sens que la Seine, dont la direction est parallèle à la frontière, pourrait servir de ligne de défense à une capitale située sur la Loire; tandis que, dans l'état actuel des choses, Paris est sans défense naturelle.

En effet, que l'on jette les yeux sur une carte, on verra que la Seine coule du S.-E. au N.-O. ; qu'elle reçoit sur sa rive droite l'Aube, la Marne, l'Oise, l'Aisne, et sur sa rive gauche l'Yonne; que toutes ces rivières coulent d'abord parallèlement à la Seine, et convergent sur un point pour se jeter dans le fleuve. Or, ce point est Paris. Donc, toutes ces vallées convergeant sur Paris, bien loin d'être un obstacle pour l'ennemi, sont au contraire des routes toutes naturelles pour y arriver.

En effet, que l'on étudie la marche des alliés en 1814, on les verra pénétrer en France par Bâle, traverser la trouée de Béfort, franchir le plateau de Langres et déboucher sur Paris par toutes les vallées que nous venons de citer, malgré les héroïques efforts de Napoléon; de telle sorte que dans ce plan d'invasion si habilement conçu (1), notre frontière et nos places du Nord avaient été tournées et réduites à néant pour la défense du sol.

Depuis 1850 on s'est occupé de prévenir le retour de pareils événements. Béfort et Langres ont été rendues redoutables. Béfort, déjà fortifiée par Vauban, par sa position à l'intersection des routes de Bâle, de Strasbourg, de Nancy, de Langres et de Besançon, est une position stratégique de la plus haute importance. La trouée de Béfort est aujourd'hui défendue par Béfort et par un camp retranché qui peut contenir trente mille hommes. Béfort couvre Paris contre une invasion venant de la Suisse, rend à Strasbourg une partie de la sécurité que le démantèlement d'Huningue lui avait enlevée, et

(1) On dit que c'est d'après les excellentes cartes topographiques de Cassini, que les alliés avaient pris une idée si nette du relief de la France.

à Besançon celle que lui avait fait perdre l'enlèvement de Porentruy.

En arrière de Béfort, et sur la route de Paris, se trouvent Langres et les hauteurs connues sous le nom de plateau de Langres, dans lesquelles sont les sources de la Seine, de la Marne et de l'Aube, c'est-à-dire où sont les têtes de ces vallées convergentes sur Paris dont nous parlions tout à l'heure. Langres a été fortifiée, et rend la défense de son plateau redoutable à l'assaillant.

Certes les approches du bassin de la Seine sont bien défendues; mais dans l'hypothèse de la chute de Béfort et de Langres, qu'est-ce qui couvre Paris? Paris fortifié, dit-on, se défendra lui-même. Il y a dans cette proposition du vrai et du faux. Paris doit être à l'abri d'un coup de main; Paris doit pouvoir résister à l'ennemi, afin que celui-ci, averti qu'il y aura résistance, ne néglige pas de s'emparer de toutes les places qui pourraient, en cas de revers, lui couper la retraite; de sorte que Paris fortifié donne une valeur réelle aux places de la frontière. Tout ceci est évident. Mais pour obtenir ce résultat, il n'était nul besoin d'enceindre Paris et d'une muraille et d'une ligne de forteresses : quelques forts à gauche et à droite de la Seine suffisaient. Car Paris attaqué pourra-t-il soutenir un siége efficace comme Lille en a soutenu un en 1792? Et si toutes les ressources de la France sont épuisées (on doit supposer ce malheur arrivé, puisque Paris est investi), Paris forcera-t-il l'ennemi à lever le siége et à quitter le sol de la France? Cela est possible, mais n'est pas certain.

Il nous aurait paru meilleur de faire à Paris quelques fortifications sur les hauteurs du voisinage, au confluent de la Marne, à Saint-Denis; et, ceci fait, de rendre inexpugnable la zone de terrain comprise entre l'Aisne et l'Yonne. Cette thèse a été soutenue avec le plus grand talent par un habile officier (1) à l'opinion duquel nous n'hésitons pas à nous ranger,

(1) M. Rocquancourt, chef d'escadron d'état-major, a publié sur ce sujet une brochure intitulée : « Considérations sur la défense de Paris; » 1840, chez Laguionie.

tant elle nous paraît vraie et basée sur une connaissance parfaite de la géographie de la France et de l'histoire.

Ce sera toujours par la zone comprise entre l'Aisne et l'Yonne, comme le démontre l'écrivain que nous venons de citer, que l'ennemi fera les plus grands efforts pour s'emparer de Paris ; car c'est la seule voie qui lui permette de garder ses communications avec l'Allemagne, et par conséquent d'assurer sa retraite.

Or, ceci admis (et il n'est pas possible de ne pas l'admettre), « toute la question se réduit à la défense de la zone comprise entre l'Aisne et l'Yonne, ou à peu près, de Soissons à Nogent et Montereau. » Fortifier Soissons, Montmirail, Nogent-sur-Seine; joindre à chacune de ces places un camp retranché pour cent mille hommes; établir une tête de pont à Montereau et une à Château-Thierry ; enfin relier ces cinq points par une route stratégique ; tel est le plan de M. Rocquancourt, et le seul qui nous paraisse de nature à résoudre réellement la question : fortifier la frontière, défendre Paris, rattacher le centre et les extrémités par une série d'obstacles qui donnent à la frontière la force qu'elle n'a pas.

§ 2. FRONTIÈRE DE L'EST OU DES ALPES.

(Bassin du Rhône et du Var; départements du Haut-Rhin, du Doubs, du Jura, de l'Ain, de l'Isère, des Hautes et Basses-Alpes, du Var.)

La limite est tracée suivant une ligne conventionnelle qui longe le Var, l'Esteron son affluent, ou bien laisse ces deux rivières et les coupe perpendiculairement et suit quelques hauteurs jusqu'aux sources du Var. De ce point la limite est formée par la crête des Alpes jusqu'à l'Aiguille noire : cette seconde partie est la seule qui soit naturelle. Nous devrions posséder tout le bassin du Var, et être couverts de ce côté par les Alpes maritimes; nous n'avons au contraire qu'une partie de ce bassin, et le fleuve est bien loin d'être pour nous une bonne ligne de défense.

A partir de l'Aiguille noire, la limite cesse d'être naturelle. Au lieu de suivre la crête des Alpes, au N.-E. jusqu'au mont Furca, et de revenir à l'ouest, par les Alpes Vaudoises et le mont Jorat, rejoindre le Jura au mont Tendre, ce qui nous donnerait tout le bassin du Rhône (Savoie, Valais, Vaud et Genève), la limite suit une ligne conventionnelle qui va au N.-O. joindre le Rhône au confluent du Guiers. Cette ligne est tracée par des hauteurs entre l'Aiguille noire et l'Isère, et depuis l'Isère jusqu'au Rhône, par des hauteurs d'abord, puis par le Guiers jusqu'au Rhône. Ensuite vient le Rhône jusqu'à son confluent avec le London ; à partir de ce point jusqu'à la Dôle (1) la limite est arbitraire ; entre la Dôle et le saut du Doubs, le Jura nous sépare de la confédération helvétique ; c'est la meilleure partie de la frontière de Suisse. Depuis le saut du Doubs jusqu'au coude du Doubs, la limite suit tantôt la rive droite, tantôt la rive gauche de cette rivière.

Au coude du Doubs, la limite suit une ligne courbe dont la concavité regarde d'abord la Suisse, puis la France, et qui se dirige jusqu'à Huningue. Cette ligne n'a aucune défense naturelle. Ainsi tracée, notre frontière est ouverte; de sorte que Strasbourg, comme nous l'avons vu, est tourné par le sud, et Besançon par le nord : Béfort est chargé de couvrir cette immense ouverture. Telle n'était pas notre limite en 1814. La limite partait d'un point entre Bâle et Huningue sur le Rhin, allait au sud atteindre l'Aar près de Bienne, contournait la principauté de Neufchâtel, qui, possédée par un Français, donnait à la France les lacs de Bienne et de Neufchâtel pour limites, puis se rattachait au Jura, le suivait jusqu'aux sources du London ; de là, elle atteignait le lac de Genève à Copet, suivait le lac de Genève et le Rhône jusqu'à Saint-Maurice ; de là, la crête des Alpes jusqu'au col de Tende séparait la France de l'Italie. Voilà la limite que les traités de Bâle, de Campo-Formio et de Lunéville avaient donnée à la France. Nous avions fait de nos nouvelles acquisitions les départements des

(1) L'un des sommets du Jura.

Alpes-Maritimes (aujourd'hui comté de Nice à la Sardaigne), du Mont-Blanc (aujourd'hui Savoie à la Sardaigne), du Léman (aujourd'hui Savoie à la Sardaigne, et canton de Genève), et l'arrondissement de Porentruy, dans le Haut-Rhin (aujourd'hui partie du canton de Soleure). De toutes les pertes que nous avons faites sur cette frontière, la plus grave est celle du pays de Porentruy, parce que l'enlèvement de ce pays, se liant avec la démolition d'Huningue, ouvre le pays à l'ennemi et met Paris à découvert. Nous avons vu que Béfort et Langres couvraient Paris, que Thann couvrait Strasbourg, et qu'ainsi le mal était en partie réparé ; mais l'enlèvement de Porentruy, qui appuyait la défense de l'extrémité nord du Jura et couvrait au N. Besançon, qui est le centre de la défense du Jura, a ôté à cette place la sécurité de ce côté, comme l'enlèvement de Genève lui a ôté sa sécurité au S. De sorte que Besançon devenant une place de première ligne, pouvant être tournée par le S. et par le N. et bloquée dès le début de la campagne, ne peut plus servir de place de dépôt, de base d'opérations, puisqu'on peut lui ravir si facilement ses communications avec l'intérieur. Tel était l'esprit des traités de 1815. Depuis 1830 on a remédié au mal, en élevant Béfort qui couvre Besançon au N., en ce sens au moins que l'ennemi assez audacieux pour marcher sur Besançon, en laissant Béfort sur sa droite, s'expose à être pris de flanc pendant sa marche. Au S., sur la route de Genève à Besançon, on a fortifié le plateau des Rousses qui commande la route.

Lyon, la seconde ville du royaume, par l'enlèvement de Genève et de la Savoie, était découvert. On l'a fortifié de manière à le rendre inexpugnable. D'ailleurs les approches sont défendues par le fort l'Écluse et celui de Pierre-Châtel qui commandent le Rhône, et par les lacs de la Bresse.

La vallée de l'Isère est couverte par le fort Barraux et par Grenoble, centre de la défense du Dauphiné et place de premier ordre aujourd'hui. De plus, comme le fait remarquer un géographe (1), « les grandes vallées de l'Isère, de la Durance

(1) M. Lavallée, Géographie militaire, p. 149.

et de leurs affluents, quoiqu'elles aient leur origine dans les Alpes et donnent entrée en France, ne sont pas favorables à une invasion dans ce pays; car elles descendent d'un arc de montagnes excentrique à la France, et au lieu de converger sur un même point(1), viennent presque parallèles entre elles, tomber dans le grand fossé du Rhône perpendiculairement à son cours; le pays est d'ailleurs couvert de montagnes inextricables, de nombreuses places et d'une population belliqueuse. L'invasion semble plus facile du côté du rivage, où d'ailleurs elle a pour but une grande ville, Marseille; mais, suffisamment empêchée par la nature montueuse du pays et par les places d'Antibes et de Toulon, elle n'a jamais réussi; ainsi les expéditions du connétable de Bourbon et de Charles-Quint, en Provence, ont échoué, et de même celle du duc de Savoie en 1707. Suchet couvrit très-bien la France en 1800 : et en 1814 les alliés n'ont pas essayé cette route trop indirecte. C'est par le Rhône supérieur qu'est le côté vulnérable du bassin, où d'ailleurs l'on a pour objet la deuxième ville de France ; c'est aussi par là que les alliés pénétrèrent en 1814 et en 1815, certains que la possession de Lyon rendait inutiles toutes les places de l'Isère et de la Durance. »

Ainsi, à l'est comme au nord, notre frontière a été ouverte, par les traités de 1815, aux armées de l'étranger; et à l'est comme au nord, c'est en défendant l'intérieur que l'on a pu rendre aux frontières les forces qu'elles avaient perdues. Les places fortes, qui défendent cette frontière, sont en allant du nord au sud :

(1) Nous citerons, par exemple, toutes les vallées du versant italien des Alpes qui convergent sur Turin. De ce côté notre offensive est redoutable et facilitée par la nature. Aussi n'atteignons-nous les Alpes que sur l'espace très-restreint que Louis XIV nous avait donné en 1713.

ROUTES.	OBSTACLES NATURELS.	PLACES FORTES.
1° Sur la route de Bâle à Paris.......	....	Béfort, Langres.
Sur la route de Bâle à Besançon		
2° par Altkirch	....	Montbéliard, Besançon (1).
3° par Porentruy	....	Besançon.
4° Sur la route de Neufchâtel à Besançon par Pontarlier.....	Le Jura..	Besançon.
5° Sur la route de Neufchâtel à Dijon par Pontarlier.....	....	Salins.
6° Sur la route de Genève à Besançon.	....	Les Rousses, château de Joux.
7° Sur la route de Nyon à Besançon...	....	
8° Sur la route de Genève à Lyon par Nantua.......	Le Rhône.	Fort l'Écluse, Lyon.
9° Sur la route de Genève à Grenoble par Belley........	....	Fort de Pierre-Châtel.
10° Sur la route de Chambéry à Grenoble par la vallée de l'Isère.....	....	Fort Barraux, Grenoble.
11° Sur la route de Turin à Lyon....	....	Briançon, Grenoble, Lyon.
12° Les diverses vallées des Alpes entre la route de Turin au N., et celle de Nice à Marseille au S., sont couvertes par Queyras, Mont-Dauphin, Embrun, Seynes, qui défendent, avec Briançon, la vallée de la Durance,— par Glaizolles qui ferme la vallée de Barcelonnette, — par Colmars qui ferme celle du Verdon	Les Alpes.	
13° Sur la route de Nice à Marseille...	Le Var...	Antibes, Toulon.

En arrière de cette première ligne de défense, nous trouverons deux cours d'eaux, le Rhône et la Saône, qui forment une seconde ligne de défense importante. La Saône peut permettre de résister encore à un ennemi qui aurait triomphé des obstacles de la première ligne. En 1814, les Autrichiens auraient pu être arrêtés par un adversaire intelligent. Lyon, Châlon et Auxonne défendent son cours, soutiennent les places de première ligne, et couvrent Paris au S.-E. Le Rhône est un fossé assez redoutable pour se défendre lui-même, et d'ailleurs l'invasion n'est pas à craindre de ce côté. Ce ne serait que dans l'hypothèse d'une retraite au delà de la Loire, que le Rhône, ayant derrière lui les Cévennes, la Loire, l'Allier et les montagnes de l'Auvergne, deviendrait pour la France une barrière importante qui couvrirait complétement le flanc droit des derniers défenseurs de l'indépendance nationale, et lui donnerait toute

(1) Toutes les routes qui traversent le Jura peuvent être facilement défoncées et rendues impraticables, parce qu'en général les montagnes du Jura sont composées de roches assez tendres.

liberté d'agir contre l'ennemi venant de Paris sur Orléans, ou Nevers.

Notre frontière de Suisse, telle qu'elle est, serait excellente si, comme le proclament les traités de 1815, la Suisse était réellement neutre. En effet, si l'ennemi, respectant la neutralité de la Suisse, ne peut envahir la France par Bâle ou par Genève, qui sont, comme on l'aura remarqué, les deux clefs de cette frontière, l'ennemi est obligé de franchir ou le Rhin au N., ou les Alpes au S. de la Suisse, et dans l'un et l'autre cas, il a peu de chances de succès. Mais les alliés ont violé la neutralité de la Suisse en 1814, sous de vains prétextes, et ils retrouveraient toujours des raisons aussi mauvaises pour la violer de nouveau, s'ils le jugeaient à propos, surtout s'ils étaient victorieux. Les avantages immenses qui résulteraient pour nous de cette neutralité, ne nous seraient acquis que dans le cas où la Suisse voudrait défendre son territoire menacé, pour nous en faire un rempart. Mais en arriverait-il ainsi dans le cas d'une nouvelle coalition victorieuse? Nul ne peut répondre à cette question. Seulement, il serait imprudent de compter absolument sur la neutralité de la Suisse, et de regarder le territoire comme invulnérable de ce côté.

§ 3. FRONTIÈRE DU SUD OU DES PYRÉNÉES.

(*Bassins de l'Adour, de la Garonne; de l'Aude, départements des Basses-Pyrénées, des Hautes-Pyrénées, de la Haute-Garonne, de l'Ariége, des Pyrénées-Orientales.*)

Notre frontière des Pyrénées est sans contredit la meilleure; mais, comme on le sait, le danger qui nous menace de ce côté est nul, à moins que l'Espagne, notre alliée naturelle, ne soit, par nos fautes, entraînée à se déclarer contre nous.

La limite est en général indiquée par la crête des Pyrénées; cependant, il serait peu exact de s'en tenir à cette donnée générale. La limite de la France et de l'Espagne est tracée par une ligne qui part du cap de Cerbèra sur la Méditerranée et suit la crête des Pyrénées (d'abord appelées monts Albères) (1) jusqu'aux sources de la Sègre; là, au lieu de suivre le faîte de la chaîne, la ligne va un peu au sud, coupe la Sègre au-dessus de Puycerda, et rejoint à l'ouest de cette ville la crête des Pyrénées, qu'elle suit jusqu'aux sources de la Garonne; à ce point, la ligne va à l'ouest, et laisse la vallée d'Arran et le cours de la Garonne, pendant trente kilomètres, à l'Espagne : après avoir coupé la Garonne, la ligne redescend vers le sud pour rejoindre le faîte des montagnes, et le suit, ou à peu près, jusqu'aux sources de la Nive. Là, les Pyrénées, courant à l'ouest pour suivre la côte septentrionale de l'Espagne sur le golfe de Biscaye; les Pyrénées, disons-nous, ne servent plus de limite à la France. Plusieurs contre-forts se détachent de la chaîne principale et courent au N.-O. Entre ces contre-forts se trouvent divers bassins, ceux de la Nive (affluent de l'Adour), de la Nivelle et de la Bidassoa. La limite, à partir des sources de la Nive, suit un moment le contre-fort qui sépare les bassins de la Nive et de la Bidassoa, et après, tournant à l'ouest, elle suit une ligne arbitraire et contournée qui va rejoindre la Bidassoa à quatorze kilomètres environ au-dessus de son embouchure, et longe cette rivière jusqu'à la mer (2). Cette partie de la frontière est assez mauvaise, car la vallée de Bastan (sources de la Bidassoa) est à l'Espagne, ainsi que les vallées où naissent la Nive, la Nivelle et quelques-uns de leurs affluents : de sorte que la chaîne principale des Pyrénées, ainsi que l'important contre-fort d'Atchiola avec les cols qui les traversent, sont à l'Espagne.

Malgré tout, cette limite, par la nature accidentée du terrain, permet de défendre pas à pas le sol national; sous la république, elle a résisté aux efforts des Espagnols, et si en 1814 elle a été si facilement forcée par Wellington, cela tient à un en-

(1) Jusqu'au col du Pertus.

(2) Voyez, pour l'étude de cette frontière, les cartes des Pyrénées par Jomini, Guerres de la révolution, avec atlas.

semble de faits et de circonstances qui ne se représenteront jamais, sans nul doute (1).

Après l'indication du tracé de cette limite, nous devons étudier sa nature et ses divers moyens de défense. On est convenu de diviser les Pyrénées françaises en trois parties : 1° les Pyrénées orientales, du cap de Cerbèra au pic de Corlitte ; 2° les Pyrénées centrales, entre le pic de Corlitte et le mont Cylindre ; 3° enfin, les Pyrénées occidentales, depuis ce point jusqu'au col de Goritty, où la grande chaîne, avant de courir à l'ouest, projette un contre-fort qui va se terminer à l'embouchure de la Bidassoa.

Les Pyrénées orientales sont traversées par deux routes. 1° La route de Perpignan à Figuères, par le col du Pertus : c'est la grande route de Paris à Barcelone, à Saragosse, à Madrid : de ce côté des Pyrénées, cette route est défendue par Bellegarde qui commande le col du Pertus, et en arrière par le Boulou. 2° La route de Perpignan à Urgel par le col de la Perche, défendue par Mont-Louis, Villefranche et plusieurs autres forts.

Mont-Louis et Bellegarde en première ligne et Perpignan en arrière sont les principales places fortes de cette partie de la frontière. Disons encore que le pays est très-bien disposé pour la défense, et les belles campagnes des armées de la république contre les Espagnols sont là pour prouver cette assertion. En effet, on peut voir sur la carte que les Pyrénées forment notre première barrière : en arrière, se trouve le Tech défendu par Pratz de Mollo, Arles, Fort-les-Bains et Céret ; puis le massif du Canigou ; au-delà la Têt, et enfin Perpignan. Ces deux rivières servent très-bien à la défense du territoire contre un ennemi qui viendrait par la grande

(1) Voyez l'ouvrage du général Vaudoncourt sur la campagne de 1814. Quoique les jugements de cet écrivain nous paraissent trop sévères à certains égards, on doit le consulter, car il nous paraît avoir bien entendu le système de défense de cette frontière, et le rôle de Bayonne dans le cas d'une invasion.

route du col du Pertus. Mais la position peut être tournée par les sources de la Têt. L'ennemi qui aurait pris ou tourné Mont-Louis s'avancerait sur Perpignan par les rives de la Têt. Cette partie de la frontière a pour sauvegarde Mont-Louis.

En supposant les Pyrénées forcées, Perpignan pris, la topographie du pays permet encore d'opposer de nombreux obstacles à l'ennemi. La Gly, les Corbières orientales, l'Aude, et le canal du Midi sont autant de lignes de défense dont on pourrait tirer parti pour arrêter l'invasion.

Les Pyrénées centrales se défendent elles-mêmes. Leur large base de 120 kilomètres, la nature âpre de ces montagnes ne permet point à une armée de s'aventurer dans ces régions sauvages, et Toulouse est à l'abri de tout danger de ce côté. Nulle route praticable à l'artillerie ne traverse le massif des Pyrénées centrales. C'est à peine si les contrebandiers osent traverser les sentiers qui s'y rencontrent. Napoléon avait formé le projet d'y tracer une grande chaussée qui unirait Paris et Madrid par Saragosse et Toulouse. Ce projet n'a jamais été exécuté et ne le sera sans doute jamais. Il est question cependant d'établir une grande route qui irait de Pau à Saragosse, par Oloron, le col de Canfranc, et Jaca. Cette route traverserait les Pyrénées occidentales dans un point où leur massif est encore très-large.

Les Pyrénées occidentales ne couvrent pas entièrement notre frontière. On a déjà vu quels étaient les vices de la limite du S.-O. Ouverte à l'invasion, elle n'est défendue que par les accidents du pays, et quelques mauvaises places mal situées. Bayonne et l'Adour, les Landes et la Garonne en arrière sont les vrais gardiens de cette partie de notre territoire. Il est d'autant plus à regretter que cette limite soit aussi mauvaise, qu'en cas d'une retraite derrière la Loire on pourrait être inquiété de ce côté; il est vrai que dans ce cas la Garonne serait une ligne de défense très-importante.

On conçoit que, frappé des vices de cette partie de la frontière, Louis XIV ait cherché à y remédier. En effet, dans le traité de partage de la monarchie espagnole conclu avec Guillaume III, il s'était réservé la province de Guipuscoa qui lui donnait la crête des Pyrénées depuis les sources de la Nive (où nous la perdons) jusqu'à l'endroit où elle est traversée par la grande route de Paris à Madrid; de là, la limite allant au N., rejoignait le golfe de Biscaye, et donnait à la France les places importantes de St-Sébastien et du Passage. La république, à la paix de Bâle, essaya de réaliser ce projet, mais inutilement.

Examinons maintenant quelle est la défense des Pyrénées occidentales. Elles sont traversées par cinq routes : la grande route de Paris à Madrid, par Bayonne, St-Jean de Luz, Andaye, Irun, Vittoria, etc; 2° la route de Bayonne à Pampelune par le col de Maya, la vallée de Bastan, Elisondo et le col de Belatte; 3° la route de St-Jean-Pied-de-Port à Pampelune par la vallée de Baigorry, la vallée des Aldudes et Çubiri; 4° la route de St-Jean-Pied-de-Port à Pampelune, par Orisson, le col d'Ibagnetta, Roncevaux et Çubiri; 5° la route d'Oloron à Jaca par le col de Canfranc, qui doit être agrandie et améliorée, comme nous l'avons dit précédemment.

Toutes ces routes partent ou aboutissent à Bayonne, qui est ainsi le centre de la défense de cette partie de notre territoire. L'Adour et ses affluents, la Nive, le Gave de Pau, le Gave d'Oloron, la Nivelle, qui coulent tous parallèlement, sont des lignes de défense assez bonnes, à cause des accidents de leurs vallées et des crues qui sont très-considérables en hiver.

Bayonne a pour postes avancés Andaye sur la Bidassoa, le fort du Socoa et le fort Ste-Barbe qui défendent St-Jean-de-Luz et l'embouchure de la Nivelle; St-Jean-Pied-de-Port qui couvre la Nive; enfin Oloron et Navarreins, mauvaises places, peu en état de défendre les gaves.

Ce qui vaut mieux que toutes les forteresses pour couvrir notre limite des Pyrénées, c'est une solide alliance avec l'Espagne. Depuis Mazarin, telle a été la politique de la France, et on ne saurait trop redire qu'il ne doit plus y avoir de Pyrénées (1), c'est-à-dire, que l'Espagne et la France doivent être alliées.

(1) Le lecteur sera bien aise de trouver ici une anecdote relative à l'origine de ce mot célèbre et si vrai : lorsque Philippe V fut sur le point de quitter Versailles pour aller à Madrid, le marquis de Bedmar, ambassadeur d'Espagne, dit fort à propos que « ce voyage devenait aisé, et que présentement les neiges des Pyrénées étaient fondues. »

(Mémoires de Dangeau, t. II, p. 208, 16 nov. 1700.)

Louis XIV n'a jamais dit : Allez, mon fils, il n'y a plus de Pyrénées. Le mot de Bedmar, commenté, agrandi et poétisé par l'intelligence nationale, est devenu : « *Il n'y a plus de Pyrénées !* » et si on l'a attribué à Louis XIV, c'est qu'en réalité la grande politique de ce roi était admirablement résumée par ces paroles.

CHAPITRE IX.

FORMATION INTÉRIEURE DU TERRITOIRE FRANÇAIS,

OU

HISTOIRE DE LA RÉUNION DES FIEFS AU DOMAINE ROYAL.

§ 1er. GÉOGRAPHIE DE LA FRANCE A L'AVÉNEMENT DE HUGUES CAPET.

Lorsque Hugues Capet monta sur le trône en 987, le domaine du dernier Carlovingien ne se composait que du Laonnais. Le reste du territoire de la France, dont nous avons vu les limites précédemment (voy. p. 58), se composait de fiefs indépendants. Le seul lien qui réunissait ces nombreux États était l'hommage que chaque seigneur faisait au roi; mais ce lien était d'une telle faiblesse, que l'on peut dire qu'à cette époque, il y avait autant d'États séparés que de fiefs. Si l'on compare cette France morcelée, ce territoire divisé à l'infini, avec la France d'aujourd'hui, dont l'unité territoriale est si parfaite, on a lieu d'être étonné d'un tel résultat. Il fallait en effet la persévérance et l'habileté des rois capétiens pour triompher de tant d'obstacles; et c'est cette histoire si grave, si féconde en résultats, que nous allons essayer d'esquisser dans ce chapitre.

A l'avénement de Hugues Capet, on trouve que les fiefs existant en France sont les suivants.

NOMS.	ORIGINE.	DATE — HÉRÉDITÉ.	DATE — La plus ancienne connue.
Alençon, comté	....	997	940
Angoulême, comté	....	886	839
Anjou, comté	....	888	850
Aquitaine, duché	845	852	
Armagnac, comté	960		
Artois, comté	863		
Astarac, comté	xe siècle, commencement.		
Aumale, comté	fin du xie siècle.		
Auvergne, comté	av. 760	886	
Auxerre, comté	VIIIe siéc. fin.	1028	
Auxois, comté	900	....	
Bar, duché	....	984	951
Bar-sur-Seine, comté	....	av. xie siècle.	
Barcelone, comté	864	906	
Béarn, vicomté	....	819	
Beaujolais, baronnie	532	890	
Berry, comté	....	918	763
Besalu, comté	....	988	857
Bigorre, comté	....	1000 (?)	820
Blois, comté	....	834	
Boulogne, comté	....	840	
Bourbon, seigneurie	....	922	
Bourges, vicomté	....	927	
Bourgogne, duché	843		
Bretagne, duché	409		
Carcassonne, comté	....	836	
Cerdagne, comté	....	928	863
Châlon-sur-Saône, comté	....	968	763
Champagne, comté	....	943	sous les rois mérovingiens.
Chartres, comté	....	av. 940	885
Cominges, comté	....	1120	xe siéc. comt.
Corbeil, comté	....	1012	946
Couci, seigneurie	....	av. 1086	xe siècle.
Dammartin, comté	....	1037	xe siècle.
Dreux, comté	....	milieu du xe siéc.	
Dunois, comté	....	1000	954
Eu, comté	996	peu après.	
Évreux, comté	989	1037	
Fezenzac, comté	....	920	802
Flandre, comté	....	....	862
Forez, comté	920		
Fougères, baronnie	972		
France, duché	861		
Gascogne, duché	....	872	602

NOMS.	ORIGINE.	DATE	
		HÉRÉDITÉ.	La plus ancienne connue.
Guines, comté	965	966	
Hesdin, comté	....	av. 1065.	xe siècle, fin.
Laval, comté	....	1067	1002
Lectoure, comté	....	990	ixe siéc. comt.
Limoges, comté	....	1000	837
Mâcon, comté	....	920	826
Maguelonne, comté	....	950	752
Maine, comté	511	1015	
Marche, comté	....	av. 944.	
Meulent, comté	....	990	viiie siècle.
Montfort l'Amaury, comté	....	1003	xe siéc. fin.
Montlhéry, comté	....	....	1015
Montmorency, baronnie	....	996	958
Montpellier, seigneurie	975	1019	
Narbonne, vicomté	....	1080	802
Nevers, comté	....	1027	ixe siéc. fin.
Normandie, duché	912		
Orléans, duché	dès le viiie siéc.		
Penthièvre, comté	1008		
Perche, comté	av. 840.	1025	
Périgord, comté	778	920	
Poitiers, comté	....	932	765
Ponthieu, comté	....	916	791
Querci, comté	....	889	
Reims, comté	940		
Rethel, comté	....	avant la fin du xe siècle.	974
Rouci, comté	....		973
Rouergue, comté	778	820	
Roussillon, comté	....	av. 915.	812
Sémurois, comté	....	950	900
Sens, comté	....	951	vers 800.
Septimanie, marquisat	817	878	
Soissons, comté	dès les Mérovingiens.	av. 969.	
Tonnerre, comté	....	987	dès le ixe siéc.
Toulouse, comté	845		
Tours, comté			
Turenne, vicomté	....	....	av. 850.
Urgel, comté	....	884	
Uzège, comté	....	....	xe siècle.
Valois, comté	....	893	
Vendôme, comté	....	998	
Vermandois, comté	....	850	820
Vexin, comté	av. 783	av. 938.	
Vivarais, comté	....	....	xe siècle.

2. *Duché de France.* Hugues Capet était duc de France lorsqu'il fut élu roi de France en 987. Le domaine direct du duché de France, dont il serait impossible de fixer exactement les limites, paraît s'être composé du comté de Paris, du comté de Senlis, du comté d'Orléans, du Gâtinais, du Beauvaisis, d'une partie de l'Amiénois et du Laonnais, domaine du dernier roi carlovingien que Hugues Capet réunit à ses États. Avant son avénement au trône, le duc de France avait pour vassaux

Les comtes de Corbeil.	Le comte de Valois.
— de Couci.	Le baron de Montmorency.
— de Meulent.	Le comte d'Anjou et du Maine.
— de Mantes.	Le comte de Blois, de Chartres et de
— de Montfort l'Amaury.	Tours.

et probablement quelques autres seigneurs qu'il est impossible de désigner comme vassaux du duc de France; car le droit n'était alors compté pour rien.

3. *Des pairs.* Ce sont ces vassaux qui relevaient du duc de France avant son avénement au trône, que l'on désigne ordinairement sous le nom de petits vassaux du roi. Les seigneurs qui relevaient du dernier roi carlovingien continuèrent à faire l'hommage au duc devenu roi de France; ces grands vassaux de la couronne étaient ainsi égaux entre eux, libres les uns à l'égard des autres, en un mot pairs (*pares*, égaux).

Le titre de pair n'était cependant donné qu'à six d'entre eux, les ducs de Bourgogne, de Normandie, d'Aquitaine, comtes de Toulouse, de Flandre, de Vermandois, sans que l'on puisse dire pourquoi le comte de Périgord, le sire de Bourbon, par exemple, vassaux immédiats de la couronne, ne portaient pas le titre de pairs. Outre les six pairs laïques, il y avait encore les pairs ecclésiastiques, dont le nombre fut porté à six dès le douzième siècle; ces pairs étaient l'archevêque comte de Reims, et les évêques comtes de Laon, Noyon, Beauvais, Châlons et de Langres, qui relevaient directement du roi, et non pas des comtes de Champagne, dans le comté desquels se trouvait enclavé le territoire de ces pairs ecclésiastiques.

4. *Fiefs occupés par les princes de la maison des Capétiens.* Le duché de Bourgogne, démembré en 843 du royaume de Bourgogne, était possédé par des Capétiens depuis Otton, fils puîné de Hugues le Grand. Les comtés de Blois, Chartres et Tours étaient aussi au pouvoir d'un prince capétien, vassal du duc de France.

5. *Fiefs qui se sont formés depuis le règne de Hugues Capet.*

NOMS.	CRÉATION.	DATE	
		HÉRÉDITÉ.	La plus ancienne connue.
Albret, seigneurie	....	1060	
Aumale, comté	....	....	XIe siècl. comt.
Auvergne, Dauphiné	1169		
Auxonne, duché	....	1087	
Beaugency, seigneurie	....	1033	
Charolais, comté	1272		
Clermont en Beauvaisis, comté	....	1099	1054
Donzi, baronnie	....	1037	1030
Étampes, baronnie	....	....	1060
Fezenzaguet, vicomté	1163		
Foix, comté	1054		
Joigny, comté	....	1012	
Joinville, seigneurie	1104		
Montluçon, comté	....	....	1019
Pardiac, comté	1025		
Rodez, comté	....	....	1096
Saint-Pol, comté	....	1067	1031
Sancerre, comté	....	....	1014
Sedan, principauté	....	....	1259

Fiefs de date incertaine.

Albigeois, comté	relevant des comtes de Toulouse dès le XIIe siècle.
Agénois, comté	
Béziers, vicomté	
Fenouillèdes, comté	
Gévaudan, comté	
Lauraguais, comté	
Lodève, vicomté	
Saint-Gilles, comté	
Termenois, comté	
Velay, comté	

§ 2. DEPUIS HUGUES CAPET JUSQU'A LOUIS VI, 996-1108.

1. Nous avons présenté dans le chapitre qui précède l'état de la France à l'avénement des Capétiens; nous savons quelles sont leurs possessions, nous savons aussi quels sont les fiefs qui couvrent le sol français : il faut voir maintenant comment et quand ils furent réunis au domaine royal. Mais avant, il est nécessaire de dire un mot sur la politique de nos premiers rois capétiens, car il semble que cette famille se soit proposé pour but, dès son origine, la reconstruction de l'unité de la Gaule. Une sous les Romains, la Gaule avait été morcelée par la conquête germanique, et par l'établissement de nombreux royaumes, d'alleux et de fiefs plus nombreux encore. En vain les Mérovingiens avaient lutté contre le morcellement territorial, contre l'autorité des possesseurs de terres; en vain ils avaient essayé de vaincre l'aristocratie germanique, de rétablir l'unité du sol et du pouvoir. Les Mérovingiens avaient succombé, vaincus par l'aristocratie neustrienne et par ses alliés les leudes d'Austrasie. Les Carlovingiens, bien qu'ils aient d'abord été les chefs de l'aristocratie, furent à peine devenus rois, qu'ils reprirent l'œuvre interrompue des Mérovingiens, qu'ils essayèrent de reconstituer l'unité de la France en soumettant l'aristocratie à l'autorité royale. Les Carlovingiens échouèrent comme leurs prédécesseurs. L'Église, elle-même, livrée à l'anarchie, abandonnait la défense du principe de l'unité. Enfin la féodalité triompha à l'assemblée de Quierzy (877), et compléta sa victoire en élisant en 987 pour roi, un seigneur féodal en place de ce dernier Carlovingien, que rendaient redoutable les traditions de sa glorieuse famille.

Mais pendant que le monde se donnait à l'anarchie et que les malheurs qui l'accompagnent se multipliaient, l'excès du mal amena le remède. L'Église, et son appui ordinaire le roi de France, reprenaient enfin l'œuvre trois fois interrompue de Rome. De toutes parts la polyarchie fut attaquée; chaque nation essaya de se reconstituer autour d'un centre d'attraction;

la papauté fit les plus grands efforts pour rétablir l'unité du monde chrétien. Les grands hommes qui font rentrer l'Europe dans cette voie sont le Français Gerbert, devenu pape sous le nom de Sylvestre II; Hildebrand, Italien, mais élevé à Cluny, et qui fut l'immortel Grégoire VII; l'abbé de Saint-Denis, Suger, ministre et régent de France. Le mouvement qui entraîne l'Europe vers ce nouvel avenir d'unité est français, et c'est surtout en ce sens qu'il est vrai de dire que la France continue Rome. Cependant l'œuvre que s'imposaient les Capétiens était immense. En effet, il fallait détruire ces principautés souveraines et le pouvoir de leurs maîtres; il fallait faire cesser les guerres privées, et faire triompher le droit; il fallait constituer l'unité du pouvoir, de l'administration, du territoire, des races et de la langue, afin de rendre possible, dans l'avenir, l'établissement d'un gouvernement basé sur l'égalité et la liberté, qui impliquent l'ordre et l'unité.

Nous ne voulons qu'indiquer le rôle de la royauté française dans ce grand travail d'organisation; notre but n'est pas de faire son histoire complète, mais seulement de raconter par quelle série d'efforts les Capétiens ont formé l'unité du territoire de la France.

2. *Pays réunis à la couronne de* 996 *à* 1108. Après la mort de son oncle Henri le Grand, le roi Robert réunit le duché de Bourgogne à la couronne (1002); mais en 1015 le duché de Bourgogne fut apanagé à Henri, 2e fils de Robert. — Le roi Robert réunit aussi à la couronne le comté de Dreux. En 1055 le comté de Sens est réuni à la couronne par Henri Ier, après la mort du comte Renaud II.

En 1082, Philippe Ier réunit à la couronne le comté du Vexin, après que le comte Simon se fut retiré dans un monastère.

En 1100, Eudes-Herpin, vicomte de Bourges, vend son fief à Philippe Ier, qui le réunit au domaine royal, et acquiert ainsi la suzeraineté immédiate de la seigneurie de Bourbon, vassale du vicomte de Bourges.

3. *Changements survenus dans les fiefs pendant cette épo-*

que. En 1012, le comté de Joigny est démembré du comté de Sens, et devient plus tard vassal de la Champagne.

En 1015, les comtés d'Auxerre et de Nevers sont réunis par le mariage d'Ermengarde, héritière du comté d'Auxerre, avec Rainard, comte de Nevers.

En 1019, la Champagne passe à la maison de Blois, qui devint alors l'une des plus puissantes de France, possédant le Blaisois, la Beauce, la Touraine, la Champagne et la Brie.

En 1045, la maison de Blois cède la Touraine aux Plantagenets, ducs d'Anjou.

Depuis 1052, le duché de Gascogne est réuni à celui d'Aquitaine.

Vers 1089, le comté de Tonnerre est réuni au comté de Nevers et d'Auxerre.

En 1104, la seigneurie de Joinville est séparée du comté de Joigny.

§ 3. SOUS LOUIS VI (1108-1137).

On sait que Louis VI et son ministre Suger furent les premiers qui donnèrent à la royauté le caractère de pouvoir public et d'autorité protectrice des intérêts généraux du pays, ainsi que des intérêts privés froissés par la tyrannie des seigneurs, et qui transformèrent ainsi le roi, jusqu'alors seigneur féodal couronné, en un magistrat suprême dont la puissance fut reconnue par tous. La royauté chercha à acquérir l'autorité morale avant l'autorité matérielle ; elle devait ainsi agir, puisqu'elle entreprenait de substituer son pouvoir basé sur le droit à celui des seigneurs basé sur la force Accepté comme chef réel de la féodalité, le roi devint dès lors le centre de la nation, centre absorbant qui attira à lui les fiefs et fonda l'unité territoriale, et qui détruisit en même temps tous les pouvoirs locaux, et fonda l'unité politique.

Pays réunis à la couronne, de 1108 *à* 1137. Louis VI réunit plusieurs fiefs au domaine royal.

En 1112, le comté de Corbeil fut cédé au roi par Hugues du Puiset.

En 1118, le comté de Montlhéry est réuni au domaine.

En 1137, le duché d'Aquitaine ou de Guyenne passa à la maison des Capétiens par le mariage de Louis, fils de Louis VI, avec Eléonore, héritière de ce duché. Le duché de Guyenne comprenait (1), 1° *le comté de Poitou*, auquel étaient unis, depuis 1050, les *comtés de Bordeaux* et d'*Agen*; 2° *le comté de Limoges*; 3° la suzeraineté du duché de Gascogne, de la Saintonge, du comté d'Angoulême; 4° la suzeraineté contestée par les comtes de Toulouse sur plusieurs fiefs situés dans l'ancienne première Aquitaine, entre autres l'Auvergne. Louis VII en réunissant, par son avénement au trône, ces possessions au domaine, rendait le roi le plus puissant seigneur de la France, réunissait dès l'origine le nord et le midi du royaume, et acquérait une puissance telle, que la marche de la royauté devenait facile, ayant pour elle le droit, et la force pour le sanctionner. Le successeur de Louis VI brisera cependant l'œuvre de son père.

Apanages. Nous parlerons plus loin du but des apanages; nous nous contentons, pour le moment, de mentionner qu'en 1132 le comté de Dreux fut apanagé à Robert le Grand, troisième fils de Louis VI, lequel devint le chef de la puissante maison de Dreux.

Changements survenus dans les fiefs pendant cette époque. En 1110, après la mort du comte Hélie, le Maine est réuni aux possessions des Plantagenets, ducs d'Anjou.

§ 4. SOUS LOUIS VII (2) (1137-1185).

1. A l'avénement de Louis VII, trois familles principales se partagent la France : les Capétiens, les Plantagenets, les comtes de Toulouse. Ceux-ci dominent sur les peuples de la langue d'oc; fiers de leur civilisation déjà avancée, les comtes de Toulouse semblent plus occupés de la développer que de la répan-

(1) Hist. du Languedoc, par dom Vaissette, t. II, p. 424.

(2) Voy. la carte n° 12.

dre, et ils ne pensent pas à soumettre à leurs lois toute la France. Nous savons quels sont les projets des Capétiens. Comme eux, les Plantagenets veulent conquérir toute la France; ils veulent aussi fonder l'unité française, et leur puissance est grande. Les Plantagenets possèdent l'Anjou, le Maine et la Touraine; ils ont succédé aux ducs normands, en Normandie et en Angleterre; la Bretagne est leur vassale comme ducs de Normandie; ils ont à leur service le génie entreprenant et fertile en ressources de leurs sujets normands. Le roi de France trouve en eux un ennemi si redoutable, que le résultat de la lutte est encore incertain. La France s'absorbera-t-elle dans la nationalité normande, ou soumettra-t-elle cette rivale? Louis VII, maître de l'Aquitaine par son mariage avec Éléonore, était déjà faible. Son divorce lui fit perdre tout ce duché, et le mariage d'Éléonore avec Henri Plantagenet donna à son rival une telle puissance, que tout sembla perdu. Les dissensions de Henri et de ses fils, ses luttes avec le clergé d'Angleterre l'empêchèrent de tirer parti de la faiblesse de son adversaire. Nous verrons comment Philippe-Auguste parvint à vaincre la puissance anglo-normande, et à faire triompher la nationalité française.

2. *Accroissements du domaine royal.* C'est à peine si nous osons parler ainsi après avoir dit que Louis VII perdit le duché d'Aquitaine. Cependant nous avons à mentionner quelques acquisitions, bien faibles compensations de tant de provinces perdues pour longtemps.

En 1180, Louis VII maria son fils Philippe-Auguste à Isabelle, fille du comte de Flandre, laquelle lui donna en dot les comtés d'Artois et de Hesdin qui furent réunis à la couronne, en 1191, à la mort d'Isabelle.

3. *Changements survenus dans les fiefs.* Le duché de Guyenne est passé, en 1152, aux Plantagenets, ainsi que nous l'avons dit.

En 1140, le comté de Fezenzac est réuni à l'Armagnac.

En 1152, le comté de Sancerre passe à un prince de la maison de Blois.

§ 5. SOUS PHILIPPE-AUGUSTE ET LOUIS VIII. (1185-1223. — 1223-1226) (1).

1. Ce fut sous le règne de ces deux princes que s'accomplit la grande lutte de la nationalité française contre les nationalités normande et provençale. Pendant que Philippe-Auguste luttait contre Richard Cœur de Lion, et son frère Jean sans Terre, pendant qu'il remportait l'éclatante victoire de Bouvines, qui assura la prééminence de la France sur la race normande, des chevaliers français allaient, sous la conduite du comte de Montfort, combattre les hérétiques du Languedoc, et, en détruisant l'hérésie, détruisaient aussi une nationalité brillante et vivace qui vint s'absorber à son tour dans la nationalité française.

2. *Accroissements du domaine* (2). — Philippe II agrandit tellement le domaine royal, que les contemporains le surnommèrent Auguste, du mot *augere*, augmenter. En effet :

En 1196, Philippe-Auguste fait la conquête du comté d'Aumale ; en 1200, il le donne à Simon, comte de Dammartin, et en 1214, il le confisque.

En 1200, Amaury III cède au roi le comté d'Évreux.

En 1204, la Normandie, l'Anjou, le Maine, la Touraine, le duché de Guyenne sont confisqués sur Jean sans Terre et réunis au domaine ; la Bretagne vassale du duc de Normandie, ainsi que les fiefs relevant du duché de Guyenne, relèvent directement du roi de France.

En 1204, le comté de Meulent est réuni à la couronne, à la mort du dernier comte.

En 1212, le comté de Boulogne est confisqué sur le comte Renaud, allié des Anglais.

En 1215, le comté d'Auvergne est conquis sur le comte Gui.

En 1215, le Vermandois, le Valois et une partie de l'A-

(1) Voy. la carte n° 13.

(2) On sait peu de chose sur les réunions des fiefs avant Philippe-Auguste, parce que son chartrier fut perdu dans la déroute de Bellefoge, en 1194.

miénois sont réunis à la couronne par suite du traité conclu en 1185 avec Philippe, comte de Flandre.

En 1218, le comté de Clermont, en Beauvaisis, est réuni au domaine après la mort du comte Thibaut le Jeune.

En 1225, à la mort du dernier comte, Robert IV, Alençon est réuni à la couronne.

Le P. Daniel mentionne, d'après MM. de Sainte-Marthe (1), la réunion de plusieurs petites seigneuries, telles que la châtellenie de Passi, Nogent, Érembert, les seigneuries de Charroux, Linières, Bomez, Domfront.

3. *Apanages.* — En 1218, le comté de Clermont en Beauvaisis est apanagé à Philippe Hurepel, fils de Philippe-Auguste.

En 1223, le comté de Boulogne est apanagé au même Philippe Hurepel.

En 1213, Pierre Mauclerc, de la maison capétienne de Dreux, épouse Alix, fille et héritière d'Arthur, duc de Bretagne, et neveu de Jean sans Terre, établit ainsi une dynastie capétienne en Bretagne, et enlève aux Plantagenets leur dernier trône français.

4. *Changements principaux survenus dans les fiefs.* — En 1225, le comté de Bar-sur-Seine est acheté par les comtes de Champagne et réuni à leur domaine.

§ 6. SOUS SAINT LOUIS. (1226-1270.)

1. Philippe-Auguste avait réparé les fautes de son père en détruisant la puissance des Plantagenets; il avait assuré la prééminence du génie français sur les diverses nationalités qui luttaient contre lui. Il déploya autant d'habileté dans l'administration des pays conquis qu'il en avait mis à les conquérir. Il fallait assimiler ces races hétérogènes, les préparer par un long travail à devenir françaises. Il imita la politique du sénat romain. Rien n'est plus frappant que la ressemblance de l'histoire de Rome conquérant et s'assimilant les peuplades

(1) Hist. généalog. de la maison de France.

du Latium, avec celle de la France conquérant et s'assimilant les principautés féodales de son territoire.

Philippe-Auguste ne changea pas la condition des pays conquis. « Par une méthode habile, qui en général fut suivie depuis, et qui facilita les conquêtes de la monarchie, il ne fit que se substituer au souverain précédent, prit ses domaines personnels, occupa ses châteaux dans lesquels il mit garnison, et s'appropria ses autres droits (1). »

Plus tard, on devait soumettre à une même loi ces diverses provinces.

Le rôle de saint Louis, dans cette lente mais persévérante politique, consiste à donner la sanction du droit aux conquêtes de son père et de son aïeul. Il signe pour cela quatre traités : deux avec le Languedoc, un avec l'Aragon, et un avec l'Angleterre. Ces traités nous valent plusieurs acquisitions importantes; ils nous font perdre quelques provinces, mais ils consacrent à jamais le droit de la France sur celles qui lui restent.

Le premier traité fut conclu en 1229 avec le comte de Toulouse à Paris. (Il fut renouvelé en 1243.) Le traité de Paris termine la guerre des Albigeois, fait triompher le catholicisme sur l'hérésie et soumet la nationalité provençale à la nationalité française. Telle est l'œuvre de la reine Blanche.

Par ce traité, Raymond VII, comte de Toulouse, cède à la France les diocèses de Carcassonne, de Narbonne, de Béziers, d'Agde, de Maguelonne, de Nimes, d'Uzès, de Viviers, le Razès, le Velay, le Gévaudan, le comté de Lodève, l'Albigeois situé à la droite du Tarn, et la terre du Maréchal, située dans le diocèse de Mirepoix.

Il ne garde que le comté de Toulouse, l'Agénois, le Rouergue, le Quercy, sauf Cahors, et la partie de l'Albigeois située à la gauche du Tarn, à condition que ces provinces formeraient la dot de Jeanne, sa fille, destinée à Alphonse, quatrième fils de Louis VIII. Le marquisat de Provence ou comtat

(1) Mignet, loc. cit., p. 606.

Venaissin fut cédé au pape, qui en donna la garde au roi de France. En 1237, Jeanne épousa Alphonse, et en 1249, à la mort de Raymond VII, Alphonse devint comte de Toulouse. En 1246, saint Louis compléta la ruine de la nationalité provençale par la conquête de la Provence et le mariage de son frère, Charles d'Anjou, avec Béatrix, héritière de la Provence, accrue depuis 1209 du comté de Forcalquier.

Le vicomte de Béziers, Amauri Trencavel, dépossédé de ses fiefs en 1222, pendant la croisade, céda ses droits sur les pays conquis, moyennant 500 livres de rente (1247). Amauri possédait les comtés de Carcassonne, de Béziers, d'Agde, de Razès, d'Albi et de Nîmes.

Le roi d'Aragon (traité de Corbeil, 1258) céda également à saint Louis ses droits sur le Languedoc.

En 1259, saint Louis, vainqueur de Henri III, roi d'Angleterre, signa avec lui le traité d'Abbeville (1), par lequel il rendait à Henri III le Limousin, le Périgord, les revenus de l'Agénois (2), le Quercy, et la partie de la Saintonge enclavée entre la Charente et l'Aquitaine, Bordeaux, Bayonne, la Gascogne, à condition qu'il fera hommage au roi de France en qualité de duc et pair de Guyenne; enfin la suzeraineté du Bigorre et de l'Armagnac.

Henri III, de son côté, renonçait à tous ses droits sur la Normandie, l'Anjou, le Maine, le Poitou et la Touraine.

En outre, saint Louis rendit, en 1250, le comté d'Aumale à Simon, et le comté d'Auvergne ou de Clermont à Guillaume X, fils de Gui. Il ne garda que la terre d'Auvergne.

Enfin, en 1239, le comté de Mâcon, vendu à saint Louis par Alix et Jean de Braine, fut réuni au domaine royal.

2. *Apanages.*—A mesure que la royauté s'emparait d'une province, elle remplaçait la dynastie féodale par un prince capétien. C'était l'usage alors de donner un apanage ou une

(1) Voy. l'excellente Histoire de saint Louis, par M. de Villeneuve-Trans, t. III, p. 18.

(2) L'Agénois ne fut rendu au roi d'Angleterre qu'en 1279. Dumont, Corp. diplom., t. I, p. 242.

dotation aux fils puînés des rois, puisqu'on ne partageait plus la monarchie entre les divers héritiers, comme on l'avait fait pendant le règne des Mérovingiens. Cet usage compromettait l'unité de la France, mais facilitait beaucoup l'assimilation des provinces conquises. En effet, les dynasties capétiennes, « en remplaçant les anciennes dynasties nationales dans les provinces, y transportaient la noblesse, la langue et les mœurs de la France centrale. Leurs liens de parenté avec la dynastie mère, et la subordination plus exacte qu'elles observaient envers elle, devaient rattacher peu à peu les pays qui leur étaient dévolus à la France, appelée à les posséder en cas d'extinction des familles apanagées. Saisis, en outre, de l'ambition commune à la race dont elles sortaient, ces familles cherchèrent à s'étendre, et en général leur agrandissement profita par réversion à la couronne (1). »

Mais si les apanages furent un moyen de consommer par degrés et sans secousses violentes la ruine des nationalités locales; si les familles apanagées agrandirent leur puissance et augmentèrent ainsi la grandeur de la France, il faut dire aussi que l'abus des apanages devait reconstituer une nouvelle féodalité, non moins dangereuse que celle que l'on venait de détruire.

Saint Louis donna un assez grand nombre d'apanages à ses frères et à ses fils.

En 1237, l'Artois fut apanagé à Robert, second fils de Louis VIII.

En 1241, le comté de Poitiers, la terre d'Auvergne (2), une partie de la Saintonge, l'Aunis, l'Albigeois, situé à la droite du Tarn, sont apanagés à Alphonse, quatrième fils de Louis VIII.

En 1246, l'Anjou et le Maine sont apanagés à Charles, troisième fils de Louis VIII.

(1) Mignet, loc. cit., p. 610.

(2) Composée de Vic-le-Comte, Mirefleur, la Chypre, Besse, Clavières, Montredon, Artonne, Lezoux, Riom.

En 1268, le comté d'Alençon et le Perche sont apanagés à Pierre, cinquième fils de saint Louis.

En 1269, le comté de Clermont en Beauvaisis, réuni à la couronne en 1258, après la mort de Jeanne, fille de Philippe Hurepel, est de nouveau apanagé à Robert, sixième fils de saint Louis, tige de la maison de Bourbon.

5. *Changements dans les fiefs.* — En 1229, la seigneurie de Castres, dans l'Albigeois, est créée en faveur de Philippe de Montfort.

En 1237, le comté de Châlon-sur-Saône est réuni au duché de Bourgogne.

En 1234, le pape rend au comte de Toulouse, Raymond, le marquisat de Provence, qui ne se composait alors que du comtat Venaissin et des diocèses de Saint-Paul-Trois-Châteaux et d'Orange.

En 1249, Alphonse et Jeanne, sa femme, succèdent à Raymond dans le comté de Toulouse, qui comprend alors le Toulousain, l'Agénois, le Quercy, le Rouergue, le marquisat de Provence et l'Albigeois, situé à la droite du Tarn, qu'Alphonse possédait depuis 1241.

Le reste du comté de Toulouse était au domaine royal depuis 1229, et formait deux sénéchaussées.

§ 7. DEPUIS SAINT LOUIS JUSQU'À PHILIPPE VI. (1270-1350.)

N° 1. PHILIPPE III. (1270-1285.)

1. *Accroissements du domaine.* — En 1271, après la mort d'Alphonse et de Jeanne, le comté de Toulouse (comprenant Toulousain, Rouergue, Albigeois à la droite du Tarn, Agénois, Quercy, marquisat de Provence ou comtat Venaissin) est réuni au domaine, ainsi que le comté de Poitiers, la terre d'Auvergne, l'Aunis, une partie de la Saintonge qui formaient l'apanage d'Alphonse.

En 1284, le comté d'Alençon et le Perche sont réunis après la mort de Pierre d'Alençon.

2. *Provinces cédées par la couronne.* — En 1274, le mar-

quisat de Provence ou comtat Venaissin est cédé au pape Grégoire X.

En 1279, l'Agénois est rendu au roi d'Angleterre, duc de Guyenne, en exécution du traité d'Abbeville.

3. *Apanages.* — En 1285, Philippe le Bel épouse Jeanne, héritière du comté de Champagne; mais Jeanne reste maîtresse du comté. En 1305, à sa mort, son fils Louis le Hutin devient comte de Champagne.

4. *Changements survenus dans les fiefs.* — En 1271, la baronnie de Donzi est réunie au comté de Nevers.

En 1279, le comté de Ponthieu passe à Édouard Ier, roi d'Angleterre, par son mariage avec Éléonore, héritière de ce comté.

En 1283, la seigneurie de Bourbon passe à Robert de Clermont par son mariage avec Béatrix.

N° 2. Philippe IV. (1285-1314.)

1. *Accroissements du domaine* (1). — En 1308, le comté d'Angoulême et le comté de la Marche sont réunis à la couronne par confiscation.

2. *Apanages.*— En 1285, le comté de Valois est apanagé à Charles, frère de Philippe le Bel.

En 1293, le comté d'Alençon et le Perche sont apanagés à ce même Charles.

En 1307, le comté d'Évreux est apanagé à Louis, frère de Philippe le Bel.

En 1311, le comté de Poitiers est apanagé à Philippe le Long, second fils de Philippe le Bel, avec condition de retour à la couronne à défaut d'héritiers mâles. C'était la première fois que l'on faisait une stipulation aussi claire.

3. *Changements survenus dans les fiefs.* — En 1294, le comté de Montfort-l'Amaury est réuni à la Bretagne.

(1) Voyez l'histoire de la formation de la limite pour l'acquisition de Lyon, etc., et pour l'histoire de Philippe le Bel.

N° 3. Louis X. (1314-1316.)

Accroissements du domaine. — Louis le Hutin, comte de Champagne, réunit ce comté au domaine par son avénement. — La sirerie de Joinville n'est pas réunie avec la Champagne; elle continue à être un fief relevant du roi.

N° 4. Philippe V. (1316-1322.)

Accroissements du domaine. — En 1316, le comté de Poitiers est réuni au domaine par l'avénement de Philippe V.

Apanages. — En 1316, le comté de la Marche est apanagé à Charles le Bel.

Changements dans les fiefs. — En 1319, le Rouergue est réuni à l'Armagnac.

N° 5. Charles IV. (1322-1328.)

Accroissements du domaine. — En 1322, le comté de la Marche est réuni au domaine par l'avénement de Charles IV.

En 1328, l'Anjou et le Maine sont réunis au domaine.

En 1327, le comté de la Marche est donné à Louis de Bourbon en échange du comté de Clermont en Beauvaisis.

N° 6. Philippe VI. (1328-1350.)

Accroissements du domaine. — En 1328, le comté de Valois est réuni à la couronne par l'avénement de Philippe VI.

En 1341, le comté de Clermont en Beauvaisis est réuni.

En 1346, le comté de Ponthieu est confisqué sur Édouard d'Angleterre.

En 1349, Philippe VI achète la seigneurie de Montpellier et acquiert le Dauphiné (voy. l'histoire de la limite).

En 1350, le comté d'Eu est confisqué après le supplice du connétable Raoul, comte d'Eu.

Apanages. — En 1344, le comté de Valois est apanagé à Philippe, cinquième fils de Philippe VI.

En 1344, le duché d'Orléans est donné en apanage au même individu.

§ 8. PENDANT LES GUERRES AVEC L'ANGLETERRE.

1. JEAN. (1350-1364.)

Accroissements du domaine. — En 1360, le comté de Guines est réuni à la couronne et cédé la même année aux Anglais.

En 1361, le duché de Bourgogne est réuni à la mort de Philippe de Rouvre, et apanagé en 1363.

Apanages. — En 1352, le comté d'Eu est apanagé à Jean d'Artois.

En 1356, l'Anjou et le Maine sont apanagés à Louis, second fils du roi Jean.

En 1359, le comté de Mâcon et le comté de Poitiers sont apanagés à Jean.

En 1360, le duché de Touraine est apanagé à Philippe, quatrième fils du roi Jean (ce duché est sept fois apanagé de 1360 à 1434).

En 1360, la terre d'Auvergne, érigée en duché, est apanagée à Jean de France.

En 1360, le Berry est apanagé.

En 1363, le duché de Bourgogne (sauf Mâconnais et Auxerrois) est apanagé à Philippe le Hardi.

Traité de Bretigny (voyez l'histoire de la limite).

2. CHARLES V. (1364-1380.)

Accroissements du domaine. — En 1370, le comté d'Auxerre est acheté par Charles V à Jean IV de Châlon (le comté de Tonnerre reste au fils de Jean IV).

En 1377, le comté de Dreux est acheté par Charles V aux héritiers.

Apanages. — En 1369, le comté de Poitiers est donné à Jean, frère de Charles V.

Changements survenus dans les fiefs. — En 1374, le comté de Vendôme passe aux Bourbons par le mariage de Catherine avec Jean de Bourbon.

3. Charles VI. (1380-1422.)

Accroissements du domaine et réunions d'apanages. — En 1389, Charles VI acquiert la principauté de Sedan, et la donne en apanage en 1400.

En 1392, le comté de Valois est réuni au domaine et apanagé.

En 1399, le comté de Périgord est confisqué sur Archambaud VI et apanagé.

En 1401, le comté de Dreux est réuni à la mort d'Arnaud, sire d'Albret, et apanagé en 1407.

En 1404, le comté d'Évreux est réuni à la couronne.

En 1416, le comté de Mâcon est réuni après la mort de Jean.

En 1416, le duché d'Auvergne est réuni après la mort de Jean.

En 1416, le comté de Poitou est réuni après la mort de Jean et apanagé.

En 1416, le Berry est réuni.

Apanages. — En 1392, le comté de Valois est apanagé à Louis d'Orléans, frère de Charles VI.

En 1392, le comté d'Angoulême est apanagé à Louis d'Orléans.

En 1399, le comté de Périgord est apanagé à Louis d'Orléans.

En 1400, Sedan est apanagé à Louis d'Orléans, et en 1415, Louis vend Sedan à un seigneur de Braquemont.

En 1407, le comté de Dreux est apanagé à Louis d'Orléans.

En 1417, le comté de Poitou est apanagé au dauphin Charles.

En 1417, le Berry est apanagé.

Cessions de territoire. — En 1382, le comté de Dreux est donné par Charles VI à Arnaud, sire d'Albret.

En 1407, le comté de Dreux est donné au connétable Charles d'Albret après la mort de Louis d'Orléans.

Changements survenus dans les fiefs. — En 1382, Louis de Bourbon acquiert le Forez par son mariage avec Anne.

En 1391, Louis d'Orléans achète les seigneuries de Blois, Dunois, Romorantin et de Château-Renaud.

En 1394, la sirerie de Joinville passe à la maison de Lorraine.

En 1395, Louis d'Orléans réunit au Dunois la vicomté de Châteaudun.

En 1400, le comté de Beaujolais et la principauté de Dombes sont cédés à Louis de Bourbon par Édouard II, comte de Beaujolais.

§ 9. SOUS CHARLES VII. (1422-1461.)

1. Nous nous sommes abstenus de faire aucune réflexion sur l'histoire du domaine pendant la longue période que nous venons de parcourir. La France est alors engagée dans une guerre qui menace son indépendance : vaincue à Crécy, à Poitiers, elle a signé le traité de Bretigny et livré à l'Anglais la moitié de son territoire. Du Guesclin et Charles V la relèvent et chassent l'ennemi; mais la folie de Charles VI, les trahisons d'Isabeau, la guerre civile que se font les princes du sang, rendent la victoire à l'ennemi, et le traité de Troyes semblait consacrer la fin de la nationalité française.

On a pu voir combien l'abus des apanages avait été poussé loin pendant ce temps. Le domaine royal était réduit à rien lorsque Jeanne d'Arc chassa les Anglais de la France et que Charles VII remonta sur le trône. Il fallut reprendre l'œuvre où saint Louis et Philippe le Bel l'avaient laissée; lutter contre les princes capétiens apanagés, comme on avait combattu contre l'ancienne féodalité, pour reconstituer l'unité française qui s'était brisée dans les mains inhabiles des Valois.

2. *Accroissements du domaine.* — En 1422, le comté de Poitiers est réuni au domaine par l'avénement de Charles VII.

En 1454, la Touraine est réunie au domaine.

3. *Cessions de territoire.* — Par le traité d'Arras (1435), Charles VII cédait en toute souveraineté au duc de Bourgogne les comtés de Mâcon, d'Auxerre, les seigneuries de Bar-sur-Seine, Montdidier, Roye, Péronne, le comté de Guines et le comté de Ponthieu.

4. *Changements survenus dans les fiefs.* — En 1455, le comté de la Marche passe de la maison de Bourbon à l'Armagnac.

En 1456, le Dauphiné d'Auvergne est acquis par la maison de Bourbon.

§ 10. SOUS LOUIS XI. (1461-1483.)

1. Le désordre intérieur avait cessé sous Charles VII en même temps que la guerre avec l'Angleterre. Charles VII avait pris des mesures vigoureuses pour rétablir l'autorité royale méconnue de toutes parts. Mais s'il avait obtenu peu de résultats, il avait préparé les voies, et il laissa à son fils les moyens de terminer ce qu'il n'avait que commencé. Louis XI entreprit contre les apanagistes une lutte qui est ainsi caractérisée par un éminent historien :

« Les dynasties provinciales issues de la maison régnante « avaient suscité les troubles sous Charles VI, favorisé le « triomphe des Anglais, compromis l'existence de la monar- « chie et de son administration. A part les barons du second « ordre de l'intérieur du royaume et quelques souverains des « pieds des Pyrénées, comme les comtes de Foix et de Co- « minges, les sires d'Albret et les comtes d'Armagnac, qui « seuls appartenaient encore à l'ancienne féodalité, les grands « propriétaires de territoire qui subsistaient en France des- « cendaient par les mâles de la famille capétienne. Tels étaient « les ducs de Bretagne, les ducs de Bourgogne, qui possé- « daient, outre le duché dont ils portaient le nom, la Franche- « Comté, le comté de Charolais, la Flandre, le Hainaut, le « Brabant et tous les Pays-Bas; les comtes de Provence, qui « étaient au même temps maîtres de l'Anjou et du Maine; les

« ducs de Bourbon, qui avaient le Bourbonnais, le Forez, la « principauté de Dombes, le Beaujolais, le Dauphiné d'Au- « vergne, et la Marche; les ducs d'Orléans et les ducs d'A- « lençon. L'ébranlement donné à l'État par les apanagistes « avait averti la couronne de changer de maxime à leur égard. « Elle exécuta alors la réunion du territoire aux dépens des « apanagistes, comme elle en avait fait auparavant la conquête « sur les souverains féodaux. Cette seconde réunion, qui fit « rentrer définitivement les provinces dans l'État, eut surtout « lieu sous Louis XI. Ce prince habile sentit parfaitement la « position nouvelle de la couronne, et les seigneurs territo- « riaux comprirent aussi parfaitement la leur. Il s'engagea dès « lors entre eux une lutte prolongée dont l'issue fut favorable « à Louis XI (1). »

2. *Accroissements du domaine.* — En 1465, le Berry est cédé à Louis XI par son frère Charles à qui il donne la Normandie; en 1469, Charles échange la Normandie contre la Guyenne, qui est réunie en 1472, après la mort de Charles.

En 1475, le comté de Saint-Pol est confisqué sur le connétable Louis.

En 1477, le duché de Bourgogne, les comtés de Mâcon, de Ponthieu, d'Auxerre, de Bar-sur-Seine, et les villes de la Somme, sont réunis après la mort du Téméraire.

En 1477, le comté de Joigny est conquis, et rendu en 1482.

En 1477, le comté de la Marche est confisqué sur Jacques d'Armagnac.

En 1478, le comté de Boulogne est réuni à la couronne.

En 1480, l'Anjou est réuni à la couronne après la mort du roi René.

En 1481, le Maine et la Provence sont réunis après la mort de Charles, fils de René.

En 1481, l'Armagnac avec ses dépendances (Fezenzac, Fezenzaguet, Rouergue) est confisqué.

(1) Mignet, p. 666.

En 1483, l'Artois, la Franche-Comté, sont cédés à Louis XI par le traité d'Arras.

Nous avons déjà dit (voyez Histoire de la limite) que Louis XI acquit le Barrois et le Roussillon.

3. *Cession de territoire.* — En 1477, le comté de la Marche est donné par Louis XI à Pierre de Beaujeu de la maison de Bourbon.

4. *Changements survenus dans les fiefs.* — En 1470, la maison d'Albret acquiert par mariage les comtés de Limoges et de Périgord.

En 1476, le comté d'Aumale passe à la maison de Lorraine.

§ 11. DEPUIS LOUIS XI JUSQU'A HENRI IV. (1483-1589.)

N° 1. SOUS CHARLES VIII. (1483-1498.)

La régente Anne de Beaujeu continua la politique de Louis XI avec une vigueur et une intelligence remarquables; elle prépara la réunion de la Bretagne à la France par le mariage de Charles VIII avec Anne de Bretagne, héritière de ce duché. Mais Charles VIII, exclusivement occupé de ses projets de conquêtes et de croisade, négligea trop les affaires intérieures.

Il rendit en 1484 les fiefs confisqués au comte d'Armagnac; en 1493, à Maximilien les provinces cédées à son père par le traité d'Arras (voyez l'Histoire de la limite), et en 1488, le comté de Saint-Pol à Marguerite de Luxembourg.

Changements survenus dans les fiefs. — En 1484, le comté de Foix passe à la maison d'Albret.

En 1487, le comté de Soissons passe aux Bourbons-Vendôme.

N° 2. SOUS LOUIS XII. (1498-1515.)

Accroissements du domaine. — Louis XII réunit au domaine royal, par son avénement au trône, le comté de Blois, le duché d'Orléans, le comté de Valois, la moitié de la seigneurie de Couci, qui formaient l'apanage de la maison d'Orléans.

En 1498, le comté de Cominges fut réuni à la couronne après la mort du dernier comte.

En 1500, le comté de Pardiac est réuni au domaine.

En 1504, le comté de Guines est réuni au domaine après la mort d'Antoine, bâtard de Philippe le Bon, auquel on l'avait donné en 1476.

En 1508, la vicomté de Narbonne est réunie au domaine.

Apanages. — En 1499, le comté de Valois est apanagé à François, comte d'Angoulême.

N° 3. SOUS FRANÇOIS Ier. (1515-1547.)

Accroissements du domaine. — François Ier réunit au domaine royal, par son avénement au trône, l'apanage de sa maison, le comté d'Angoulême et le comté de Valois.

En 1523, il confisqua sur le connétable de Bourbon les possessions qu'avait cette branche de la famille des Bourbons, savoir, le duché de Bourbonnais, le Dauphiné d'Auvergne, le duché de Châtellerault, les comtés de Clermont et Beauvaisis, de Forez, de Montpensier, de la Marche, de Beaujolais et Dombes, les seigneuries de Rouanne, d'Annonay, de Roche en Ravier, la vicomté de Carlat et Murat, les baronnies de Mercœur, de Greniers, de Verre, et la seigneurie de Bourbon-Lancy.

François Ier réunit toutes ces provinces au domaine; mais en 1538, il rendit à l'héritier du connétable le comté de Montpensier érigé en duché-pairie.

En 1525, les comtés d'Alençon et du Perche furent réunis au domaine.

En 1532, le duché de Bretagne est réuni à la couronne de France avec la baronnie de Fougères.

En 1533, le comté d'Auvergne est réuni à la couronne.

François Ier réunit aussi à la couronne le marquisat de Saluces, comme fief relevant du Dauphiné.

N° 4. DEPUIS HENRI II JUSQU'A HENRI IV. (1547-1589.)

Accroissements du domaine. — En 1551, le comté de Dreux est réuni au domaine.

En 1584, à la mort de François d'Alençon, le comté d'Alençon fait retour à la couronne.

Restitutions. — En 1560, le Forez, le Beaujolais, le Dauphiné d'Auvergne et la principauté de Dombes sont rendus au duc de Montpensier.

Apanages. — En 1566, le comté d'Alençon est apanagé à François, frère de Charles IX.

A partir de cette époque, les apanages sont constitués sur d'autres bases; ce sont, à proprement parler, des rentes prélevées sur des terres dont on porte le titre, plutôt qu'un fief dont on est le souverain (1). On restreint les cas où l'on devra donner des apanages; enfin, la monarchie, avertie par une première expérience, ne retombe plus dans la même faute.

Changements survenus dans les fiefs. — En 1548, Antoine de Bourbon, duc de Vendôme, épouse Jeanne d'Albret; les possessions des deux maisons sont ainsi réunies.

En 1557, le comté de Soissons passe à la maison de Condé.

En 1561, le comté de Dammartin est acheté par les Montmorency.

§ 12. DEPUIS HENRI IV JUSQU'A LA RÉVOLUTION. (1589-1789.)

1° L'avénement de Henri IV fit rentrer au domaine les possessions de la dernière branche des Capétiens. Les Bourbons-Vendôme possédaient le duché de Vendôme, et, par leur union avec la maison d'Albret, ils étaient maîtres de la vicomté d'Albret, du Béarn, du Bigorre, de l'Armagnac et dépendances, savoir: le Rouergue, le Fezenzac et le Fezenzaguet, le comté de Lectoure ou Lomagne, le comté de Foix, le Périgord, le Limousin et la moitié de la seigneurie de Couci.

2° A partir de cette époque, il ne reste plus qu'un très-petit nombre de fiefs non encore réunis, et quelques terres apanagées.

(1) Voy. le Traité de Dupin sur les Apanages.

Voici la liste des réunions opérées pendant le règne des Bourbons jusqu'en 1789.

En 1642, la principauté de Sedan est cédée par le duc de Bouillon.

En 1666, le Forez est réuni à la couronne.

En 1693, réunion du Dauphiné d'Auvergne.

En 1734, le comté de Soissons est réuni à la couronne à la mort du dernier comte.

En 1738, la vicomté de Turenne est achetée par Louis XV à la maison de Bouillon.

En 1755, le duché d'Aumale est réuni au domaine.

3° En 1789, l'Astarac était encore un fief libre ; la maison de Roquelaure le possédait; il fut confisqué cette année. On supprima aussi cette année les terres apanagées ou titrées, et les pairies dont suit la liste :

Comté de Beaujolais et Dombes.
Comté de Montpensier.
Comté de Sancerre.
Duché de Nevers.
Comté de Joigny.
Seigneurie de Joinville.
Comté de Blois.
Comté de Valois.
Duché de Mazarin.
Duché d'Enghien.
Duché de Chartres.
Comté de Dammartin.
Comté de Valois.
Comté de Rouci.
Comté de Saint-Pol.
Comté d'Eu.
Comté d'Évreux.
Comté de Laval.
Comté d'Alençon.
Duché de Penthièvre.

Ces terres appartenaient pour la plupart aux Condés, aux d'Orléans et aux frères du roi.

En supprimant ces titres féodaux, en partageant la France en quatre-vingt-trois départements, l'Assemblée constituante fonda vraiment l'unité territoriale de la France, continua l'œuvre de Suger, de Philippe-Auguste, de Blanche de Castille, de saint Louis, de Louis XI, de Richelieu et de Louis XIV, œuvre que nos héroïques armées allaient bientôt compléter en donnant à la patrie ses limites naturelles.

CHAPITRE X.

DIVISIONS GÉOGRAPHIQUES ET ADMINISTRATIVES DE LA FRANCE AVANT ET DEPUIS LA RÉVOLUTION FRANÇAISE.

§ 1er. DIVISIONS ECCLÉSIASTIQUES.

1. *Divisions ecclésiastiques en 1789.*

Archevêchés (18).	Évêchés suffragants (117).
CAMBRAI......	Arras, Saint-Omer.
ROUEN.......	Évreux, Lisieux, Bayeux, Coutances, Avranches, Séez.
PARIS........	Meaux, Chartres, Orléans, Blois.
REIMS........	Châlons, Amiens, Boulogne, Beauvais, Senlis, Soissons, Laon, Noyon.
SENS.........	Troyes, Auxerre, Nevers.
TOURS........	Le Mans, Angers, Rennes, Dol, Saint-Malo, Saint-Brieuc, Tréguier, Saint-Pol de Léon, Quimper, Vannes, Nantes.
BOURGES......	Limoges, Tulle, Clermont, Saint-Flour, Le Puy.
BESANÇON.....	Belley.
LYON.........	Langres, Autun, Châlon, Mâcon, Dijon, Saint-Claude.
BORDEAUX.....	Poitiers, Luçon, la Rochelle, Saintes, Angoulême, Périgueux, Sarlat, Condom, Agen.
AUCH........	Lectoure, Dax, Aire, Bayonne, Tarbes, Cominges, Bazas, Lescar, Oleron, Couserans.
TOULOUSE.....	Lavaur, Rieux, Saint-Papoul, Mirepoix, Lombez, Montauban, Pamiers.
ALBI.........	Castres, Mende, Cahors, Rodez, Vabres.
NARBONNE....	Perpignan, Aleth, Carcassonne, Agde, Béziers, Saint-Pons, Lodève, Montpellier, Nîmes, Uzès, Alais.
ARLES.......	Marseille, Toulon, Orange, Saint-Paul-Trois-Châteaux.
AIX..........	Apt, Sisteron, Riez, Fréjus, Gap.
VIENNE.......	Grenoble, Valence, Die, Viviers.
EMBRUN......	Digne, Senez, Glandève, Vence, Grasse.

Evêchés suffragants d'archevêchés étrangers.

Strasbourg.....	Suffragant de l'archevêché de Mayence.
Saint-Diez......	— — — de Trèves.
Nancy..........	
Metz...........	
Toul...........	
Verdun.........	

Sagone........ } Suffragants de l'archevêché de Pise.
Ajaccio........
Aleria.........

Mariana et Accia. } — — — de Gênes.
Nebbio........

Évêchés du comtat Venaissin (au pape).

Avignon. Cavaillon.
Carpentras. Vaison.

2. *Circonscriptions ecclésiastiques de la France d'après la loi du 12 juillet 1790, dite la constitution civile du clergé.*

Un évêché par département.

Métropole de Paris.

Département de Paris.
Seine-et-Oise.
Seine-et-Marne.
Aube.
Eure-et-Loir.
Yonne.
Loiret.

Métropole de Rouen.

Département du Calvados.
Pas-de-Calais.
Manche.
Seine-Inférieure.
Oise.
Eure.
Orne.
Somme.

Métropole de Reims.

Département du Nord.
Ardennes.
Aisne.
Marne.
Meurthe.
Meuse.
Moselle.

Métropole de Rennes.

Département des Côtes-du-Nord.
Finistère.
Morbihan.
Loire-Inférieure.
Sarthe.
Mayenne.
Maine-et-Loire.
Ille-et-Vilaine.

Métropole de Besançon.

Département du Jura.
Vosges.
Côte-d'Or.
Haute-Marne.
Haute-Saône.
Doubs.
Haut-Rhin.
Bas-Rhin.

Métropole de Bourges.

Département de Loir-et-Cher.
Nièvre.
Vienne.
Creuse.
Indre.
Indre-et-Loire.
Allier.
Cher.

Métropole de Toulouse.

Département des Hautes-Pyrénées.
Basses-Pyrénées.
Pyrénées-Orientales.
Haute-Garonne.
Lot.
Aveyron.
Gers.
Tarn.
Ariége.
Aude.

Métropole de Bordeaux.

Département des Landes.
Haute-Vienne.
Deux-Sèvres.

Gironde.
Dordogne.
Corrèze.
Charente.
Charente-Inférieure.
Lot-et-Garonne.
Vendée.

Métropole d'Aix.

Département de la Lozère.
Hautes-Alpes.
Basses-Alpes.
Bouches-du-Rhône.
Gard.
Drôme.
Var.
Hérault.
Corse.

Métropole de Lyon.

Département du Cantal.
Puy-de-Dôme.
Haute-Loire.
Rhône-et-Loire.
Saône-et-Loire.
Ardèche.
Isère.
Ain.

3. *Divisions ecclésiastiques d'après le concordat de 1801.*

Archevêchés et évêchés.

PARIS, *archevêché*, comprendra dans son diocèse le département de la Seine;
Troyes, l'Aube et l'Yonne;
Amiens, la Somme et l'Oise;
Soissons, l'Aisne;
Arras, le Pas-de-Calais;
Cambrai, le Nord;
Versailles, Seine-et-Oise, Eure-et-Loir;
Meaux, Seine-et-Marne, Marne;
Orléans, Loiret, Loir-et-Cher.

MALINES, *archevêché*, les Deux-Nèthes, la Dyle;
Namur, Sambre-et-Meuse;
Tournai, Jemmapes;
Aix-la-Chapelle, la Roër, Rhin-et-Moselle;
Trèves, la Sarre;
Gand, l'Escaut, la Lys;
Liége, Meuse-Inférieure, Ourthe;
Mayence, Mont-Tonnerre.

BESANÇON, *archevêché*, Haute-Saône, le Doubs, le Jura;
Autun, Saône-et-Loire, la Nièvre.
Metz, la Moselle, les Forêts, les Ardennes;
Strasbourg, Haut-Rhin, Bas-Rhin;
Nancy, la Meuse, la Meurthe, les Vosges;
Dijon, Côte-d'Or, Haute-Marne.

LYON, *archevêché*, le Rhône, la Loire, l'Ain;
Mende, l'Ardèche, la Lozère;
Grenoble, l'Isère;
Valence, la Drôme.
Chambéry, le Mont-Blanc, le Léman.

AIX, *archevêché*, le Var, les Bouches-du-Rhône;
Nice, Alpes-Maritimes;
Avignon, Gard, Vaucluse;
Ajaccio, le Golo, le Liamone;
Digne, Hautes-Alpes, Basses-Alpes.

TOULOUSE, *archevêché*, Haute-Garonne, Ariége;
Cahors, le Lot, l'Aveyron;
Montpellier, l'Hérault, le Tarn;
Carcassonne, l'Aude, les Pyrénées-Orientales;
Agen, Lot-et-Garonne, le Gers;
Bayonne, les Landes, Hautes-Pyrénées, Basses-Pyrénées.

BORDEAUX, *archevêché*, la Gironde;
Poitiers, les Deux-Sèvres, la Vienne;
La Rochelle, la Charente-Infér., la Vendée;
Angoulême, la Charente, la Dordogne.

BOURGES, *archevêché*, le Cher, l'Indre;
Clermont, l'Allier, le Puy-de-Dôme;
Saint-Flour, la Haute-Loire, le Cantal;

Limoges, la Creuse, la Corrèze, la Haute-Vienne.
Tours, *archevêché*, Indre-et-Loire;
Le Mans, Sarthe, Mayenne;
Angers, Maine-et-Loire;
Nantes, Loire-Inférieure;
Rennes, Ille-et-Vilaine;
Vannes, le Morbihan;
Saint-Brieuc, Côtes-du-Nord;
Quimper, le Finistère.
Rouen, *archevêché*, la Seine-Inférieure;
Coutances, la Manche;
Bayeux, le Calvados;
Séez, l'Orne;
Évreux, l'Eure.

4. *Archevêchés et évêchés en 1843.*

Archevêchés.	*Évêchés.*	*Départements composant le diocèse.*
1° Paris		Seine.
	Chartres	Eure-et-Loir.
	Meaux	Seine-et-Marne.
	Orléans	Loiret.
	Blois	Loir-et-Cher.
	Versailles	Seine-et-Oise.
2° Lyon et Vienne		Rhône, Loire.
	Autun	Saône-et-Loire.
	Langres	Haute-Marne.
	Dijon	Côte-d'Or.
	Saint-Claude	Jura.
	Grenoble	Isère.
3° Rouen		Seine-Inférieure.
	Bayeux	Calvados.
	Évreux	Eure.
	Séez	Orne.
	Coutances	Manche.
4° Sens et Auxerre		Yonne.
	Troyes	Aube.
	Nevers	Nièvre.
	Moulins	Allier.
5° Reims		Arrond. de Reims, Ardennes.
	Soissons	Aisne.
	Châlons	Marne (moins arrond. de Reims).
	Beauvais	Oise.
	Amiens	Somme.
6° Tours		Indre-et-Loire.
	Le Mans	Sarthe, Mayenne.
	Angers	Maine-et-Loire.
	Rennes	Ille-et-Vilaine.
	Nantes	Loire-Inférieure.
	Quimper	Finistère.
	Vannes	Morbihan.
	Saint-Brieuc	Côtes-du-Nord.
7° Bourges		Cher, Indre.
	Clermont	Puy-de-Dôme.

7° BOURGES............	Limoges........	Creuse, Haute-Vienne.
	Le Puy.........	Haute-Loire.
	Tulle...........	Corrèze.
	Saint-Flour......	Cantal.
8° ALBY..............................		Tarn.
	Rodez..........	Aveyron.
	Cahors..........	Lot.
	Mende..........	Lozère.
	Perpignan.......	Pyrénées-Orientales.
9° BORDEAUX.......................		Gironde.
	Agen............	Lot-et-Garonne.
	Angoulême......	Charente.
	Poitiers.........	Deux-Sèvres, Vienne.
	Périgueux.......	Dordogne.
	La Rochelle.....	Charente-Inférieure.
	Luçon..........	Vendée.
10° AUCH.............................		Gers.
	Aire	Landes.
	Tarbes..........	Hautes-Pyrénées.
	Bayonne........	Basses-Pyrénées.
11° TOULOUSE et NARBONNE.............		Haute-Garonne.
	Montauban.	Tarn-et-Garonne.
	Pamiers........	Ariége.
	Carcassonne.....	Aude.
12° AIX, ARLES et EMBRUN..............		Bouches-du-Rhône (sauf arrond. de Marseille).
	Marseille	Arrond. de Marseille.
	Fréjus..........	Var.
	Digne..........	Basses-Alpes.
	Gap.............	Hautes-Alpes.
	Ajaccio.........	Corse.
	Alger...........	Algérie (1).
13° BESANÇON.........................		Doubs, Haute-Saône.
	Strasbourg......	Haut et Bas-Rhin.
	Metz............	Moselle.
	Verdun.........	Meuse.
	Belley..........	Ain.
	Saint-Dié.......	Vosges.
	Nancy..........	Meurthe.
14° AVIGNON..........................		Vaucluse.
	Nîmes..........	Gard.
	Valence........	Drôme.
	Viviers.........	Ardèche.
	Montpellier.....	Hérault.
15° CAMBRAI (2).......................		Nord.
	Arras..........	Pas-de-Calais.

(1) Créé par ordonnance royale du 25 août 1838.

(2) Créé par ordonnance royale du 30 décembre 1841.

§ 2. DIVISIONS JUDICIAIRES.

1. *Parlements et conseils supérieurs avec les bailliages et sénéchaussées du ressort, en 1789.*

PARLEMENT DE PARIS.

Pays.	*Bailliages et sénéchaussées.*	
Picardie	B. d'Amiens et de Ham.	S. de Ponthieu.
	B. de Boulogne-sur-Mer.	B. de Calais.
	B. de Péronne.	B. d'Ardres.
	B. de Roye.	B. de Vermandois.
	B. de Mondidier.	B. de Montreuil-sur-Mer.
Champagne et Brie	B. de Châlons-sur-Marne.	B. de Provins.
	B. de Château-Thierry.	B. de Reims.
	B. de Chaumont.	B. de Sedan.
	B. de Langres.	B. de Sézanne.
	B. de Meaux.	S. de Troyes.
		B. de Vitry-le-François.
Ile-de-France	B. de Beauvais.	B. de Mantes.
	B. de Clermont en Beauvaisis.	B. de Meulan.
	B. de Crépy en Valois.	B. de Villers-Cotterets.
	B. de Dourdan.	B. de Montfort-l'Amaury.
		B. de Nemours.
		B. de Senlis.
		B. de Soissons.
Perche	B. de Châteauneuf en Thimerais.	
	B. du Perche.	
Orléanais	B. de Blois.	B. d'Étampes.
	B. de Chartres.	B. de Vendôme.
	B. de Montargis.	B. de Gien.
	B. d'Orléans.	
Maine	S. du Maine.	
Touraine	S. de Touraine.	
Berry	S. du Berry.	
Nivernais	B. de Nivernais et Donziois.	
Anjou	S. d'Anjou.	
	S. de Saumur.	

PARLEMENT DE TOULOUSE.

Pays.	*Bailliages et sénéchaussées.*	
Languedoc	S. d'Annonay.	S. de Beaucaire.
	S. de Béziers.	S. de Villeneuve de Berg.
	S. de Carcassonne.	
	S. de Castelnaudary.	
	S. de Castres.	
	S. de Limoux.	
	S. de Mende.	
	S. de Nîmes.	
	S. de Toulouse.	

Pays.	*Bailliages et sénéchaussées.*
Rouergue	S. de Rodez. S. de Villefranche.
Quercy	S. du Quercy.
Comté de Foix	S. de Foix. S. de Pamiers.
Armagnac	S. d'Armagnac. S. d'Auch. S. de l'Ile-Jourdain. S. de Lectoure.
Bigorre	S. de Tarbes.
	PARLEMENT DE GRENOBLE.
Dauphiné.	
	PARLEMENT DE BORDEAUX.
Guyenne	S. d'Agen. S. de Bazas. S. de Bordeaux. S. de Libourne.
Gascogne	S. de Nérac. S. de Castel-Jaloux. S. de Condom. S. de Mont-de-Marsan.
Poitou	S. de Châtellerault. B. de Loudun. S. de Poitou.
Aunis	S. de la Rochelle.
Angoumois	B. d'Angoulême.
Marche	S. de la Basse-Marche. S. de Guéret.
Bourbonnais	S. de Moulins.
Mâconnais	B. de Mâcon.
Auvergne	S. d'Auvergne ou de Riom. S. de Clermont. S. du Puy en Velay. B. de Saint-Flour.
Forez	B. du Forez.
Beaujolais	S. de Beaujolais.
Lyonnais	S. de Lyon et ville.
Limousin	S. de Limoges.
Périgord	S. de Périgord.
Saintonge	S. de Saintes. S. de Saint-Jean-d'Angely.
	PARLEMENT DE DIJON.
Bourgogne	B. de Charolles. B. de Nuits. B. de Beaune. B. d'Autun.

Pays.	*Bailliages et sénéchaussées.*
	B. de Bourbon-Lancy.
	B. de Mont-Cenis.
	B. d'Arnay-le-Duc.
	B. d'Auxonne.
	B. de Semur en Auxois.
	B. de Semur en Briois.
Bourgogne........	B. d'Auxerre.
	B. de Sens.
	B. d'Avallon.
	B. de Châtillon ou de la Montagne.
	B. de Bar-sur-Seine.
	B. de Dijon.
	B. de Noyers.
	B. de Châlon et Saint-Laurent.
	B. de Bourg.
Bresse...........	B. du Bugey.
	B. de Valromey.
	PARLEMENT DE ROUEN.
	B. d'Alençon.
	B. de Caen.
	B. de Caux.
Normandie........	B. de Chaumont en Vexin.
	B. de Coutances.
	B. d'Évreux.
	B. de Rouen.
	PARLEMENT D'AIX.
	S. d'Aix.
	S. d'Arles.
	S. de Draguignan.
	S. de Forcalquier.
Provence.........	S. de Sisteron.
	S. de Digne.
	S. de Marseille.
	S. de Toulon.
	PARLEMENT DE RENNES.
	S. de Brest.
	S. de Carhaix.
	S. de Dinan.
	S. de Dol.
	S. de Fougères.
	S. de Hennebon.
Bretagne..........	S. de Lesneven (Léon).
	S. de Morlaix.
	S. de Lannion.
	S. de Nantes.
	S. de Ploermel.
	S. de Quimper.
	S. de Rennes.
	S. de Saint-Brieuc.
	S. de Saint-Malo.
	S. de Tréguier.
	S. de Vannes.
	S. d'Auray.
	S. de Rhuys.

Pays.	*Bailliages et sénéchaussées.*

PARLEMENT DE PAU.

Béarn et Navarre.	B. de Ustarits (?).

PARLEMENT DE DOUAI.

Flandre.........	B. de Bailleul. B. de Lille.
Cambrésis........	B. d'Avesnes. B. de Douai. B. d'Orchies.

PARLEMENT DE BESANÇON.

Franche-Comté...	B. de Besançon. B. de Dôle. B. de Gray. B. de Vesoul. B. de Quingey. B. de Beaume-les-Dames. B. d'Ornans. B. de Salins. B. de Pontarlier. B. d'Arbois.	B. de Poligny. B. de Lons-le-Saulnier. B. d'Orgelet. B. de Saint-Claude.

PARLEMENT DE TRÉVOUX.

Princip. de Dombes.	B. de Gex. S. de Trévoux.

PARLEMENT DE NANCY ET PARLEMENT DE METZ.

Haute Lorraine et Barrois. Basse Lorraine et Trois-Évêchés.	B. de Nancy. B. de Rozières. B. de Château-Salins. B. de Nomény. B. de Lunéville. B. de Blamont. B. de Saint-Dié. B. de Vézelize. B. de Commercy. B. de Mirecourt. B. de Neufchâteau. B. de Charmes. B. de Chaté. B. d'Épinal. B. de Bruyères. B. de Remiremont. B. de Darney. B. de Sarreguemines. B. de Dieuze.	B. de Boulay. B. de Bouzonville. B. de Mertzig et Saargau. B. de Bitche. B. de Lixheim. B. de Schambourg. B. de Fenestrange. B. de Bar-le-Duc. B. de La Marche. B. de Bourmont. B. de Saint-Mihiel. B. de Pont-à-Mousson. B. de Thiaucourt. B. d'Étain. B. de Briey. B. de Longuyon. B. de Villers-la-Montagne. B. de Verdun.

CONSEILS SUPÉRIEURS.

CONSEIL DE COLMAR.

Alsace............ B. de Colmar.
B. de Schelestadt.
B. de Haguenau.
B. de Wissembourg.

CONSEIL DE PERPIGNAN.

oussillon........ | Viguerie de Perpignan.

CONSEIL D'ARRAS.

Artois.

CONSEIL DE CORSE.

Corse.

2. *Cours royales.*

Cours royales.	*Départements de leur ressort.*
Paris...........	Aube, Eure-et-Loir, Marne, Seine, Seine-et-Marne, Seine-et-Oise, Yonne.
Agen...........	Gers, Lot, Lot-et-Garonne.
Aix.............	Basses-Alpes, Bouches-du-Rhône, Var.
Amiens.........	Aisne, Oise, Somme.
Angers..........	Maine-et-Loire, Mayenne, Sarthe.
Bastia..........	Corse.
Besançon.......	Doubs, Jura, Haute-Saône.
Bordeaux.......	Charente, Dordogne, Gironde.
Bourges........	Cher, Indre, Nièvre.
Caen...........	Calvados, Manche, Orne.
Colmar.........	Haut et Bas-Rhin.
Dijon...........	Côte-d'Or, Haute-Marne, Saône-et-Loire.
Douai...........	Nord, Pas-de-Calais.
Grenoble.......	Hautes-Alpes, Drôme, Isère.
Limoges........	Corrèze, Creuse, Haute-Vienne.
Lyon...........	Ain, Loire, Rhône.
Metz...........	Ardennes, Moselle.
Montpellier.....	Aude, Aveyron, Hérault, Pyrénées-Orientales.
Nancy..........	Meurthe, Meuse, Vosges.
Nîmes..........	Ardèche, Gard, Lozère, Vaucluse.
Orléans........	Indre-et-Loire, Loir-et-Cher, Loiret.
Pau............	Landes, Basses et Hautes-Pyrénées.
Poitiers........	Charente-Inférieure, Deux-Sèvres, Vendée, Vienne.
Rennes.........	Côtes-du-Nord, Finistère, Ille-et-Vilaine, Loire-Inférieure, Morbihan.
Riom...........	Allier, Cantal, Haute-Loire, Puy-de-Dôme.
Rouen..........	Eure, Seine-Inférieure.
Toulouse.......	Ariége, Haute-Garonne, Tarn, Tarn-et-Garonne.

§ 3. DIVISIONS MILITAIRES.

A. ARMÉES DE TERRE.

1. *Gouvernements militaires avant 1789.*

a. Sous François Ier (édit du 6 mai 1545), *neuf*, savoir : Normandie, Guyenne, Languedoc, Provence, Dauphiné, Bourgogne, Champagne et Brie, Picardie, Ile-de-France.

b. Sous Henri III, *douze*, savoir : Ile-de-France, Bourgogne, Normandie, Guyenne, Bretagne, Champagne, Languedoc, Picardie, Dauphiné, Provence, Lyonnais, Orléanais.

c. Au commencement du ministère de Richelieu, dix-neuf, *savoir :*

1. Ile-de-France.
2. Orléanais.
3. Berry.
4. Bretagne.
5. Normandie.
6. Picardie.
7. Champagne.
8. Metz, Toul et Verdun.
9. Bourgogne.
10. Auvergne.
11. Le Maine.
12. Anjou.
13. Dauphiné.
14. Provence.
15. Languedoc.
16. Guyenne.
17. Limousin, Saintonge, Angoumois.
18. Poitou.
19. Béarn.

d. Depuis Louis XIV, *trente-sept*, savoir :

Gouvernements.	*Chefs-lieux.*	*Gouvernements.*	*Chefs-lieux.*
Alsace	Strasbourg.	Lorraine et Barrois.	Nancy.
Anjou	Angers.	Lyonnais	Lyon.
Aunis	La Rochelle.	Maine	Le Mans.
Auvergne	Clermont.	Marche	Guéret.
Berry	Bourges.	Metz et Verdun	Metz.
Boulonnais	Boulogne.	Navarre et Béarn	Pau.
Bourbonnais	Moulins.	Nivernais	Nevers.
Bourgogne	Dijon.	Normandie	Rouen.
Bretagne	Rennes.	Orléanais	Orléans.
Champagne et Brie	Troyes.	Prévôté de Paris et ville.	Paris.
Dauphiné	Grenoble.	Picardie et Artois	Amiens.
Flandre	Lille.	Poitou	Poitiers.
Foix	Pamiers.	Provence	Aix.
Franche-Comté	Besançon.	Roussillon	Perpignan.
Guyenne et Gascogne.	Bordeaux.	Saintonge et Angoumois.	Saintes et Angoulême.
Havre-de-Grâce	Havre-de-Grâce.	Saumur	Saumur.
Ile-de-France	Soissons.	Toul	Toul.
Languedoc	Toulouse.	Touraine	Tours.
Limousin	Limoges.		

2. *Divisions militaires actuelles.*

Divisions milit.	Chefs-lieux.	Départements.
1.	*Paris*......	Seine, Seine-et-Oise, Oise, Seine-et-Marne, Aisne, Eure-et-Loir, Loiret.
2.	*Châlons*....	Ardennes, Meuse, Marne.
3.	*Metz*......	Moselle, Meurthe, Vosges.
4.	*Tours*......	Indre-et-Loire, Vienne, Loir-et-Cher, Mayenne, Sarthe.
5.	*Strasbourg*.	Bas-Rhin, Haut-Rhin.
6.	*Besançon*. .	Doubs, Jura, Haute-Saône.
7.	*Lyon*......	Rhône, Ain, Drôme, Isère, Hautes-Alpes, Loire.
8.	*Marseille*..	Bouches-du-Rhône, Var, Basses-Alpes, Vaucluse.
9.	*Montpellier*.	Hérault, Gard, Lozère, Ardèche, Aveyron.
10.	*Toulouse*...	Haute-Garonne, Lot, Tarn-et-Garonne, Tarn.
11.	*Bordeaux*..	Gironde, Charente, Charente-Inférieure, Dordogne, Lot-et-Garonne.
12.	*Nantes*.....	Loire-Inférieure, Maine-et-Loire, Deux-Sèvres, Vendée.
13.	*Rennes*.....	Ille-et-Vilaine, Côtes-du-Nord, Finistère, Morbihan.
14.	*Rouen*......	Seine-Inférieure, Eure, Calvados, Orne, Manche.
15.	*Bourges*....	Cher, Nièvre, Haute-Vienne, Creuse, Indre.
16.	*Lille*.......	Nord, Pas-de-Calais, Somme.
17.	*Bastia*.....	Corse.
18.	*Dijon*......	Côte-d'Or, Aube, Haute-Marne, Saône-et-Loire, Yonne.
19.	*Clermont*..	Puy-de-Dôme, Corrèze, Haute-Loire, Cantal, Allier.
20.	*Bayonne*...	Basses-Pyrénées, Hautes-Pyrénées, Landes, Gers.
21.	*Perpignan*.	Pyrénées-Orientales, Ariége, Aude.
	Alger......	Algérie.

B. ARMÉES DE MER.

1. *Intendances de la marine en 1789.*

1	Intendant	des galères et du commerce de Provence	*à Marseille.*
1	—	de la marine........................	*à Toulon.*
1	—	de la marine........................	*à Brest.*
1	—	de la marine........................	*à Rochefort.*
1	—	de la marine........................	*au Havre.*
1	—	de la marine........................	*à Dunkerque.*

2. *Amirautés.*

AMIRAUTÉS GÉNÉRALES.	*Amirautés particulières de leur ressort.*		
Paris (la Table de marbre).	Abbeville,	Boulogne,	Boury d'Ault,
	Calais,	Eu et Tréport,	La Rochelle,
	Sables-d'Olonne,	S.-Valery-sur-Somme.	
Rouen..................	Harfleur,	Bayeux,	Caen,
	Carentan,	Caudebec et Quillebeuf,	
	Cherbourg,	Coutances,	Dieppe,
	Dives,	Fécamp,	Grandchamp,
	Grandville,	Le Havre,	La Hogue,
	Honfleur,	S.-Valery en Caux,	Touques.

PARLEMENTS.	*Sièges généraux et particuliers d'amirauté de leur ressort.*		
Paris	Dunkerque.		
Toulouse	Agde,	Aigues-Mortes,	Cette,
	Collioure,	Narbonne.	
Conseil du Roussillon	Mahon.		
Bordeaux	Bayonne,	Bordeaux et Marenne.	
Rennes	Brest,	Morlaix,	Nantes,
	Quimper,	Saint-Brieuc,	Saint-Malo,
	Vannes.		

3. *Capitaines garde-côtes* (112).

OCÉAN.

Picardie	Calais *ou* Sangate.	Le Crotoy.
	Verton.	Cayeux.
Haute-Normandie	Tréport.	Saint-Aubin.
	Criol.	Saint-Valery.
	Berneval.	Palluel.
	Dieppe *ou* Port-ville.	Saint-Pierre-en-Port.
	Sainte-Marguerite.	
Gouvern. du Havre.	Fécamp.	Le Havre.
	Iport.	Caudebec *ou* Seine.
	Étretat.	Roque de Rille.
Pays d'Auge	Honfleur.	Villers.
	Touques.	Dives.
Basse-Normandie	Caen *ou* Cabourg.	Val-de-Saire.
	Oystreham.	Cherbourg.
	Bernières.	La Hague.
	Asnelles.	Port Bail *ou* Castret.
	Port en Bessin.	Créances *ou* Couteuville.
	Grand-Camp.	Régneville.
	Beuzeville-Lesvay.	Granville.
	Sainte-Marie du Mont.	Avranches.
	La Hougue.	Pontorson.
	Barfleur.	
Bretagne	Dol.	Ile-de-Grouais.
	Cancale.	Lorient.
	Saint-Malo.	Port Louis.
	Pontbriant.	Auray.
	Matignon.	Vannes.
	Saint-Brieuc.	Ile-de-Rhuys.
	Ile-de-Bréhat.	Belisle *ou* Monteclair.
	Tréguier.	Muzillac.
	Lannion.	Le Croisic.
	Morlaix.	Saint-Nazaire.
	Saint-Pol.	Monthoir.
	Breuvrach *ou* Le Conquet.	Paimbœuf.
	Crozon.	Pornic.
	Audierne.	Bourgneuf.
	Concarneau.	Machecoul.

Bas Poitou.........	Ile Bouin.	Sables-d'Olonne.
	Noirmoutier	Saint-Benoît.
	Beauvoir *ou* la Barre de Mons.	Luçon.
Aunis.............	Marans	Ile de Ré.
	La Rochelle.	Chastellaillon.
Saintonge.........	Charente *ou* Loire.	Ile d'Oléron.
	Soubise.	Royan.
	Marennes.	Mortagne.
Guyenne..........	Moron.	
	Entre deux mers sur Garonne.	
	Entre deux mers sur Dordogne.	
	Bordeaux.	
	La Marque *ou* Haut Médoc.	
	Soulac *ou* Bas Médoc.	
	Tête de Buch.	
	MÉDITERRANÉE.	
Languedoc et Roussillon...........	Aigues-Mortes.	Béziers.
	Mauguio.	Narbonne.
	Cette.	Leucate.
	Agde.	
Provence..........	Arles.	Hyères.
	Les Martigues.	Saint-Tropez.
	Marseille.	Fréjus.
	La Ciotat.	Antibes.
	Toulon.	

Rien de semblable n'existe actuellement ; la défense des côtes est confiée à l'armée, et non plus à un corps spécial comme autrefois.

4. *Département du commerce en 1715, divisé en six intendances de commerce.*

1.

Bretagne, Poitou, généralité de la Rochelle, Touraine, Lorraine, l'Amérique française. — L'Amérique entière. La pêche de la morue.

2.

Les généralités de Bordeaux, Montauban, Béarn, Limoges. — Le commerce d'Allemagne, de Hollande, d'Angleterre. La pêche du hareng.

3.

Languedoc, Roussillon, Provence, Dauphiné. — Commerce d'Italie, d'Espagne, de la mer Méditerranée, les échelles du Levant, les États du Turc, la Barbarie. — Les Indes orientales, et tout ce qui est au delà du cap du côté de l'Asie.

4.

Lyonnais, Forez, Beaujolais, Auvergne, Bourgogne, Franche-Comté, Bresse. — Commerce de Genève, et des Suisses. — Commerce de Suède, Danemark, Hambourg, Danzig, et pays de la mer Baltique. La pêche de la baleine.

5.

Flandre, Artois, Picardie, généralité de Soissons, Champagne, les Trois-Évêchés. — Commerce des Pays-Bas espagnols.

6.

Généralités de Paris, sauf la ville; de Rouen, Caen, Alençon, Orléans, Bourges. — Commerce du Piémont et de Savoie. — La partie de l'Afrique depuis le détroit de Gibraltar jusqu'au Cap de Bonne-Espérance. — La côte d'Espagne sur l'Océan.

5. *Préfectures et arrondissements maritimes en 1843.*

Préfectures.	*Arrondissements.*	*Inscriptions.*
1. CHERBOURG...	*Cherbourg*..........	Cherbourg.
		Caen.
		La Hougue.
	Dunkerque.........	Dunkerque.
		Calais.
		Boulogne.
		Saint-Valery-sur-Somme.
	Le Havre...........	Le Havre.
		Dieppe.
		Rouen.
		Fécamp.
		Honfleur.
2. BREST........	*Brest*..............	Brest.
		Saint-Brieuc.
		Paimpol.
		Morlaix.
		Quimper.
	Saint-Servan........	Saint-Malo,
		Granville.
		Dinan.
3. LORIENT......	*Lorient*.............	Lorient.
		Vannes.
		Belle-Isle.
		Auray.
	Nantes..............	Nantes.
		Le Croisic.
		Paimbœuf.
4. ROCHEFORT...	*Rochefort*..........	Rochefort.
		Sables-d'Olonne.
		La Rochelle.
		Ile de Ré.
		Marennes.
		Royan.
	Bordeaux...........	Bordeaux.
		Pouillac.
		Langon.
		Blaye.
		Libourne.
	Bayonne...........	Bayonne.
		Dax.
		Saint-Jean-de-Luz.

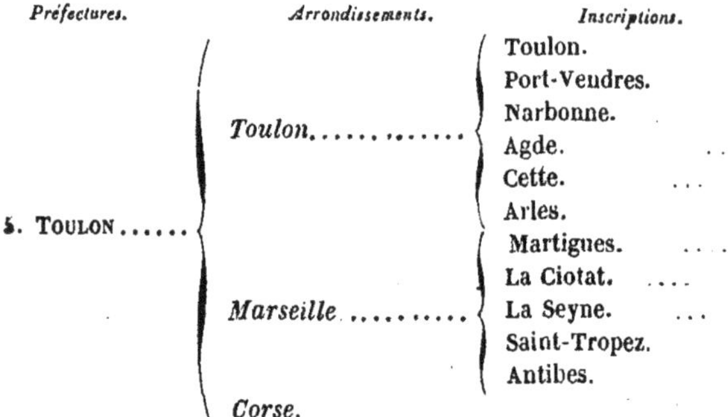

Préfectures.	Arrondissements.	Inscriptions.
5. TOULON......	*Toulon*............	Toulon.
		Port-Vendres.
		Narbonne.
		Agde.
		Cette.
		Arles.
	Marseille..........	Martigues.
		La Ciotat.
		La Seyne.
		Saint-Tropez.
		Antibes.
	Corse.	

§ 4. DIVISIONS UNIVERSITAIRES.

1. *Anciennes universités avant 1789.*

Paris.	Bourges.	Orange.
Toulouse.	Cahors.	Besançon.
Montpellier.	Perpignan.	Tournon.
Orléans.	Nantes.	Douai.
Angers.	Reims.	Richelieu.
Poitiers.	Valence.	Dijon.
Caen.	Aix.	Pau.
Bordeaux.	Avignon.	Pont-à-Mousson.

2. *Académies universitaires en 1843.*

Académies.	*Départements de leur ressort.*
Aix...........	Bouches-du-Rhône, Basses-Alpes, Var, Corse.
Amiens........	Aisne, Oise, Somme.
Angers........	Maine-et-Loire, Mayenne, Sarthe.
Besançon......	Doubs, Jura, Haute-Saône.
Bordeaux......	Charente, Dordogne, Gironde.
Bourges.......	Cher, Indre, Nièvre.
Caen..........	Calvados, Manche, Orne.
Cahors........	Lot, Lot-et-Garonne, Gers.
Clermont......	Allier, Cantal, Haute-Loire, Puy-de-Dôme.
Dijon.........	Côte-d'Or, Haute-Marne, Saône-et-Loire.
Douai.........	Nord, Pas-de-Calais.
Grenoble......	Hautes-Alpes, Drôme, Isère.
Limoges.......	Corrèze, Creuse, Haute-Vienne.
Lyon..........	Ain, Loire, Rhône.
Metz..........	Ardennes, Moselle.
Montpellier....	Aude, Aveyron, Hérault, Pyrénées-Orientales.
Nancy.........	Meurthe, Meuse, Vosges.
Nîmes.........	Ardèche, Gard, Lozère, Vaucluse.

Orléans........ Indre-et-Loire, Loiret, Loire-et-Cher.
Paris.......... Aube, Eure-et-Loir, Marne, Seine, Seine-et-Marne, Seine-et-Oise, Yonne.
Pau........... Basses-Pyrénées, Hautes-Pyrénées, Landes.
Poitiers........ Charente-Inférieure, Deux-Sèvres, Vendée, Vienne.
Rennes........ Côtes-du-Nord, Finistère, Ille-et-Vilaine, Loire-Inférieure, Morbihan.
Rouen......... Eure, Seine-Inférieure.
Strasbourg..... Bas-Rhin, Haut-Rhin.
Toulouse...... Ariége, Haute-Garonne, Tarn, Tarn-et-Garonne.

§ 5. DIVISIONS FINANCIÈRES AVANT 1789.

1. *Généralités, intendances et élections.*

1° GÉNÉRALITÉS.

Généralités.	*Élections.*
Alençon	Alençon, Bernay, Lisieux, Conches, Verneuil, Domfront, Falaise, Argentan, Mortagne.
Amiens	Amiens, Doulens, Péronne, Saint-Quentin, Montdidier, Abbeville, plus les gouvernements de Montreuil, de Boulogne, Ardres, Calais.
Auch	Armagnac ou Auch, Lomagne ou Lectoure, rivière de Verdun ou Grenade, Comminges ou Muret, Astarac ou Mirande.
Bordeaux	Bordeaux, Périgueux, Sarlat, Agen, Condom, les Landes.
Bourges	Bourges, Mondun, Châteauroux, Le Blanc, La Châtre, Saint-Amand, Charité-sur-Loire.
Bourgogne	*Pays d'État.* Duché de Bourgogne. Auxerrois. Charollais. Mâconnais. Comté de Bar-sur-Seine. *Pays d'imposition.* Bresse, Bugey, Dombes, Valromey, Gex, — divisés en 2 élections, celles de Bourg et de Belley.
Caen	Caen, Bayeux, Saint-Lô, Vire, Mortain, Avranches, Coutances, Carentan, Valognes.
Châlons	Châlons, Réthel, Sainte-Menehould, Vitry-le-François, Joinville, Chaumont, Langres, Bar-sur-Aube, Troyes, Sézanne, Épernay, Reims.

Généralités.	*Élections.*
Flandre et Artois......	Artois divisé en 9 bailliages. (*Voy. bailliages.*) Flandre divisée en 12 subdélégations : Lille, Orchies, Douai, Châtellenies de la Flandre wallone, Hazebrouck, Merville, Bailleul, Cassel, Bergues, Saint-Winox, Houdschoote, Dunkerque, Gravelines, Bourbourg.
Franche-Comté........	Divisée en 14 bailliages. (*Voy. bailliages.*)
Grenoble.............	Grenoble, Gap, Montélimart, Valence, Romans, Vienne, principauté d'Orange.
La Rochelle...........	La Rochelle, Saint-Jean d'Angely, Barbezieux, Saintes, Marennes, Cognac.
Limoges..............	Limoges, Tulle, Brives, Bourganeuf, Angoulême.
Lyon.................	Lyon, Saint-Étienne, Montbrison, Roanne, Villefranche.
Montauban...........	Montauban, Cahors, Figeac, Villefranche, Rodez, Milhau.
Montpellier...........	Divisée en 12 recettes : Le Puy, Viviers, Mende, Alais, Uzès, Nîmes, Montpellier, Lodève, Agde, Béziers, Saint-Pons, Narbonne.
Toulouse.............	Divisée en 11 recettes : Limoux, Aleth, Mirepoix, Castres, Alby, Lavaur, Toulouse, Rieux, partie de Comminges, partie de Montauban, Carcassonne.
Moulins..............	Moulins, Gannat, Montluçon, Nevers, Château-Chinon, Guéret, Évaux.
Orléans..............	Orléans, Pithiviers, Beaugency, Chartres, Châteaudun, Vendôme, Dourdan, Montargis, Gien, Clamecy, Romorantin, Blois.
Paris................	Paris, Beauvais, Compiègne, Senlis, Meaux, Rozay, Coulommiers, Provins, Montereau, Nogent-sur-Seine, Sens, Joigny, Saint-Florentin, Tonnerre, Vézelay, Nemours, Melun, Étampes, Mantes, Montfort-l'Amaury, Dreux, Pontoise.
Poitiers..............	Poitiers, Châtillon-sur-Sèvres, Thouars, Châtellerault, Confolens, Saint-Maixent, Niort, Fontenay-le-Comte, les Sables-d'Olonne.
Provence.............	22 vigueries : Aix, Tarascon, Moutiers, Forcalquier, Apt, Sisteron, Seyne, Colmars, Digne, Castellane, Annot, Aulps, Barjols, Saint-Paul, Grasse, Saint-Maximin, Brignolles, Draguignan, Lorgues, Hyères, Toulon, Le Val-de-Barrême.
Riom................	Riom, Clermont, Issoire, Brioude, Saint-Flour, Aurillac, Mauriac.
Rouen...............	Rouen, Arques, Eu, Neufchâtel, Lihons, Gisors, Andelys, Évreux, Pont-de-l'Arche, Pont-Audemer, Pont-l'Évêque, Caudebec, Montivilliers, Chaumont et Magni.

II.

Généralités.	*Élections.*
Soissons	Soissons, Noyon, Crépy, Laon, Guise, Château-Thierry, Clermont.
Tours	Tours, Amboise, Loches, Chinon, Mayenne, Laval, Le Mans, Château-du-Loir, Château-Gonthier, La Flèche, Beaugé, Angers, Saumur, Montreuil-Bellay, Loudun, Richelieu.
Trois-Évêchés	11 subdélégations : Metz, Thionville, Sarrelouis, Phalsbourg, Vic, Toul, Verdun, Longwy, Montmédy, Sedan, Sarrebourg.

2° INTENDANCES.

Intendances.	*Élections.*
Alsace	7 subdélégations : Béfort, Colmar, Schélestadt, Strasbourg, Saverne, Weissembourg, Landau.
Bretagne	9 recettes : Rennes, Saint-Brieuc, Saint-Malo, Dol, Nantes, Vannes, Quimper, Saint-Pol, Tréguier.
Corse	11 juridictions : Bastia, Corté, La Porta d'Ampugnani, Cap Corse, Nebbio, Calvi, Ajaccio, Sartène, Boniface, Aleria, Vico.
Hainaut et Cambrésis	Comté de Mortagne, ville de Condé, prévôté de Saint-Amand, châtellenie de Bouchain, dans la Flandre. — Gouvernements du Quesnoy, Landrecies, Avesnes, Philippeville, Charlemont et Maubeuge ; les prévôtés de Marienbourg, Bavay et Valenciennes, dans le Hainaut. — Duché de Cambrai et châtellenie de Cateau, dans le Cambrésis.
Lorraine et Barrois	36 bailliages. (*Voy. bailliages.*)
Pau et Bayonne (désunie en 1787.)	Élection des Landes : Chalosse, Marsan, Tursan, Gabardan.
	Élections de Labourd, de Navarre, de Soule, Béarn, Bigorre, les Quatre-Vallées, Nébouzan, pays de Foix et de Donnezan.
Roussillon	3 vigueries : Roussillon et Valespir, Conflans et Capsir, La Cerdagne.

2. *Fermes générales en 1789.*

DIRECTIONS.

Alençon.	Bayonne.	Châlons.
Amiens.	Besançon.	Châlon.
Angers.	Bordeaux.	Charleville.
Auch.	Caen.	Châteauroux.

Dijon.	Lorient.	Montbrison.
Grenoble.	Lyon.	Moulins.
Langres.	Le Mans.	Nancy.
Laval.	Marseille.	Nantes.
Lille.	Metz.	Narbonne.
Limoges.	Montpellier.	Orléans.

3. *Départements de la régie générale des aides et droits y réunis en 1789.*

Départements.	*Divisions.*	*Ressort.*
1....	1	Châlons.
	2	Paris, ville, plat pays et généralité.
	3	Alsace, Lorraine, Metz.
	4	Bourgogne, Franche-Comté, Auvergne.
2....	1	Amiens, Soissons.
	2	Flandre, Hainaut, Artois, Cambrésis.
3....	1	Poitiers, La Rochelle, Limoges.
	2	Tours.
	3	Bretagne.
4....	1	Lyon, Moulins.
	2	Orléans.
	3	Bourges.
5....	1	Rouen.
	2	Caen.
	3	Alençon.
6....	1	Dauphiné, Languedoc, Foix, Provence, Roussillon.
	2	Bordeaux, Pau, Auch, Montauban.

4. *Généralités ecclésiastiques pour la perception et le payement des décimes ordinaires.*

Généralités.	*Recettes particulières et diocésaines.*
Paris.............	Paris, Beauvais, Senlis, Soissons, Meaux, Chartres, Sens, Blois.
Rouen............	Rouen, Lisieux, Évreux, Séez.
Caen.............	Bayeux, Coutances, Avranches.
Nantes...........	Les 9 diocèses de Bretagne.
Tours............	Tours, le Mans, Angers.
Bourges..........	Bourges, Orléans, Nevers.
Poitiers..........	Poitiers, Luçon, La Rochelle, Saintes, Angoulême.
Bordeaux.........	Bordeaux, Bazas, Condom, Périgueux, Sarlat, Agen, Lectoure, Auch, Lombez, Conserans, Comminges, Tarbes, Oléron, Lescar, Aire, Dax, Bayonne.
Toulouse.........	Toulouse, Lavaur, Alby, Montauban, Cahors, Rodez, Vabres, Castres, Pamiers, Rieux, Mirepoix, Saint-Papoul, Carcassonne, Alet.
Montpellier.......	Montpellier, Agde, Narbonne, Béziers, Saint-Pons, Lodève, Uzès, Nîmes, Alais.

Généralités.	*Recettes particulières et diocésaines.*
Aix	Aix, Arles, Marseille, Toulon, Fréjus, Grasse, Vence, Glandève, Sisteron, Digne, Senez, Riez, Apte.
Grenoble	Grenoble, Vienne, Valence, Die, Embrun, Gap, Saint-Paul-Trois-Châteaux.
Lyon	Le Puy, Mende, Viviers.
Riom	Clermont, Saint-Flour, Limoges, Tulle.
Châlons	Châlons, Reims, Laon, Troyes, Langres.
Amiens	Amiens, Boulogne, Noyon.
Dijon	Autun, Auxerre, Châlon, Mâcon.

5. *Ressort des chambres des comptes.*

Chambres.	*Pays de leur ressort.*
Paris	Généralités de Paris, Soissons, Amiens, Orléans, Châlons, Bourges, Moulins, Poitiers, Limoges, Riom, Lyon, Bordeaux, Montauban, La Rochelle, Tours.
Dijon	Charolais, Autunois, Auxois, Auxerrois, Dijonnais, Châlonais, Bresse, Mâconnais, Bar-sur-Seine.
Rouen	Normandie.
Grenoble	Dauphiné.
Nantes	Bretagne.
Aix	Provence.
Dôle	Franche-Comté.
Blois	Comté de Soissons, de Dunois, marquisats de Vastan, de Valençay et de Château-Renard; Blaisois, Orléanais, Sologne, partie de la Touraine.
Montpellier	Languedoc, Roussillon.
Pau	(Réunie au parlement de Pau.) Béarn et Navarre.

6. *Ressort des cours des aides.*

Cours.	*Pays de leur ressort.*
Paris	Picardie, Champagne, Ile-de-France, Perche, Beauce, Maine, Touraine, Sologne, Berry, Nivernais, Anjou, Poitou, Aunis, Rochelois, Angoumois, Marche, Bourbonnais, Mâconnais, Forez, Beaujolais, Lyonnais, Saintonge, élection de Cognac, Saint-Jean-d'Angely et les Sables-d'Olonne.
Montpellier	Languedoc, Rouergue, Quercy, Guyenne (réunie en 1629 à la cour des comptes de Montpellier).
Rouen	Normandie (réunie à la cour des comtes de Rouen en 1705).
Clermont-Ferrand.	Auvergne, élection de Gannat, de Limoges, de Tulle, Brives et de Guéret.
Pau	(Réunie en 1633 au parlement de Pau).
Bordeaux	Guyenne, Gascogne, Limosin, Périgord, Saintonge.
Grenoble	Dauphiné (réunie au parlement de Grenoble en 1658).

Cours.	Pays du ressort.
Montauban.......	Élections de Cahors, Figeac, Ville-Franche, Rodez, Milhau, Lomagne, Armagnac, Astarac, Comminges.
Aix..............	Réunie à la cour des comptes d'Aix.
Agen.............	Réunie à la cour des aides de Bordeaux.
Lyon.............	Créée en 1636, supprimée en 1637.
Caen.............	Réunie à celle de Rouen en 1641.

§ 6. DIVERSES DIVISIONS ADMINISTRATIVES.

1. *Départements des ponts et chaussées en 1789.*

Départements.	Routes qu'ils comprenaient.
Compiègne........	Route de Flandre, de Picardie, d'Allemagne, de Soissons, et les embranchements d'icelles.
Versailles.........	Route de Bretagne, de Normandie, d'Orléans, et les embranchements d'icelles.
Fontainebleau....	Route de Lyon, de Bourgogne, de Champagne, et les embranchements d'icelles.

2. *Inspections des ponts et chaussées en 1843.*

Nos.	Chefs-lieux.	Départements du ressort.
1.	*Paris*.........	Seine-Inférieure, Eure, Seine-et-Oise, Seine, Seine-et-Marne, Aube.
2.	*Amiens*........	Aisne, Ardennes, Nord, Pas-de-Calais, Somme, Oise, Marne.
3.	*Nancy*.........	Haut et Bas-Rhin, Vosges, Meuse, Meurthe, Moselle, Haute-Marne.
4.	*Dijon*.........	Yonne, Cher, Nièvre, Côte-d'Or, Haute-Saône, Doubs, Jura.
5.	*Lyon*..........	Allier, Saône-et-Loire, Ain, Isère, Rhône, Loire, Haute-Loire.
6.	*Avignon*.......	Ardèche, Drôme, Hautes-Alpes, Vaucluse, Bouches-du-Rhône, Var, Corse.
7.	*Toulouse*......	Gard, Hérault, Tarn, Tarn-et-Garonne, Haute-Garonne, Ariége, Aude, Pyrénées-Orientales.
8.	*Bordeaux*.....	Gironde, Landes, Basses-Pyrénées, Hautes-Pyrénées, Gers, Lot-et-Garonne, Dordogne.
9.	*Tours*.........	Charente-Inférieure, Charente, Vendée, Deux-Sèvres, Vienne, Indre-et-Loire, Indre.
10.	*Rennes*........	Mayenne, Maine-et-Loire, Loire-Inférieure, Morbihan, Finistère, Côtes-du-Nord, Ille-et-Vilaine.
11.	*Alençon*.......	Manche, Calvados, Orne, Sarthe, Eure-et-Loir, Loir-et-Cher, Loiret.
12.	*Clermont*......	Puy-de-Dôme, Creuse, Haute-Vienne, Corrèze, Lot, Aveyron, Lozère, Cantal.

3. *Grandes maîtrises des eaux et forêts.*

	Grandes maîtrises.	*Maîtrises et grueries.*
1.	Généralité de Paris	12
2.	Généralité de Soissons	12
3.	Généralités de Picardie, Amiens, Artois et Flandre	10
4.	Généralité de Hainaut et Cambrésis	3
5.	Généralité de Châlons-sur-Marne	8
6.	Généralité de Metz	7
7.	Généralités de Bourgogne, Franche-Comté et Alsace	15
8.	Généralités du Lyonnais, Dauphiné, Provence, Auvergne	9
9.	Généralités de Toulouse, Montpellier, Roussillon	9
10.	Généralités de Bordeaux, Auch, Pau et Montauban	12
11.	Généralités de Poitou, Aunis, Saintonge, Angoumois, Limousin, Marche, Bourbonnais et Nivernais	16
12.	Généralités de Touraine, Anjou et Maine	10
13.	Généralité de Bretagne	9
14.	Généralité de Rouen	7
15.	Généralité de Caen	4
16.	Généralité d'Alençon et du Perche	7
17.	Généralités du Berry, Blaisois et Vendômois	12
18.	Généralités de Lorraine et Barrois	16
19.	Généralités d'Orléans, Beaugency et Montargis	3
20.	Ile de Corse.	

Maîtrises particulières des eaux et forêts.

de Paris.......... { Ressort du Châtelet, bailliages d'Étampes, de la Ferté-Aleps, de Brie-comte-Robert, de Corbeil.

de Saint-Germain.

4. *Arrondissements forestiers en 1843.*

Nos.	*Chefs-lieux.*	*Départements.*
1.	*Paris*	Eure-et-Loir, Loiret, Oise, Seine, Seine-et-Oise, Seine-et-Marne.
2.	*Rouen*	Eure, Seine-Inférieure.
3.	*Dijon*	Côte-d'Or.
4.	*Nancy*	Meurthe.
5.	*Strasbourg*	Bas-Rhin.
6.	*Colmar*	Haut-Rhin.
7.	*Douai*	Aisne, Nord, Pas-de-Calais, Somme.
8.	*Troyes*	Aube, Yonne.
9.	*Épinal*	Vosges.
10.	*Châlons*	Ardennes, Marne.
11.	*Metz*	Moselle.
12.	*Besançon*	Doubs.
13.	*Lons-le-Saunier*	Jura.
14.	*Grenoble*	Hautes-Alpes, Drôme, Isère.

Nos.	Chefs-lieux.	Départements.
15.	*Alençon*	Calvados, Manche, Mayenne, Orne, Sarthe.
16.	*Bar-le-Duc*.....	Meuse.
17.	*Chaumont*.....	Haute-Marne.
18.	*Vesoul*........	Haute-Saône.
19.	*Mâcon*........	Ain, Rhône, Saône-et-Loire.
20.	*Toulouse*......	Ariége, Aude, Haute-Garonne, Pyrénées-Orientales.
21.	*Tours*.........	Indre, Indre-et-Loire, Cher, Maine-et-Loire.
22.	*Bourges*.......	Cher, Nièvre.
23.	*Moulins*.......	Allier, Creuse, Loire, Puy-de-Dôme.
24.	*Pau*...........	Gers, Basses-Pyrénées, Hautes-Pyrénées.
25.	*Rennes*........	Côtes-du-Nord, Finistère, Ille-et-Vilaine, Loire-Inférieure, Morbihan.
26.	*Niort*.........	Charente, Charente-Inférieure, Deux-Sèvres, Vendée, Vienne.
27.	*Alby*..........	Aveyron, Lot, Tarn, Tarn-et-Garonne.
28.	*Aix*...........	Basses-Alpes, Bouches-du-Rhône, Var, Vaucluse.
29.	*Nîmes*.........	Ardèche, Gard, Hérault, Lozère.
30.	*Aurillac*.......	Cantal, Corrèze, Haute-Loire, Haute-Vienne.
31.	*Bordeaux*.....	Dordogne, Gironde, Landes, Lot-et-Garonne.
32.	*Ajaccio*........	Corse.

5. *Inspections générales des mines en 1843.*

Inspections.	Départements qui composent chaque inspection.
1. *Nord-ouest*....	Calvados, Manche, Orne, Mayenne, Sarthe, Côtes-du-Nord, Finistère, Morbihan, Ille-et-Vilaine, Loire-Inférieure, Maine-et-Loire.
2. *Nord*..........	Seine-Inférieure, Eure, Eure-et-Loir, Seine-et-Oise, Seine, Seine-et-Marne, Nord, Pas-de-Calais, Somme, Aisne, Oise.
3. *Nord-est*......	Ardennes, Meuse, Marne, Aube, Meurthe, Moselle, Bas-Rhin, Vosges, Haut-Rhin.
4. *Ouest*.........	Creuse, Corrèze, Haute-Vienne, Charente, Dordogne, Charente-Inférieure, Vendée, Deux-Sèvres, Vienne, Indre-et-Loire, Loir-et-Cher, Indre.
5. *Centre*........	Loire, Rhône, Allier, Puy-de-Dôme, Haute-Loire, Cher, Nièvre, Loiret, Yonne.
6. *Est*...........	Haute-Saône, Haute-Marne, Côte-d'Or, Saône-et-Loire, Doubs, Jura, Ain.
7. *Sud-ouest*.....	Cantal, Lot, Aveyron, Tarn-et-Garonne, Tarn, Haute-Garonne, Ariége, Gironde, Lot-et-Garonne, Landes, Basses-Pyrénées, Gers, Hautes-Pyrénées.
8. *Sud-est*........	Isère, Hautes-Alpes, Drôme, Vaucluse, Basses-Alpes, Bouches-du-Rhône, Var, Ardèche, Lozère, Gard, Hérault, Corse, Aude, Pyrénées-Orientales.

§ 7. DIVISIONS GÉOGRAPHIQUES.

1. *Division de la France en douze nations ou en douze gouvernements des états généraux.*

(En usage aux 16e et 17e siècles jusqu'en 1614 inclusivement.)

1. *Picardie.*
2. *Normandie.*
3. *Ile-de-France* et *Brie.*
4. *Champagne.*
5. *Bretagne.*
6. *Orléanais*....
   - *Deçà la Loire*..
     - Maine.
     - Beauce.
   - *Dessus la Loire*.
     - Nivernais.
     - Orléanais.
     - Blaisois.
     - Touraine.
     - Anjou.
   - *Delà la Loire*..
     - Poitou.
     - Aunis.
     - Augoumois.
     - Berry.
7. *Bourgogne* et *Bresse.*
8. *Lyonnais*......
   - Lyonnais..
     - Lyonnais.
     - Forez.
   - Auvergne..
     - Bourbonnais.
     - Auvergne.
     - Marche.
9. *Guyenne*......
   - Guyenne.
   - Saintonge.
   - Limosin.
   - Gascogne.
   - Navarre.
   - Béarn.
10. *Languedoc.*
11. *Dauphiné* et *Pignerol.*
12. *Provence.*

2. *Tableau des provinces et des pays.*

FLANDRE.

Flandre teutone ou *flamingante*.. Dunkerque.
Flandre wallone................ Lille, Douay, Orchies.
Hainaut français.............. Valenciennes.
Cambrésis...................... Cambrai.

ARTOIS.

Artois wallon	Arras, Hesdin, Bapaume, Saint-Pol.
Artois flamingant	Saint-Omer, Aire, Béthune.

PICARDIE.

HAUTE.	*Amiénois*	Amiens.
	Santerre	Péronne.
	Vermandois	S.-Quentin.
	Thiérache	Guise.
	Laonnois	Laon.
	Noyonnois	Noyon.
	Beauvaisis	Beauvais.
	Soissonnais	Soissons.
BASSE.	*Pays reconquis*	Calais.
	Ponthieu	Abbeville.
	Vimeux	S.-Valery.
	Boulonnais	Boulogne.

ILE-DE-FRANCE.

Vexin français		Pontoise.
Valois		Crépy.
La France	*Goelle* ou *Goubelle*	Dammartin.
	France proprement dite	Saint-Denis.
	Parisis	Paris.
Mantois		Mantes.
Hurepoix		Dourdan.
Gâtinais français		Nemours.
Brie française		Brie-comte-Robert.

CHAMPAGNE.

La Brie	*Haute Brie* ou *Multien*	Meaux.
	Basse Brie	Provins.
	Brie Pouilleuse	Château-Thierry.
Haute Champagne.	*Rethelois*	Rethel.
	Argonne	Sainte-Menehould.
	Rémois	Reims.
	Châlonais	Châlons.
	Perthois	Vitry-le-François.
	Principauté de Sedan	Sedan.
Basse Champagne.	*Champagne propre*	Troyes.
	Sénonais	Sens.
	Vallage	Vassi.
	Bassigny	Langres.

NORMANDIE

HAUTE	*Rouennais.* *Caux*	Dieppe.
	Rouennais. *Roumois*	Rouen.
	Vexin normand	Gisors.
	Pays de Bray	Neufchâtel.
	Pays d'Ouche	Évreux.
	Lieuvin	Lisieux.

BASSE	*Pays d'Auge*	Pont-l'Évêque.
	Bessin. *Haut Bessin* ou *campagne de Caen.*	Caen.
	Bessin. *Bas Bessin*	Bayeux.
	Cotentin	Coutances.
	Avranchin	Avranches.
	Le Bocage	Vire.
	Les Marches	Argentan.
	Pays d'Houlme	Domfront.

BRETAGNE

BASSE	Diocèse de Vannes.
	— de Quimper.
	— de Saint-Pol de Léon.
	— de Tréguier.
HAUTE	Diocèse de Nantes.
	Duché de Coislin.
	Duché de Retz.
	Diocèse de Rennes.
	— de Saint-Malo.
	— de Dol.
	— de Saint-Brieuc.

ALSACE.

Basse Alsace	Strasbourg.
Haute Alsace	Colmar.
Sundgau	Béfort.

LORRAINE.

Évêché de Metz (pays Messin)	Metz.
— *de Toul (Toulois)*	Toul.
— *de Verdun (Verdunois)*	Verdun.
Lorraine	Nancy.
Barrois	Bar-le-Duc.
Luxembourg français	Montmédy.
Duché de Carignan	Yvoi Carignan.
Lorraine allemande	Sarrelouis.
Duché de Bouillon	Bouillon.

BOURBONNAIS

HAUT	Moulins.
BAS	Bourbon-l'Archambault ou Montluçon.

NIVERNAIS.

Nivernais	Nevers.
Morvan	Château-Chinon.
Donziois	Donzy.

LYONNAIS.

Lyonnais	Lyon.
Beaujolais	Villefranche.
Forez	Montbrison.

AUVERGNE

BASSE.............	*Limagne.............*	Clermont.
	Dauphiné d'Auvergne..	Vodable.
	Combrailles..........	Évaux.
HAUTE....................................		Saint-Flour.

LIMOSIN

HAUT....................................	Limoges.
BAS....................................	Tulle.
Pays de Turenne....................	Turenne.

MARCHE

HAUTE....................................	Guéret.
BASSE....................................	Bellac.

BERRY

HAUT....................................	Bourges.
BAS....................................	Issoudun.

ORLÉANAIS.

Beauce...........	*Pays Chartrain.......*	Chartres.
	Dunois..............	Châteaudun.
	Vendômois...........	Vendôme.
Blaisois............................		Blois.
Sologne............................		Romorantin.
Orléanais............................		Orléans.
Gâtinais orléanais....................		Montargis.

TOURAINE.

HAUTE....................................	Tours.
BASSE....................................	Amboise.

SAINTONGE.

HAUTE....................................	Saintes.
BASSE....................................	Saint-Jean d'Angely.

AUNIS.

La Rochelle.

POITOU.

HAUT....................................	Poitiers.
BAS....................................	Fontenay-le-Comte.

ANJOU.

Haut Anjou.........................	Angers.
Bas Anjou ou *Saumurois*.............	Saumur.

MAINE.

Haut Maine................................		Mayenne.
Bas Maine................................		Le Mans.
Perche...........	*Le Grand ou le Haut-Perche*.....	Mortagne.
	Le Petit Perche ou le Perchet.....	Champrond.
	Le Bas Perche ou le Perche Gouet.	Montmirail.
	Les terres françaises.	
	Les terres démembrées.	
	Thimerais....................	Châteauneuf.

BOURGOGNE.

	Auxerrois	Auxerre.
	Pays de la Montagne	Châtillon-sur-Seine.
	Auxois	Semur.
	Dijonnais	Dijon.
	Autunois	Autun.
	Châlonais	Châlon.
	Briennois	Semur.
	Charollais	Charolles.
	Mâconnais	Mâcon.
Bresse	*Bresse*	Bourg.
	Bresse châlonaise	Louhans.
	Bugey	Belley.
	Valromey.	
	Val-Bonne	Montluel.
	Principauté de Dombes.	Trévoux.
	Pays de Gex	Gex.

FRANCHE-COMTÉ.

Bailliage d'*Amont*	Vesoul.
— de *Besançon*	Besançon.
— du *Milieu*	Dôle.
— d'*Aval*	Salins.

DAUPHINÉ

HAUT	*Graisivaudan*	Grenoble.
	Royanez	Pont de Royan.
	Briançonnais	Briançon.
	Embrunois	Embrun.
	Gapençois	Gap.
	Rozanois	Rozans.
	Les Baronnies	Le Buyz.
BAS	*Viennois*	Vienne.
	Valentinois	Valence.
	Tricastin	Saint-Paul.
	Diois	Die.

PROVENCE

HAUTE	Diocèse de	Apt.
	—	Sisteron.
	—	Digne.
	—	Senez.
	—	Riez.
	—	Glandève.
BASSE	Diocèse de	Arles.
	—	Aix.
	—	Marseille.
	—	Toulon.
	—	Fréjus.
	—	Grasse.
	—	Vence.
Principauté d'Orange		Orange.

COMTÉ DE FOIX.

Pays	Chef-lieu
Comté de Foix	Foix.
Terres de Donezan	Quérigut.
Pays de Sault	Pamiers.
République d'Andorre	Andorre.

LANGUEDOC

Division	Pays		Chef-lieu
HAUT	*Toulousan*		Toulouse.
	Albigeois		Albi.
	Lauraguais	*haut*	Saint-Papoul.
		bas	Lavaur.
BAS	Quartier de *Narbonne*.		
	— de *Béziers*.		
	— de *Nîmes*.		
CÉVENNES	*Gévaudan*		Mende.
	Velay		Le Puy.
	Vivarais	*haut*	Annonay.
		bas	Viviers.

ROUSSILLON.

Division	Pays	Chef-lieu
Comté de Roussillon.	*Viguerie de Perpignan*	Perpignan.
	Sous-viguerie de Valespir.	Collioure.
Comté de Conflans.	*Viguerie de Conflans*	Ville-Franche.
	Sous-viguerie de Capsir	Puy-Valador.
	Cerdagne	Puycerda.

GUYENNE.

Division	Pays	Chef-lieu
Guyenne propre	*Bordelais*	Bordeaux.
	Landes de Bordeanx.	
	Pays de Buch	Tête-de-Buch.
	Pays de Born	Parentès.
	Pays de Morantin.	
	Bénanges.	
	Cusagnès.	
	Pays entre deux mers.	
	Vitresay.	
	Médoc	Lesparre.
	Flandre de Médoc.	
	Pays de Libourne	Libourne.
	Fronsadois.	
	Le Bourgès.	
	Blayois	Blaye.
Bazadois		Bazas.
Périgord	*haut*	Périgueux.
	bas	Sarlat.
Agénois		Agen.
Quercy	*haut*	Cahors.
	bas	Montauban.
Rouergue	*Rouergue*	Rodez.
	Basse Marche	Villefranche.
	Haute Marche	Milhau.

GASCOGNE.

Landes	*Les grandes Landes*		Castets.
	Les petites Landes	*Le Marsan*	Mont-de-Marsan.
		Partie de l'Albret.	
		Partie du Bazadois.	
	Les Landes propres	*Vicomté d'Orthe*	
		Chalosse	Saint-Sever.
		Auribat	Tartas.
		Tursan	Aire.
	Seignans		Saint-Martin.
	Pays des Marennes		Cap Breton.
	Marensin		Magesc.
Duché d'Albret			Nérac.
Condomois			Condom.
Armagnac	*haut*	*Quatre-Vallées*	Castelnau.
		Lomagne	Lectourne.
		Rivière de Verdun	Verdun.
	bas	*Magnoac.*	
		Astarac.	
		Fesenzac	Vic-Fesenzac.
		Fesenzaguet	Mauvesin.
Nébouzan			Saint-Gaudens.
Bigorre	*Les montagnes*		Tarbes.
	La plaine		
	Le Rustan		
Comminges	*haut*		Saint-Bertrand.
	bas		Lombez.
Conserans			Saint-Lizier.
Gabardan			Gabaret.
Pays des Basques	*Labourd*		Bayonne.
	Soule		Mauléon.

BÉARN.

Béarn	Pau.
Basse Navarre	Saint-Jean Pied-de-Port.

§ 8. LES DÉPARTEMENTS.

1° L'assemblée constituante voulant fondre en une seule nationalité les diverses nationalités locales, et voulant établir l'ordre et l'unité dans l'administration de la France, supprima toutes les divisions géographiques et administratives existantes, et les remplaça par une nouvelle division, celle des départements. Les auteurs du projet de loi, Sieyès et Touret, avaient partagé la France en quatre-vingt-un carrés, dont les noms étaient empruntés aux accidents géographiques, qui ne rappelaient aucun souvenir historique, aucune tradition nationale, et qui ne correspondaient point aux anciennes provinces. La réforme ne put être aussi radicale. Les quatre-vingt-un carrés étaient impossibles, parce qu'il fallait que le chef-lieu occupât une position centrale ; enfin les décrets du 15 janvier, des 16 et 26 février 1790 furent promulgués le 4 mars 1790 par Louis XVI. Par ces décrets, la France était divisée en quatre-vingt-trois départements. Ces nouvelles circonscriptions étaient purement administratives, et pouvaient servir à tous les services publics, administration, justice, culte, etc. Deux, trois, quatre départements forment un diocèse, un de ceux-ci et deux autres forment une division militaire; mais l'unité de division est toujours la même : tandis que, dans l'ancienne France, chaque administration a ses divisions particulières qui ont leurs limites spéciales. Les départements devaient être partagées en districts. La loi du 4 mars ne fixait pas tous les chefs-lieux des départements; elle laissait le choix de la capitale aux électeurs du département; quelquefois elle détermine plusieurs chefs-lieux, dans lesquels alterneront les assemblées des électeurs, alors principales autorités.

Nous avons donné la liste des départements formés des pays conquis pendant la république et l'empire; nous ne la reproduirons pas ici; nous nous contenterons seulement d'indiquer quelles sont les modifications apportées à la loi du 4 mars.

1° Le comtat Venaissin avait été réuni à la France le 14 septembre 1791, et avait d'abord fait partie du département des Bouches-du-Rhône ; mais par décret du 25 septembre (promulgué le 2 octobre) 1791, il forma un département appelé de Vaucluse.

2° Le Lyonnais n'avait d'abord formé qu'un seul département, celui de Rhône-et-Loire; il en forma deux, celui du Rhône et celui de la Loire, par le décret du 29 brumaire an II (19 novembre 1793).

3° La Corse fut partagée en deux départements, du Golo et

du Liamone, par décret du 11 août 1793; et les deux départements n'en formèrent plus qu'un seul, la Corse, par décret du 11 avril 1811.

4° En 1808, Napoléon créa un nouveau département, celui du Tarn-et-Garonne, par décret du 21 novembre. Ce département fut formé de divers cantons des départements du Lot, de la Haute-Garonne, du Lot-et-Garonne, du Gers et de l'Ariége.

Ce n'est qu'en 1800 (1) que l'organisation des départements fut complétée. Les départements administrés jusqu'alors par des directoires ou conseils, ainsi que les districts, furent dorénavant gouvernés par des préfets et des sous-préfets. L'établissement des préfectures créait de nouvelles divisions, la sous-préfecture, le canton et la commune, simplifiait l'administration, constituait la plus puissante unité, et complétait ainsi l'œuvre de la Constituante.

2. *Tableau des provinces avec les départements correspondants établis par les décrets des* 15 *janvier*, 16 *et* 26 *février* 1790 (*promulgués le* 4 *mars* 1790.)

Provinces.	*Capitales.*	*Départements.*
FLANDRE	*Lille*	Nord.
ARTOIS	*Arras*	Pas-de-Calais.
PICARDIE	*Amiens*	Somme.
NORMANDIE	*Rouen*	Eure. Seine-Inférieure. Orne. Calvados. Manche.
ILE-DE-FRANCE	*Paris*	Aisne. Oise. Seine-et-Marne. Seine. Seine-et-Oise.
CHAMPAGNE	*Troyes*	Ardennes. Haute-Marne. Aube. Marne.

(1) Lois du 22 frimaire an VIII (13 déc. 1799). — Du 28 pluviôse an VIII (17 février 1800). — Du 17 ventôse an VIII (8 mars 1800.)

Provinces.	Capitales.	Départements.
LORRAINE	*Metz*	Meuse. Moselle. Meurthe. Vosges.
ALSACE	*Strasbourg*	Haut-Rhin. Bas-Rhin.
BRETAGNE	*Rennes*	Ille-et-Vilaine. Côtes-du-Nord. Finistère. Morbihan. Loire-Inférieure.
MAINE	*Le Mans*	Mayenne. Sarthe.
ANJOU	*Angers*	Maine-et-Loire.
TOURAINE	*Tours*	Indre-et-Loire.
ORLÉANAIS	*Orléans*	Eure-et-Loir. Loiret. Loir-et-Cher.
BERRY	*Bourges*	Cher. Indre.
NIVERNAIS	*Nevers*	Nièvre.
BOURGOGNE	*Dijon*	Ain. Saône-et-Loire. Côte-d'Or. Yonne.
BOURBONNAIS	*Moulins*	Allier.
FRANCHE-COMTÉ	*Besançon*	Haute-Saône. Doubs. Jura.
POITOU	*Poitiers*	Vendée. Deux-Sèvres. Vienne.
AUNIS	*La Rochelle*	Charente-Inférieure.
SAINTONGE	*Saintes*	
ANGOUMOIS	*Angoulême*	Charente.
MARCHE	*Guéret*	Creuse.
LIMOSIN	*Limoges*	Haute-Vienne. Corrèze.
AUVERGNE	*Clermont*	Puy-de-Dôme. Cantal.
LYONNAIS	*Lyon*	Rhône-et-Loire.
GUYENNE	*Bordeaux*	Dordogne. Gironde. Landes. Hautes-Pyrénées. Gers. Lot-et-Garonne. Lot. Aveyron.

Provinces.	Capitales.	Départements.
Béarn	*Pau*	Basses-Pyrénées.
Comté de Foix	*Foix*	Ariége.
Roussillon	*Perpignan*	Pyrénées-Orientales.
Languedoc	*Toulouse*	Haute-Garonne. Tarn. Aude. Hérault. Gard. Lozère. Ardèche. Haute-Loire.
Dauphiné	*Grenoble*	Isère. Drôme. Hautes-Alpes.
Provence	*Aix.*	Bouches-du-Rhône. Basses-Alpes. Var.
Corse	*Ajaccio.*	Corse.

3. *Tableau des départements avec les chefs-lieux de préfectures et de sous-préfectures d'après la loi du 28 pluviôse an* VIII.

Départements.	Sous-préfectures (1).
Ain	*Bourg.* Nantua. Belley. Trévoux.
Aisne	Château-Thierry. Soissons. *Laon.* Saint-Quentin. Vervins.
Allier	Mont-Luçon. *Moulins.* Gannat. La Palisse.
Alpes (Basses)	Barcelonnette. Castellane. *Digne.* Sisteron. Forcalquier.
Alpes (Hautes)	Briançon. Embrun. *Gap.*
Alpes maritimes	*Nice.* Monaco. Puget Thenières.
Ardèche	Tournon. *Privas.* L'Argentière.
Ardennes	Rocroy. *Charleville.* Sedan. Rethel. Vouziers.
Ariége	Pamiers. Saint-Girons. *Foix.*
Aube	Arcis-sur-Aube. Nogent-sur-Seine. *Troyes.* Bar-sur-Aube. Bar-sur-Seine.
Aude	Castelnaudary. *Carcassonne.* Narbonne. Limoux.
Aveyron	Espalion. Milhau. Saint-Afrique. *Rhodez.* Villefranche.

(1) Le chef-lieu du département est en italique.

Départements.	*Sous-préfectures.*
BOUCH.-DU-RHONE.	*Marseille.*
	Aix.
	Tarascon.
CALVADOS.......	Bayeux.
	Caen.
	Pont-l'Évêque.
	Lisieux.
	Falaise.
	Vire.
CANTAL.........	Mauriac.
	Murat.
	Saint-Flour.
	Aurillac.
CHARENTE......	Ruffec.
	Confolens.
	Angoulême.
	Barbezieux.
	Cognac.
CHARENTE-INFÉR.	La Rochelle.
	Rochefort.
	St-Jean-d'Angely.
	Saintes.
	Jonzac.
	Marennes.
CHER..........	Sancerre.
	Bourges.
	Saint-Amand.
CORRÈZE.......	Ussel.
	Tulle.
	Brives.
CÔTE-D'OR.....	Châtillon.
	Semur.
	Dijon.
	Beaune.
COTES-DU-NORD..	Lannion.
	Saint-Brieuc.
	Dinan.
	Loudéac.
	Guingamp.
CREUSE.........	*Guéret.*
	Boussac.
	Aubusson.
	Bourganeuf.
DORDOGNE......	Nontron.
	Périgueux.
	Sarlat.
	Bergerac.
	Riberac.

Départements.	*Sous-préfectures.*
DOUBS.........	*Besançon.*
	Beaume.
	Saint-Hippolyte.
	Pontarlier.
DRÔME.........	*Valence.*
	Die.
	Nyons.
	Montélimart.
DYLE..........	*Bruxelles.*
	Louvain.
	Nivelle.
ESCAUT........	*Gand.*
	Oudenarde.
	Dendermonde.
	Le Sas-de-Gand.
EURE..........	Pont-Audemer.
	Louviers.
	Les Andelys.
	Évreux.
	Bernay.
EURE-ET-LOIR....	Nogent.
	Chartres.
	Châteaudun.
	Dreux.
FINISTÈRE......	Brest.
	Morlaix.
	Châteaulin.
	Quimper.
	Quimperlé.
FORÊTS........	Neufchâteau.
	Luxembourg.
	Bitbourg.
	Dieckirch.
GARD..........	Alais.
	Uzès.
	Nîmes.
	Le Vigan.
GARONNE (HAUTE-).	Castel-Sarrasin.
	Toulouse.
	Villefranche.
	Muret.
	Saint-Gaudens.
GERS..........	Condom.
	Lectoure.
	Auch.
	Lombez.
	Mirande.

Départements.	*Sous-préfectures.*
GIRONDE	Blaye. Libourne. La Réole. Bazas. *Bordeaux.* Lesparre.
GOLO	*Bastia.* Calvi. Corté.
HÉRAULT	Lodève. *Montpellier.* Béziers. Saint-Pons.
ILLE-ET-VILAINE	Saint-Malo. Fougères. Vitré. Bain. Montfort. *Rennes.*
INDRE	Issoudun. *Châteauroux.* La Châtre Le Blanc.
INDRE-ET-LOIRE	*Tours.* Loches. Chinon.
ISÈRE	Vienne. La Tour-du-Pin. *Grenoble.* Saint-Marcellin.
JEMMAPES	Tournay. *Mons.* Charleroy.
JURA	Dôle. Poligny. *Lons-le-Saulnier.* Saint-Claude.
LANDES	*Mont-de-Marsan.* Saint-Sever. Dax.
LÉMAN	*Genève.* Thonon. Bonneville.
LIAMONE	Vico. *Ajaccio.* Sartène.
LOIR-ET-CHER	Vendôme. *Blois.* Romorantin.
LOIRE	Roanne. *Montbrison.* Saint-Etienne.
LOIRE (HAUTE-)	Brioude. *Le Puy.* Yssengeaux.
LOIRE-INFÉRIEURE	Savenay. Châteaubriant. Ancenis. *Nantes.* Paimbœuf.
LOIRET	Pithiviers. Montargis. Gien. *Orléans.*
LOT	Montauban. Figeac. Gourdon. *Cahors.*
LOT-ET-GARONNE	*Agen.* Marmande. Nérac. Villeneuve-d'Agen.
LOZÈRE	Marvejols. *Mende.* Florac.
LYS	*Bruges.* Furnes. Ypres. Courtray.
MAINE-ET-LOIRE	Segré. Baugé. Saumur. Beaupréau. *Angers.*
MANCHE	Valognes. *Saint-Lô.* Mortain. Avranches. Coutances.
MARNE	Reims. Sainte-Menehould. Vitry-le-François. *Châlons.* Épernay.
MARNE (HAUTE-)	Vassy. *Chaumont.* Langres.

Départements.	*Sous-préfectures.*
MAYENNE	Mayenne. *Laval.* Château-Gontier.
MEURTHE	Toul. *Nancy.* Château-Salins. Sarrebourg. Lunéville.
MEUSE	*Bar-sur-Ornain.* Commercy. Montmédy. Verdun.
MEUSE-INFÉR.	*Maestricht.* Hasselt. Ruremonde.
MONT-BLANC	*Chambéry.* Annecy. Moutiers. Saint-Jean-de-Maurienne.
MORBIHAN	Pontivy. Ploërmel. Lorient. *Vannes.*
MOSELLE	Briey. Thionville. *Metz.* Sarreguemines.
NÈTHES (DEUX-).	*Anvers.* Turnhout. Malines.
NIÈVRE	Cosne. Clamecy. *Nevers.* Moulins Engilbert.
NORD	Bergues. Hazebrouck. Lille. Cambray. Avesnes. *Douay.*
OISE	*Beauvais.* Clermont. Compiègne. Senlis.
ORNE	Domfront. Argentan. *Alençon.* Mortagne.
OURTHE	*Liége.* Malmédy. Huy.
PAS-DE-CALAIS	Boulogne. Saint-Omer. Béthune. *Arras.* Saint-Pol. Montreuil.
PUY-DE-DÔME	Riom. Thiers. Ambert. *Clermont.* Issoire.
PYRÉNÉES (BASSES-).	*Pau.* Oléron. Mauléon. Bayonne. Orthez.
PYRÉNÉES (HAUTES-).	*Tarbes.* Bagnères. Argelès.
PYRÉNÉES-ORIENT.	*Perpignan.* Céret. Prades.
RHIN (BAS-)	Weissembourg. Saverne. *Strasbourg.* Barr.
RHIN (HAUT-)	*Colmar.* Altkirch. Delemont. Porentruy. Béfort.
RHÔNE	Villefranche. *Lyon.*
SAMBRE-ET-MEUSE.	*Namur.* Dinant. Marche. Saint-Hubert.
SAÔNE (HAUTE-).	Gray. *Vesoul.* Lure.
SAÔNE-ET-LOIRE	Autun. Charolles. Châlons. Louhans. *Mâcon.*

Départements.	*Sous-préfectures.*
SARTHE	Mamers.
	Saint-Calais.
	La Flèche.
	Le Mans.
SEINE	Saint-Denis.
	Sceaux.
	Paris.
SEINE-INFÉRIEURE	Le Havre.
	Yvetot.
	Dieppe.
	Neufchâtel.
	Rouen.
SEINE-ET-MARNE	*Melun.*
	Coulommiers.
	Meaux.
	Fontainebleau.
	Provins.
SEINE-ET-OISE	Mantes.
	Pontoise.
	Versailles.
	Corbeil.
	Étampes.
SÈVRES (DEUX-)	Thouars.
	Parthenay.
	Niort.
	Melle.
SOMME	Abbeville.
	Doulens.
	Péronne.
	Montdidier.
	Amiens.
TARN	Gaillac.
	Alby.
TARN	Castres.
	Lavaur.
VAR	Brignolles.
	Draguignan.
	Grasse.
	Toulon.
VAUCLUSE	Orange.
	Avignon.
	Carpentras.
	Apt.
VENDÉE	Les Sables-d'Olonne.
	Montaigu.
	Fontenay.
VIENNE	Loudun.
	Châtellerault.
	Montmorillon.
	Civray.
	Poitiers.
VIENNE (HAUTE-)	Bellac.
	Limoges.
	Saint-Yrieix.
	Rochechouart.
VOSGES	Neufchâteau.
	Mirecourt.
	Épinal.
	Saint-Dié.
	Remiremont.
YONNE	Sens.
	Joigny.
	Auxerre.
	Tonnerre.
	Avallon.

4. *Tableau des départements depuis* 1815.

1. AIN. — Chef-lieu, *Bourg.* Sous-préfectures : Belley, Bourg, Gex, Nantua, Trévoux.

2. AISNE. — Chef-lieu, *Laon.* Sous-préfectures : Château-Thierry, Laon, Saint-Quentin, Soissons, Vervins.

3. ALLIER. — Chef-lieu, *Moulins.* Sous-préfectures : Gannat, Montluçon, Moulins, La Palisse.

4. BASSES-ALPES. — Chef-lieu, *Digne.* Sous-préfectures : Barcelonnette, Castellane, Digne, Forcalquier, Sisteron.

5. HAUTES-ALPES — Chef-lieu, *Gap.* Sous-préfectures : Briançon, Gap, Embrun.

6. ARDÈCHE. — Chef-lieu, *Privas.* Sous-préfectures : Largentière, Privas, Tournon.

7. ARDENNES. — Chef-lieu, *Mézières.* Sous-préfectures : Mézières, Rethel, Rocroy, Sedan, Vouziers.

8. ARIÉGE. — Chef-lieu, *Foix.*

Sous-préfectures : Foix, Saint-Girons, Pamiers.

9. AUBE. — Chef-lieu, *Troyes*.
Sous-préfectures : Arcis-sur-Aube, Bar-sur-Aube, Bar-sur-Seine, Nogent, Troyes.

10. AUDE. — Chef-lieu, *Carcassonne*.
Sous-préfectures : Carcassonne, Castelnaudary, Limoux, Narbonne.

11. AVEYRON. — Chef-lieu, *Rodez*.
Sous-préfectures : Saint-Afrique, Espalion, Milhau, Rodez, Villefranche.

12. BOUCHES-DU-RHÔNE. — Chef-lieu, *Marseille*.
Sous-préfectures : Aix, Arles, Marseille.

13. CALVADOS. — Chef-lieu, *Caen*.
Sous-préfectures : Bayeux, Caen, Falaise, Lisieux, Pont-l'Évêque, Vire.

14. CANTAL. — Chef-lieu, *Aurillac*.
Sous-préfectures : Aurillac, Saint-Flour, Mauriac, Murat.

15. CHARENTE. — Chef-lien, *Angoulême*.
Sous-préfecture : Angoulême, Barbézieux, Cognac, Confolens, Ruffec.

16. CHARENTE-INFÉRIEURE. — Chef-lieu, *La Rochelle*.
Sous-préfectures : Saint-Jean-d'Angely,. Jonzac, Marennes, Rochefort, La Rochelle, Saintes.

17. CHER. — Chef-lieu, *Bourges*.
Sous-préfectures : Saint-Amand, Bourges, Sancerre.

18. CORRÈZE. — Chef-lieu, *Tulle*.
Sous-préfectures : Brive, Tulle, Ussel.

19. CORSE. — Chef-lieu, *Ajaccio*.
Sous-préfectures : Ajaccio, Bastia, Calvi, Corte, Sartène.

20. CÔTE-D'OR. — Chef-lieu, *Dijon*.
Sous-préfectures : Beaune, Châtillon, Dijon, Semur.

21. CÔTES-DU-NORD. — Chef-lieu, *Saint-Brieuc*.
Sous-préfectures : Saint-Brieuc, Dinan, Guingamp, Lannion, Loudéac.

22. CREUSE. — Chef-lieu, *Guéret*.
Sous-préfectures : Aubusson, Bourganeuf, Boussac, Guéret.

23. DORDOGNE. — Chef-lieu, *Périgueux*.
Sous-préfectures : Bergerac, Nontron, Périgueux, Riberac, Sarlat.

24. DOUBS. — Chef-lieu, *Besançon*.
Sous-préfectures : Baume, Besançon, Montbéliard, Pontarlier.

25. DRÔME. — Chef-lieu, *Valence*.
Sous-préfectures : Die, Montélimart, Nyons, Valence.

26. EURE. — Chef-lieu, *Évreux*.
Sous-préfectures : Andelys, Bernay, Évreux, Louviers, Pont-Audemer.

27. EURE-ET-LOIRE. — Chef-lieu, *Chartres*.
Sous-préfectures : Chartres, Châteaudun, Dreux, Nogent-le-Rotrou.

28. FINISTÈRE. — Chef-lieu, *Quimper*.
Sous-préfectures : Brest, Châteaulin, Morlaix, Quimper, Quimperlé.

29. GARD. — Chef-lieu, *Nîmes*.
Sous-préfectures : Alais, Nîmes, Uzès, Le Vigan.

30. GARONNE (HAUTE-). — Chef-lieu, *Toulouse*.
Sous-préfectures : Muret, Toulouse, Villefranche, Saint-Gaudens.

31. GERS. — Chef-lieu, *Auch*.
Sous-préfectures : Auch, Condom, Lectoure, Lombez, Mirande.

32. GIRONDE. — Chef-lieu, *Bordeaux*.
Sous-préfectures : Bazas, Blaye, Bordeaux, Lesparre, Libourne, La Réole.

33. HÉRAULT. — Chef-lieu, *Montpellier*.
Sous-préfectures : Béziers, Lodève, Montpellier, Saint-Pons.

34. ILLE-ET-VILAINE. — Chef-lieu, *Rennes*.
Sous-préfectures : Fougères, Saint-Malo, Montfort, Redon, Rennes, Vitré.

35. Indre. — Chef-lieu, *Châteauroux*.
Sous-préfectures : Le Blanc, Issoudun, Châteauroux, La Châtre.

36. Indre-et-Loire. — Chef-lieu, *Tours*.
Sous-préfectures : Chinon, Loches, Tours.

37. Isère. — Chef-lieu, *Grenoble*.
Sous-préfectures : Grenoble, Saint-Marcellin, La Tour-du-Pin, Vienne.

38. Jura. — Chef-lieu, *Lons-le-Saulnier*.
Sous-préfectures : Saint-Claude, Dôle, Lons-le-Saulnier, Poligny.

39. Landes. — Chef-lieu, *Mont-de-Marsan*.
Sous-préfectures : Dax, Mont-de-Marsan, Saint-Sever.

40. Loir-et-Cher. — Chef-lieu, *Blois*.
Sous-préfectures : Blois, Romorantin, Vendôme.

41. Loire. — Chef-lieu, *Montbrison*.
Sous-préfectures : Saint-Étienne, Montbrison, Roanne.

42. Loire (Haute-) — Chef-lieu, *Le Puy*.
Sous-préfectures : Brioude, Le Puy, Yssengeaux.

43. Loire-Inférieure. — Chef-lieu, *Nantes*.
Sous-préfectures : Ancenis, Châteaubriant, Nantes, Paimbœuf, Savenay.

44. Loiret. — Chef-lieu, *Orléans*.
Sous-préfectures : Gien, Montargis, Orléans, Pithiviers.

45. Lot. — Chef-lieu, *Cahors*.
Sous-préfectures : Cahors, Figeac, Gourdon.

46. Lot-et-Garonne. — Chef-lieu, *Agen*.
Sous-préfectures : Agen, Marmande, Nérac, Villeneuve-d'Agen.

47. Lozère. — Chef-lieu, *Mende*.
Sous-préfectures : Florac, Marvejols, Mende.

48. Maine-et-Loire. — Chef-lieu, *Angers*.
Sous-préfectures : Angers, Baugé, Beaupréau, Saumur, Segré.

49. Manche. — Chef-lieu, *Saint-Lô*.
Sous-préfectures : Avranches, Cherbourg, Coutances, Saint-Lô, Mortain, Valognes.

50. Marne. — Chef-lieu, *Châlons*.
Sous-préfectures : Châlons, Épernay, Sainte-Ménéhould, Reims, Vitry-le-François.

51. Haute-Marne. — Chef-lieu, *Chaumont*.
Sous-préfectures : Chaumont, Langres, Vassy.

52. Mayenne. — Chef-lieu, *Laval*.
Sous-préfectures : Château-Gontier, Laval, Mayenne.

53. Meurthe. — Chef-lieu, *Nancy*.
Sous-préfectures : Château-Salins, Lunéville, Nancy, Sarrebourg, Toul.

54. Meuse. — Chef-lieu, *Bar-le-Duc*.
Sous-préfectures : Bar-le-Duc, Commercy, Montmédy, Verdun.

55. Morbihan. — Chef-lieu, *Vannes*.
Sous-préfectures : Lorient, Ploërmel, Pontivy, Vannes.

56. Moselle. — Chef-lieu, *Metz*.
Sous-préfectures : Briey, Metz, Sarreguemines, Thionville.

57. Nièvre. — Chef-lieu, *Nevers*.
Sous-préfectures : Château-Chinon, Clamecy, Cosne, Nevers.

58. Nord. — Chef-lieu, *Lille*.
Sous-préfectures, Avesnes, Cambrai, Douai, Dunkerque, Hazebrouck, Lille, Valenciennes.

59. Oise. — Chef-lieu, *Beauvais*.
Sous-préfectures : Beauvais, Clermont, Compiègne, Senlis.

60. Orne. — Chef-lieu, *Alençon*.
Sous-préfectures : Alençon, Argentan, Domfront, Mortagne.

61. Pas-de-Calais. — Chef-lieu, *Arras*.
Sous-préfectures : Arras, Béthune, Boulogne, Montreuil, Saint-Omer, Saint-Pol.

62. Puy-de-Dôme. — Chef-lien, *Clermont*.

Sous-préfectures : Ambert, Clermont, Issoire, Riom, Thiers.

63. PYRÉNÉES (BASSES-). — Chef-lieu, *Pau*.

Sous-préfectures : Bayonne, Mauléon, Oléron, Orthez, Pau.

64. PYRÉNÉES (HAUTES-). Chef-lieu, *Tarbes*.

Sous-préfectures : Argelez, Bagnères, Tarbes.

65. PYRÉNÉES-ORIENTALES. — Chef-lieu, *Perpignan*.

Sous-préfectures : Céret, Perpignan, Prades.

66. RHIN (BAS-). — Chef-lieu, *Strasbourg*.

Sous-préfectures : Saverne, Schélestadt, Weissembourg.

67. RHIN (HAUT-). — Chef-lieu, *Colmar*.

Sous-préfectures : Allkirch, Béfort, Colmar.

68. RHÔNE. — Chef-lieu, *Lyon*.

Sous-préfectures : Lyon, Villefranche.

69. HAUTE-SAÔNE. — Chef-lieu, *Vesoul*.

Sous-préfectures : Gray, Lure, Vesoul.

70. SAÔNE-ET-LOIRE. — Chef-lieu, *Mâcon*.

Sous-préfectures : Autun, Châlon-sur-Saône, Charolles, Louhans, Mâcon.

71. SARTHE. — Chef-lieu, *Le Mans*.

Sous-préfectures : Saint-Calais, La Flèche, Mamers, Le Mans.

72. SEINE. — Chef-lieu, *Paris*.

Sous-préfectures : Saint-Denis, Sceaux.

73. SEINE-ET-MARNE. — Chef-lieu, *Melun*.

Sous-préfectures : Coulommiers, Fontainebleau, Meaux, Melun, Provins.

74. SEINE-ET-OISE. — Chef-lieu, *Versailles*.

Sous-préfectures : Corbeil, Étampes, Mantes, Pontoise, Rambouillet, Versailles.

75. SEINE-INFÉRIEURE. — Chef-lieu, *Rouen*.

Sous-préfectures : Dieppe, Le Havre, Neufchâtel, Rouen, Yvetot.

76. SÈVRES (DEUX-). — Chef-lieu, *Niort*.

Sous-préfectures : Bressuire, Melle, Niort, Parthenay.

77. SOMME. — Chef-lieu, *Amiens*.

Sous-préfectures : Abbeville, Amiens, Doullens, Montdidier, Péronne.

78. TARN. — Chef-lieu, *Alby*.

Sous-préfectures : Alby, Castres, Gaillac, Lavaur.

79. TARN-ET-GARONNE. — Chef-lieu, *Montauban*.

Sous-préfectures : Castel-Sarrasin, Moissac, Montauban.

80. VAR. — Chef-lieu, *Draguignan*.

Sous-préfectures : Brignolles, Draguignan, Grasse, Toulon.

81. VAUCLUSE. — Chef-lieu, *Avignon*.

Sous-préfectures : Apt, Avignon, Carpentras, Orange.

82. VENDÉE. — Chef-lieu, *Bourbon-Vendée*.

Sous-préfectures : Bourbon-Vendée, Fontenay, Les Sables d'Olonne.

83. VIENNE. — Chef-lieu, *Poitiers*.

Sous-préfectures : Châtellerault, Civray, Loudun, Montmorillon, Poitiers.

84. HAUTE-VIENNE. — Chef-lieu, *Limoges*.

Sous-préfectures : Bellac, Limoges, Rochechouart, Saint-Yrieix.

85. VOSGES. — Chef-lieu, *Épinal*.

Sous-préfectures : Saint-Dié, Épinal, Mirecourt, Neufchâteau, Remiremont.

86. YONNE. — Chef-lieu, *Auxerre*.

Sous-préfectures : Auxerre, Avallon, Joigny, Sens, Tonnerre.

TABLE DES MATIÈRES.

Pages.

CHAPITRE Ier. Géographie physique de la France.................... 3
§ 1. Bornes.................................... ibid.
§ 2. Position.................................... 4
§ 3. Division en deux versants.................................... ibid.
§ 4. Orographie.................................... 5
N° 1 Montagnes qui composent la ligne de partage des eaux..... ibid.
N° 2 Contre-forts de la ligne de partage des eaux.............. 6
§ 5. Division de la France en bassins.................................... 8
§ 6. Description du bassin du Rhin.................................... 9
§ 7. Bassins côtiers de la mer du Nord entre le Rhin et le Pas de Calais. 12
§ 8. Bassins côtiers de la Manche entre le Pas de Calais et la Seine... 14
§ 9. Bassin de la Seine.................................... 15
§ 10. Bassins côtiers de la Manche entre la Seine et l'océan Atlantique (du cap de la Hève au cap Saint-Mathieu).................. 16
§ 11. Bassins côtiers du golfe de Gascogne entre le cap Saint-Mathieu et la Loire.................................... 17
§ 12. Bassin de la Loire.................................... 18
§ 13. Bassins côtiers du golfe de Gascogne entre la Loire et la Garonne. 20
§ 14. Bassin de la Garonne.................................... ibid.
§ 15. Bassins côtiers entre la Gironde et la Bidassoa.................. 21
§ 16. Bassins côtiers de la Méditerranée entre le cap de Cerbera et le Rhône.................................... 22
§ 17. Bassin du Rhône.................................... 23
§ 18. Bassins côtiers de la Méditerranée entre le Rhône et l'Italie..... 25
§ 19. Iles dépendant de la France.................................... 26
CHAPITRE II. La Gaule avant la conquête romaine.................... 27
CHAPITRE III. La Gaule sous la domination des Romains.............. 30
§ 1. Histoire des divisions de la Gaule.................................... ibid.
§ 2. Géographie de la Gaule sous les Romains.................................... 31
CHAPITRE IV. La Gaule sous les Franks.................................... 34
§ 1. La Gaule en 481, à l'avénement de Clovis.................................... ibid.
§ 2. La Gaule à la mort de Clovis, en 511.................................... 36
§ 3. La Gaule après la mort de Clovis.................................... 37
N° 1. Partage entre les fils de Clovis, 511.................................... ibid.
N° 2. Partage entre les fils de Clotaire Ier, 561.................................... 38
N° 3. Partage après la mort de Caribert, 567.................................... ibid.
N° 4. Les royaumes franks d'après le traité d'Andelot, 587...... ibid.
N° 5. La Neustrie et l'Austrasie.................................... 39
N° 6. La France après la mort de Charles Martel, 741......... ibid.
N° 7. Étendue de la domination des Franks à la mort de Pépin le Bref. ibid.
CHAPITRE V. Empire de Charlemagne.................................... 41
§ 1. Bornes et étendue.................................... ibid.

Pages.
§ 2. Divisions et provinces 42
CHAPITRE VI. Démembrement de l'empire de Charlemagne..... 47
§ 1. Démembrement de l'empire de Charlemagne.—La France moderne. ibid.
§ 2. Traité de Verdun. — La France perd ses limites naturelles..... 49
§ 3. Démembrement intérieur de la France..... 50
§ 4. Histoire de la Lotharingie (Lorraine)..... 51
§ 5. Histoire du royaume de Bourgogne ou de Provence ou d'Arles... 53
CHAPITRE VII. Histoire de la formation de notre limite depuis Hugues Capet jusqu'au règne de Louis XI..... 58
§ 1. Limites de la France à l'époque de Hugues Capet..... ibid.
§ 2. Limites à la mort de Louis VII (1180)..... 59
§ 3. Limites à la mort de saint Louis (1270)..... ibid.
§ 4. La Méditerranée est un lac français (du onzième au treizième siècle). 61
§ 5. Limites à la mort de Philippe le Bel (1314)..... 62
§ 6. Limites à la mort de Philippe VI (1350)..... 64
§ 7. Traité de Brétigny (1360)..... 65
§ 8. Limites à la mort de Charles VII..... 67
§ 9. De la puissance de la maison de Bourgogne..... 69
§ 10. La limite à la mort Louis XI (1483)..... 71
§ 11. Du traité de Senlis (1493)..... 73
§ 12. Des traités de Blois (1504)..... ibid.
§ 13. Des limites pendant les règnes de François Ier et de Henri II.... 74
N° 1. Traité de Londres (1518). — N° 2. Traité de Madrid (1526). — N° 3. Traité de Cambrai (1529). — N° 4°. Traité de Crespy (1544). — N° 5. Traité d'Ardres (1546). — N° 6. Conquêtes sur le Rhin ou voyage d'Austrasie. — N° 7. Traité de Cateau-Cambrésis (1559)..... 74 à 76
§ 14. De la limite sous le règne de Henri IV..... 77
N° 1. Traité de Vervins (1598). — N° 2. Traité de Lyon (1601).
N° 3. Projet d'établissement de la république européenne..... ibid.
§ 15. État des limites avant et pendant la guerre de trente ans..... 78
§ 16. De la politique de Richelieu et de Mazarin à l'endroit de la limite du Rhin..... 79
N° 1. Richelieu. — N° 2. Mazarin..... 80
§ 17. De l'accroissement de la France pendant le règne de Louis XIV... 83
N° 1. Traité de Westphalie (1648). — N° 2. Traité des Pyrénées (1659). — N° 3. Traité d'Aix-la-Chapelle (1668).—N° 4. Traité de Nimègue (1678). — N° 5. Des réunions opérées par les chambres dites de réunion. — N° 6. Traité de Ryswick (1697). — N° 7. Des traités de partage de la monarchie espagnole. — N° 8. Traités d'Utrecht et de Rastadt..... 83 à 88
§ 18. Des limites de la France à la mort de Louis XV..... 89
N° 1. Réunion de la Lorraine à la France (1738). — N° 2. Traité d'Aix-la-Chapelle (1748).—N° 3. Acquisition de la Corse (1768). ibid.
§ 19. La France a ses limites naturelles..... 92
N° 1. Premières conquêtes de la république. — N° 2. Traités de Bâle (1795). — N° 3. Traités de Paris et de Tolentino (1796 et 1797). — N° 4. Traité de Campo-Formio (1797). — N° 5. Ac-

Pages.

quisitions de territoire en 1798. — N° 6. Traité de Lunéville (1801). — N° 7. Limites de la France en 1801 .... 92 à 97
§ 20. Des limites de l'empire français sous Napoléon 98
§ 21. Des traités de 1814 et de 1815 100
CHAPITRE VIII. Limites de la France d'après les traités de 1815 102
§ 1. Frontière du N.-E., ou du Rhin .... ibid.
§ 2. Frontière de l'E., ou des Alpes 108
§ 3. Frontière du S., ou des Pyrénées 113
CHAPITRE IX. Formation intérieure du territoire français ou histoire de la réunion des fiefs au domaine royal 119
§ 1. Géographie de la France à l'avénement de Hugues Capet .... ibid.
N° 1. Tableau des fiefs. — N° 2. Duché de France. — N° 3. Des pairs. — N° 4. Fiefs occupés par les princes de la maison des Capétiens. — N° 5. Fiefs qui se sont formés depuis le règne de Hugues Capet .... 119 à 123
§ 2. Depuis Hugues Capet jusqu'à Louis VI, 996-1108 124
N° 1. Considérations générales. — N° 2. Pays réunis à la couronne. — N° 3. Changements survenus dans les fiefs 125
§ 3. Sous Louis VI, 1108-1137 126
N° 1. Pays réunis à la couronne. — N° 2. Apanages. — N° 3. Changements dans les fiefs 127
§ 4. Sous Louis VII, 1137-1185 .... ibid.
N° 1. Considérations historiques. — N° 2. Accroissement du domaine royal. N° 3. Changements survenus dans les fiefs 128
§ 5. Sous Philippe-Auguste et Louis VIII, 1185-1226 129
N° 1. Considérations historiques. — N° 2. Accroissements du domaine. — N° 3. Apanages. — N° 4. Changements survenus dans les fiefs 130
§ 6. Sous saint Louis, 1226-1270 .... ibid.
N° 1. Considérations historiques. — N° 2. Apanages. — N° 3. Changements survenus dans les fiefs 134
§ 7. Depuis saint Louis jusqu'à Philippe VI, 1270-1350 .... ibid.
N° 1. Philippe III. — N° 2. Philippe IV. — N° 3. Louis X. — N° 4. Philippe V. — N° 5. Charles IV. — N° 6. Philippe VI ..... 134 à 136
§ 8. Pendant les guerres avec l'Angleterre, 1350-1422 137
N° 1. Le roi Jean. — N° 2. Charles V. — N° 3. Charles VI 138
§ 9. Sous Charles VII, 1422-1461 139
N° 1. Considérations historiques. — 2. Accroissement du domaine. — 3. Cessions de territoire. — Changements survenus dans les fiefs 140
§ 10. Sous Louis XI, 1461-1483 .... ibid.
N° 1. Considérations historiques. — 2. Accroissements du domaine. — 3. Cession de territoire. — 4. Changements survenus dans les fiefs .... 140 à 142
§ 11. Depuis Louis XI jusqu'à Henri IV, 1483-1589 .... ibid.
N° 1. Sous Charles VIII. — N° 2. Sous Louis XII. — N° 3. Sous François Ier. — N° 4. Depuis Henri II jusqu'à Henri IV ... 142 à 144
§ 12. Depuis Henri IV jusqu'à la révolution, 1589-1789 144

Pages.

1. Réunion au domaine des possessions de la maison de Bourbon. 2. Réunions opérées depuis Louis XIII jusqu'à Louis XVI. — 3. Liste des fiefs et terres titrées supprimées en 1789........ 145

CHAPITRE X. Divisions géographiques et administratives de la France avant et depuis la révolution.. 146

§ 1. Divisions ecclésiastiques.. ibid.

1. En 1789. — 2. En 1790. — 3. En 1801. — 4. En 1843 ... 146 à 149

§ 2. Divisions judiciaires.. 151

1. Parlements et bailliages. — 2. Cours royales................ 155

§ 3. Divisions militaires.. 156

A. Armées de terre.. ibid.

1. Gouvernements militaires avant 1789. — *a.* Sous François Ier. — *b.* Sous Henri III. — *c.* Au commencement du ministère de Richelieu. — *d.* Depuis Louis XIV........................ ibid.

2. Divisions militaires actuelles........................ 157

B. Armées de mer.. ibid.

1. Intendances de la marine en 1789........................ ibid.

2. Amirautés.. ibid.

3. Capitaines gardes-côtes en 1789........................ 158

4. Départements du commerce en 1789........................ 159

5. Préfectures maritimes en 1843........................ 160

§ 4. Divisions universitaires.. 161

1. Anciennes universités.. ibid.

2. Académies universitaires en 1843........................ ibid.

§ 5. Divisions financières avant 1789........................ 162

1. Généralités et intendances. — 2. Fermes générales en 1789. — 3. Départements de la régie générale des aides et droits y réunis, en 1789. — 4. Généralités ecclésiastiques. — 5. Ressort des chambres des comptes. — 6. Ressort des cours des aides .. 162 à 166

§ 6. Diverses divisions administratives........................ 167

1. Départements des ponts et chaussées en 1789. — 2. Inspections des ponts et chaussées en 1843. — 3. Grandes maîtrises des eaux et forêts en 1789. — 4. Arrondissements forestiers en 1843. — 5. Inspections générales des mines en 1843.... 167 à 169

§ 7. Divisions géographiques.. 170

1. Division de la France en douze nations........................ ibid.

2. Tableau des provinces et des pays........................ ibid.

§ 8. Les départements.. 176

1. Histoire. — 2. Tableau des départements en 1790. — 3. Départements et sous-préfectures en l'an VIII. — 4. Tableau des départements depuis 1815........................ 176 à 184

TABLE DES CARTES DE L'ATLAS.

Carte physique de la France.

1 Races gauloises...................... La Gaule druidique, libre.

2 Conquête de César }
3 Gaule impériale } .... La Gaule romaine.

4 Conquête barbare.................... La Gaule chrétienne.

5 6 7 8 Lutte entre la Neustrie et l'Austrasie.

5 Empire franc à la mort de Clovis, en 511.

6 — à la paix d'Andelot, en 587. — Lutte des deux pays.

7 — à l'élection de Pépin de Héristal, en 678. — Séparation de l'Austrasie et de la Neustrie.

8 — à la mort de Charles-Martel, en 741. — Domination de l'Austrasie sur la Neustrie.

9 Empire de Charlemagne. — La Neustrie est toujours soumise à l'Austrasie.

10 Démembrement de l'empire de Charlemagne. — La Neustrie redevient libre.

11 Hugues Capet. — Démembrement féodal de la France.

12 Louis VII. Développement de la puissance anglaise en France.

13 Philippe-Auguste .... }
14 Saint Louis (la France d'après les traités d'Abbeville et de Corbeil). } Lutte de la royauté contre l'Angleterre et contre la féodalité. Commencements de l'unité territoriale.

16 17 18 19 Histoire de la guerre de cent ans. — Affaiblissement de la féodalité.

16 Traité de Brétigny.

17 Charles V et du Guesclin.

18 Traité de Troyes.

19 Charles VII. — La royauté devient supérieure à la féodalité.

20 Louis XI. — L'unité territoriale est presque accomplie.

21	Traité de Cateau Cambrésis...........	1559.	La France tend à conquérir ses limites naturelles.
22	Traités de Vervins et de Lyon.........	1598-1601.	
23	Traité de Westphalie...............	1648.	
24	— des Pyrénées................	1659.	
25	— d'Aix-la-Chapelle.............	1668.	
26	— de Nimègue.................	1678.	
27	— de Ryswick..................	1697.	
28	— d'Utrecht et de Rastadt........	1715.	
29	— de Vienne..................	1738.	

30 Traités de Bâle, de Campo-Formio et de Lunéville. 1795-1801. — La France obtient, sous la république, ses limites naturelles.

31 32 L'empire en 1812. — Napoléon fait sortir la France de ses limites.

33 La France d'après les traités de 1814 et de 1815. — La France est refoulée en deçà de ses limites naturelles (1).

(1) Pour rendre ce travail aussi complet que possible, on a ajouté à ces cartes le tracé (théorique) des marches de César, des invasions de tous les Barbares du ve au xe siècle, et enfin dans des temps plus récents, l'indication des divisions de la république fédérative projetées par les huguenots en 1621.

FIN.

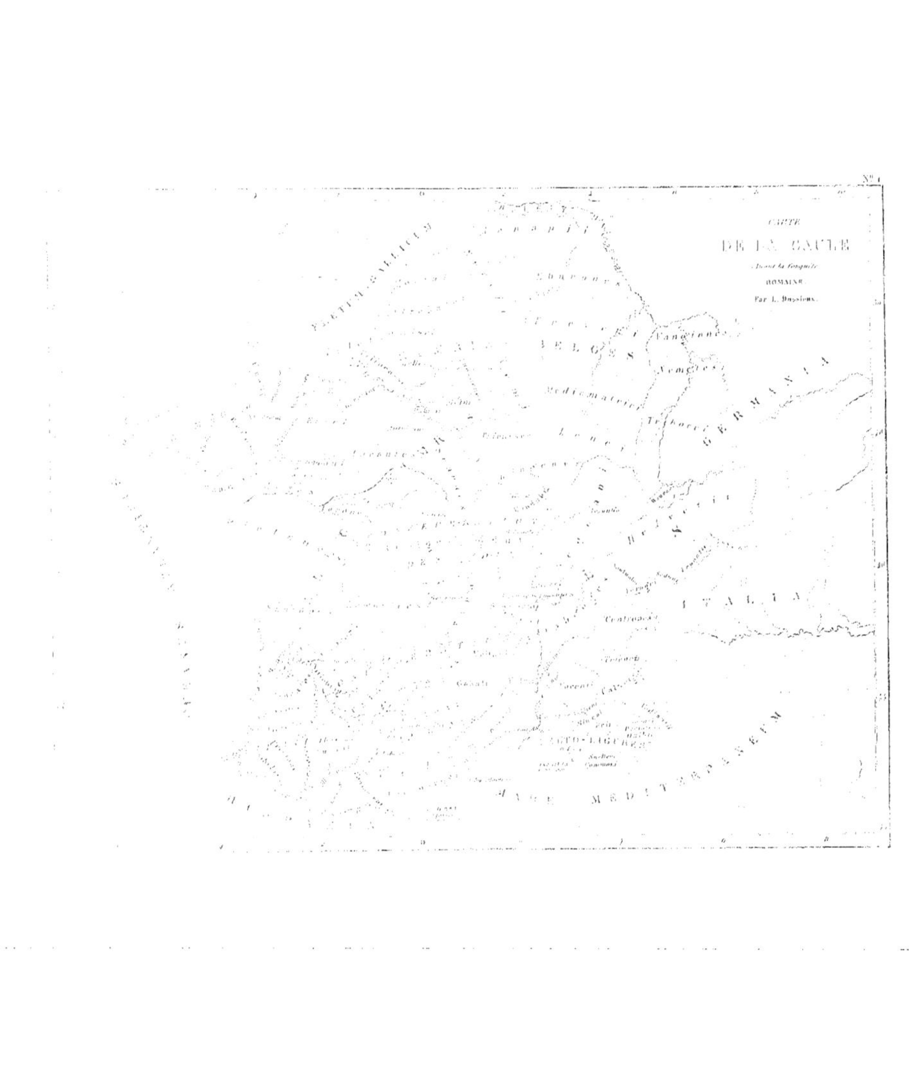
N° 1
CARTE
DE LA GAULE
Avant la Conquête
ROMAINE.
Par L. Dussieux.
Vangiones
Nemetes
Mediomatrici
Leuci
Helvetii
GERMANIA
ITALIA
Centrones
Mare Mediterraneum

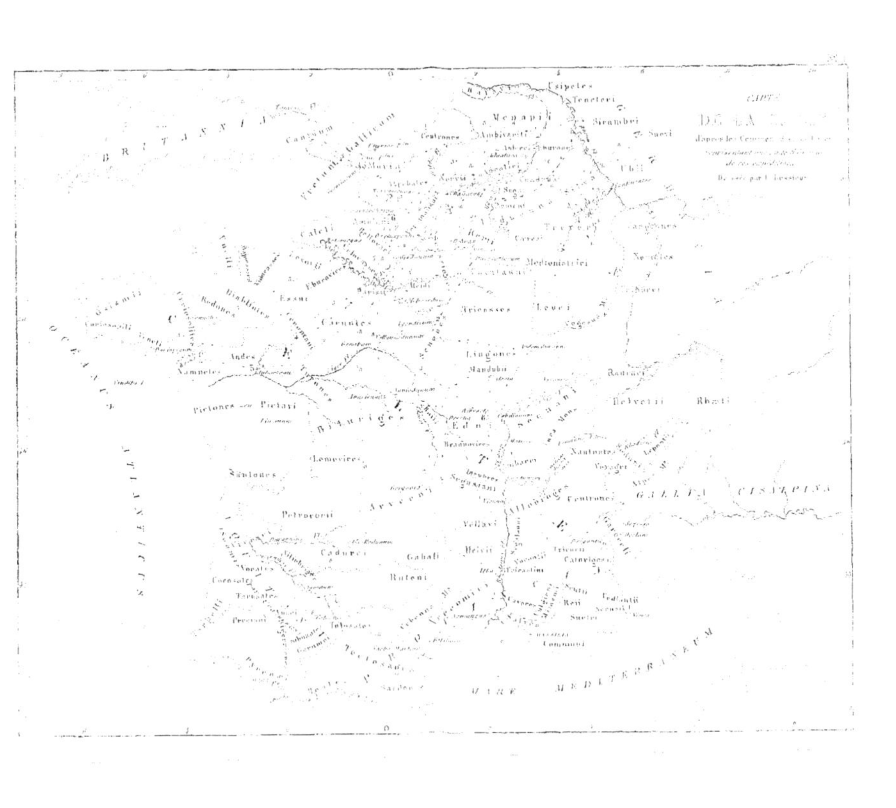

Usipetes
Tencteri
Sicambri
Suevi
Ubii
Menapii
Ambivariti
Nervii
Centrones
Caleti
Eburovices
Essui
Carnutes
Redones
Diablintes
Veneti
Andes
Namnetes
Pictones seu Pictavi
Bituriges
Lemovices
Santones
Petrocorii
Cadurci
Gabali
Ruteni
Arverni
Segusiani
Vellavi
Helvii
Lingones
Mandubii
Treveri
Mediomatrici
Leuci
Triacasses
Vangiones
Nemetes
Rauraci
Helvetii
Rhæti
Nantuates
Veragri
Centrones
Allobroges
Tricorii
Caturiges
Volcæ Arecomici
Tectosages
Tarbelli
GALLIA CISALPINA
MARE MEDITERRANEUM
OCEANUS ATLANTICUS
BRITANNIA

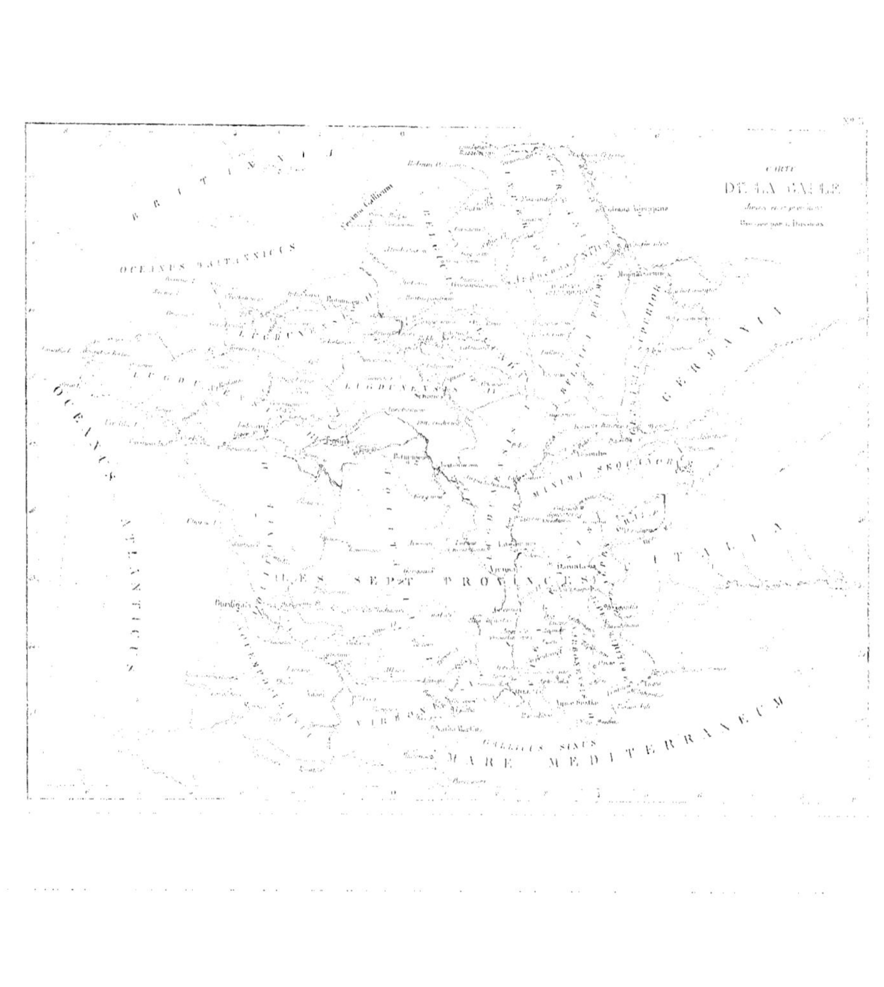
CARTE
DE LA GAULE
BRITANNIA
OCEANUS ATLANTICUS
LES SEPT PROVINCES
GERMANIA
ITALIA
GALLICUS SINUS
MARE MEDITERRANEUM

N° 4

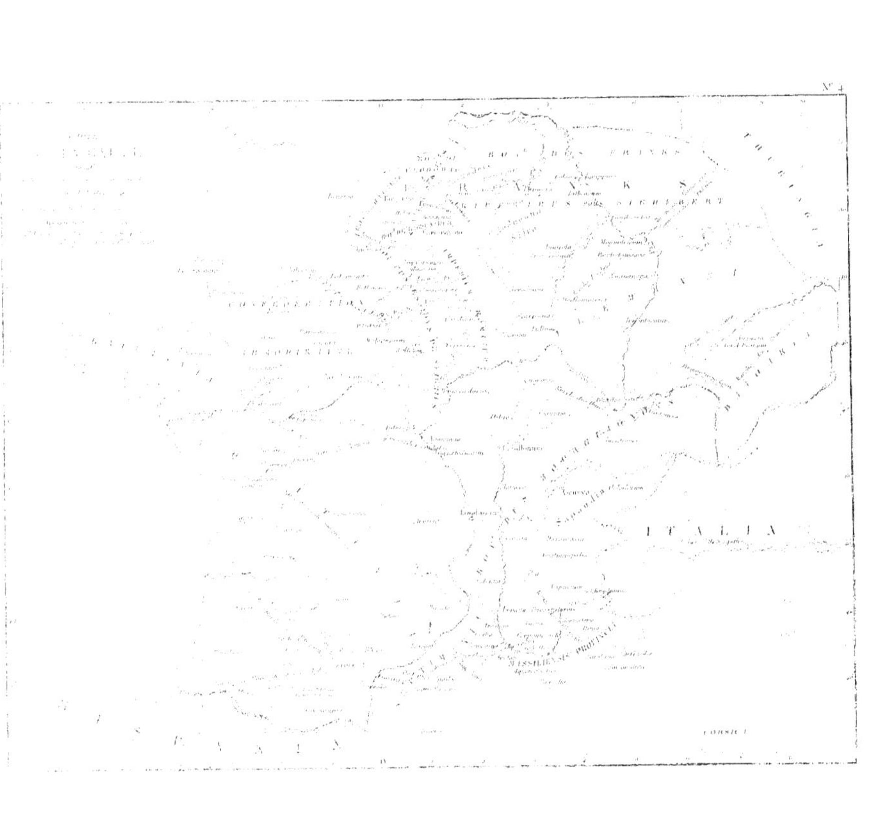

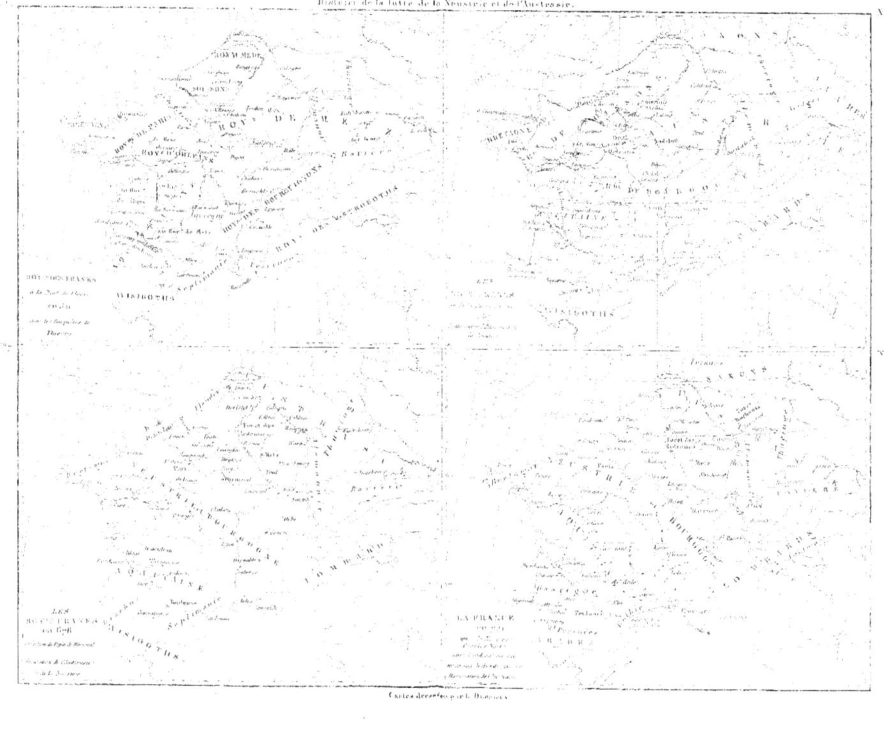
Histoire de la lutte de la Neustrie et de l'Austrasie.
N°6
N°8
WISIGOTHS
Septimanie
LA FRANCE
Cartes dressées par L. Dussieux

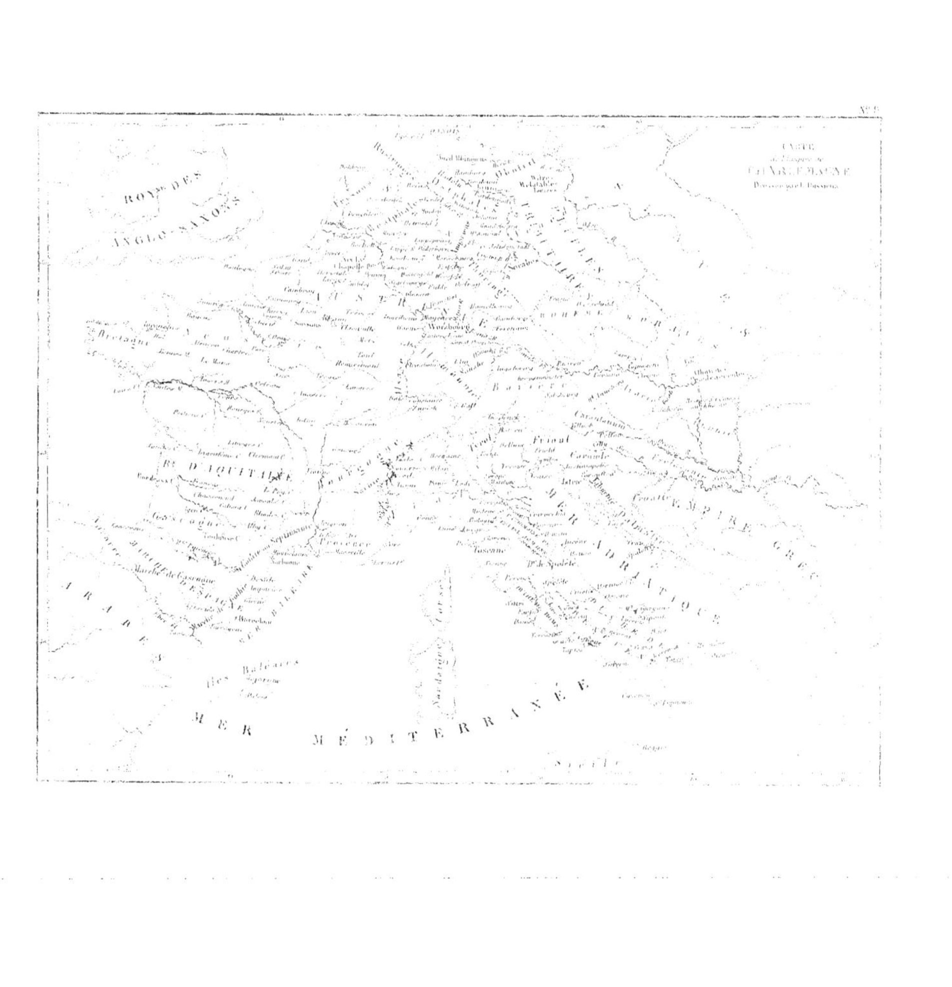
ROYme DES
ANGLO-SAXONS
Bretagne
Rme D'AQUITAINE
Provence
Frioul
Toscane
Corse
Sardaigne
Iles Baléares
MER ADRIATIQUE
EMPIRE GREC
MER MÉDITERRANÉE
Sicile

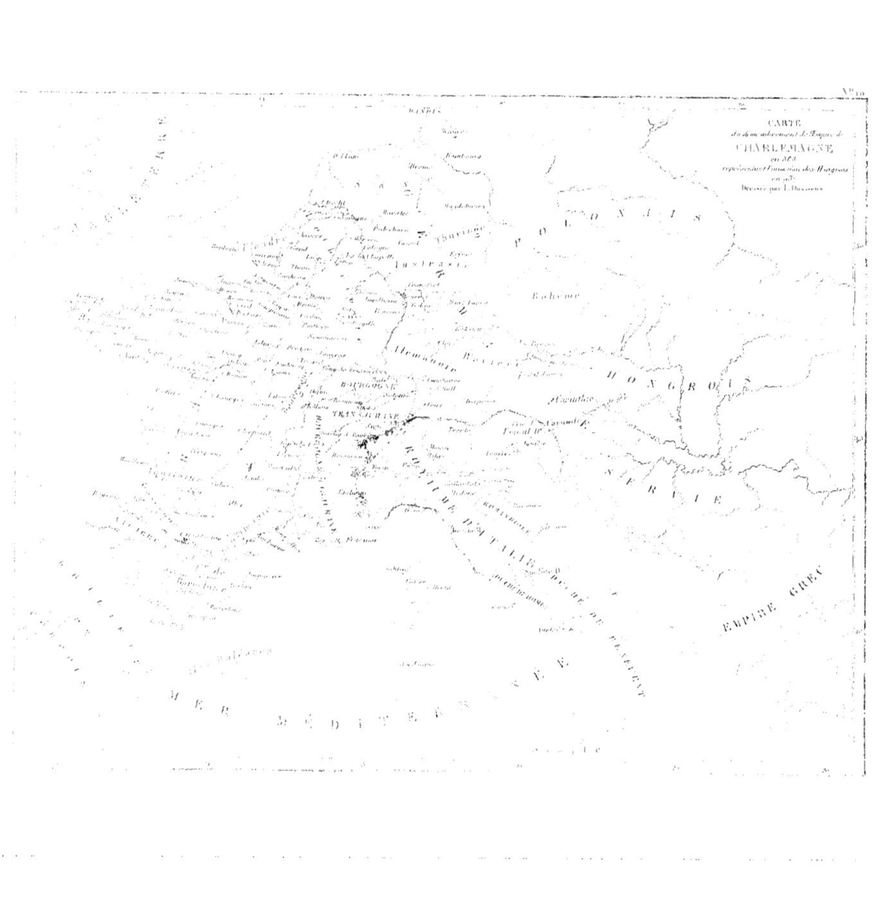
N° 10
CARTE
CHARLEMAGNE
POLONAIS
HONGROIS
SERVIE
EMPIRE GREC
BOURGOGNE
Bohême
Thuringe
Austrasie
Alemanie
Bavière
Carinthie
M E R   M É D I T E R R A N É E

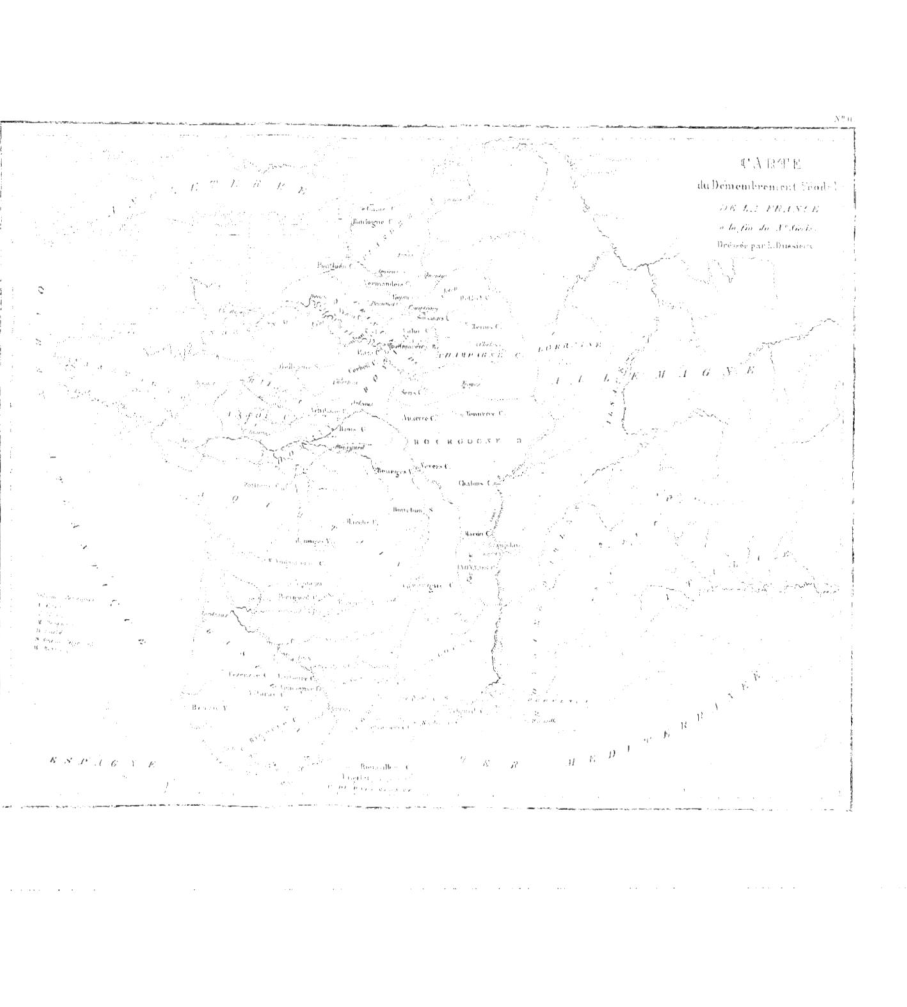
CARTE
du Démembrement Féodal
DE LA FRANCE
à la fin du Xe Siècle.
Dressée par L. Dussieux
CHAMPAGNE
BOURGOGNE
ESPAGNE
Boulogne C.
Sens C.
Auxerre C.
Tonnerre C.
Nevers C.
Chalons C.
Macon C.
Bourbon S.

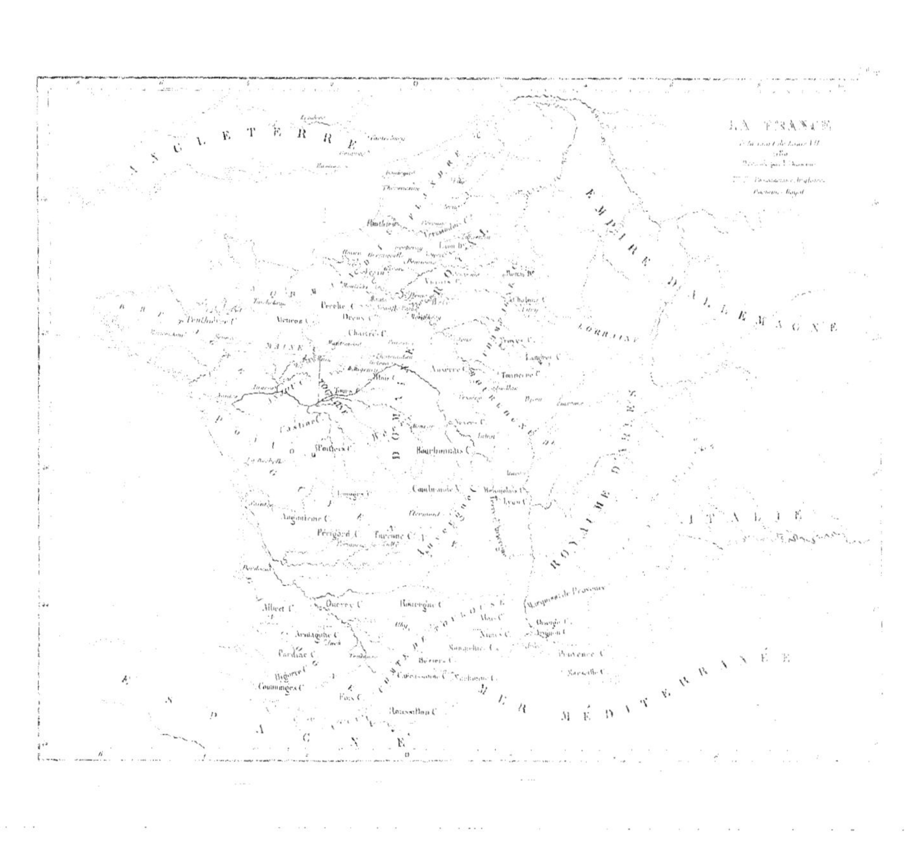
LA FRANCE
ANGLETERRE
EMPIRE D'ALLEMAGNE
LORRAINE
ROYAUME D'ARLES
ITALIE
MER MÉDITERRANÉE
MAINE
Perche C.
Dreux C.
Chartres C.
Auxerre C.
Tonnerre C.
Langres C.
Troyes C.
Poitiers C.
Bourbonnais C.
Limoges C.
Angoulême C.
Périgord C.
Turenne C.
Albret C.
Armagnac C.
Bigorre C.
Comminges C.
Foix C.
Roussillon C.
Béziers C.
Carcassonne C.
Narbonne C.
Rouergue C.
Provence C.

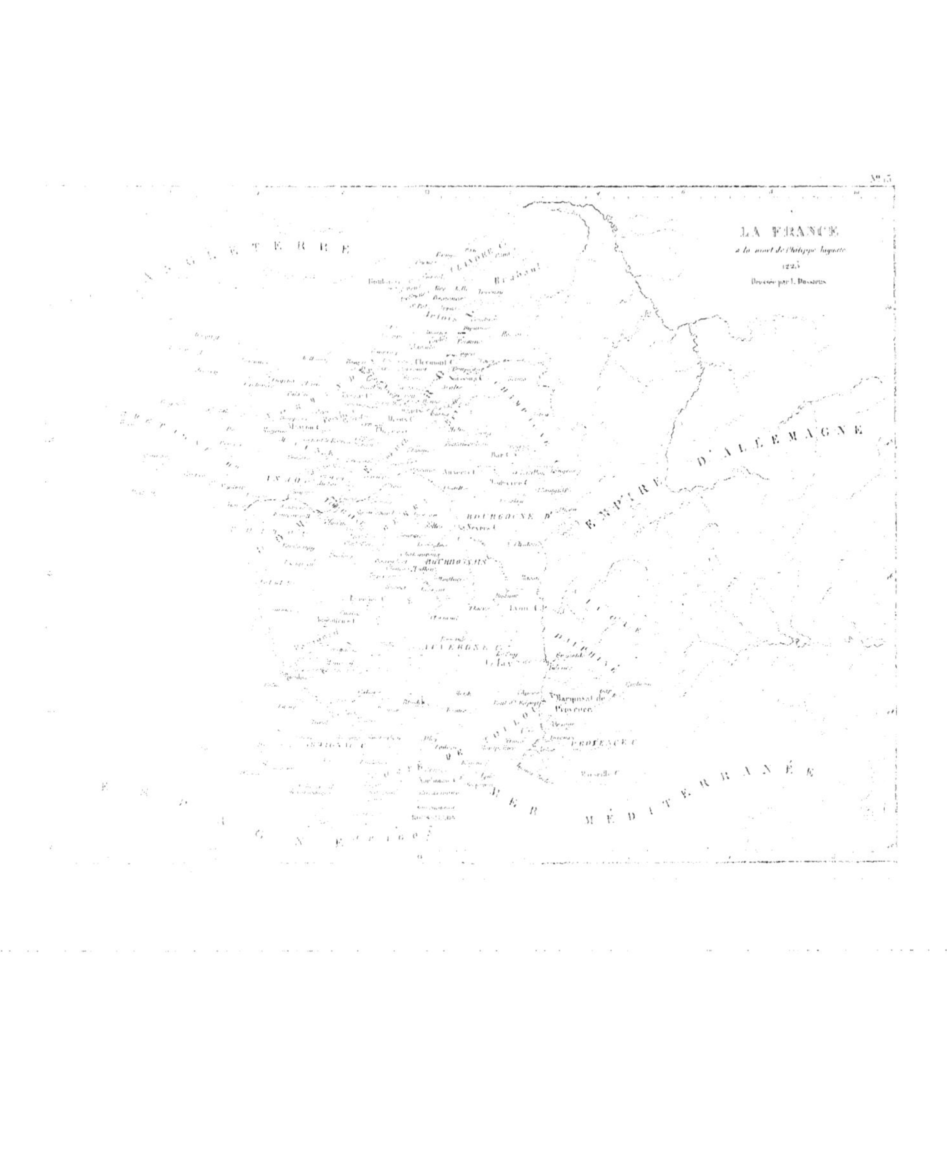

N° 13
LA FRANCE
à la mort de Philippe Auguste
1223
Dressée par L. Dussieux
EMPIRE D'ALLEMAGNE
MER MÉDITERRANÉE
Brabant
Clermont
Nevers
Marquisat de Provence
PROVENCE
AUVERGNE
BOURGOGNE

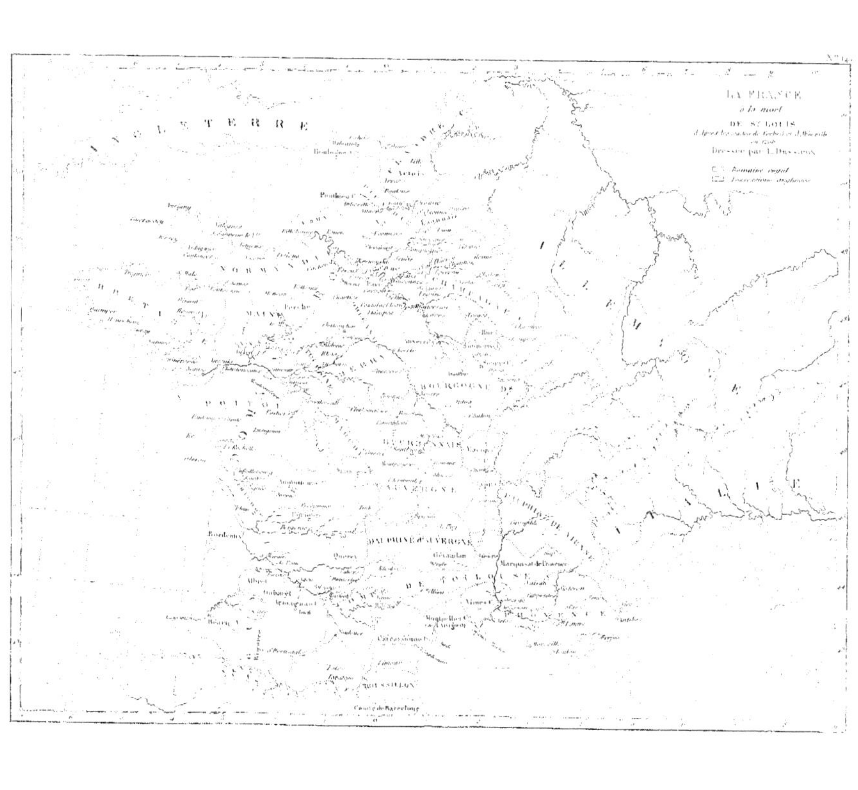

LA FRANCE
à la mort
DE ST LOUIS
Dressée par L. Dussieux
A N G L E T E R R E
Boulogne
Artois
Ponthieu
NORMANDIE
MAINE
Perche
POITOU
BOURGOGNE
AUVERGNE
Bordeaux
Albret
Gabaret
Quercy
Gévaudan
Nîmes
Carcassonne
ROUSSILLON
Comté de Barcelone
Marquisat de Provence

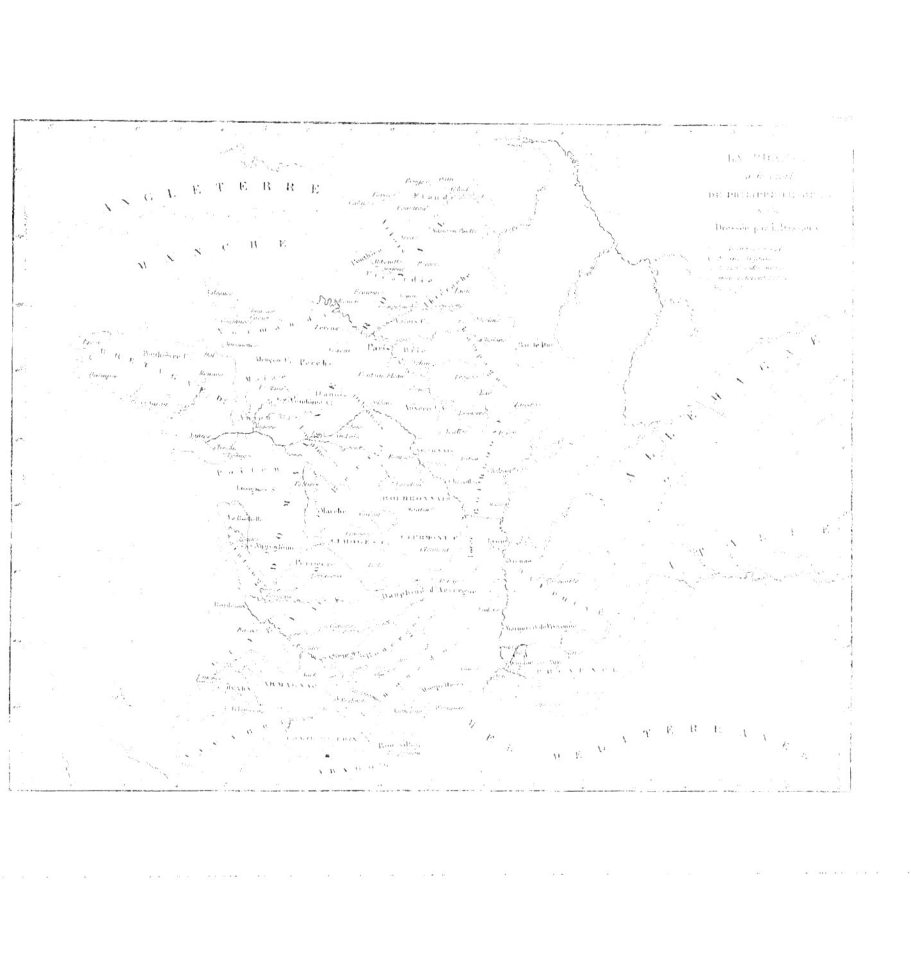
A N G L E T E R R E
M A N C H E
Paris
Perche
BOURBONNAIS
Dauphiné d'Auvergne

Guerres avec l'Angleterre

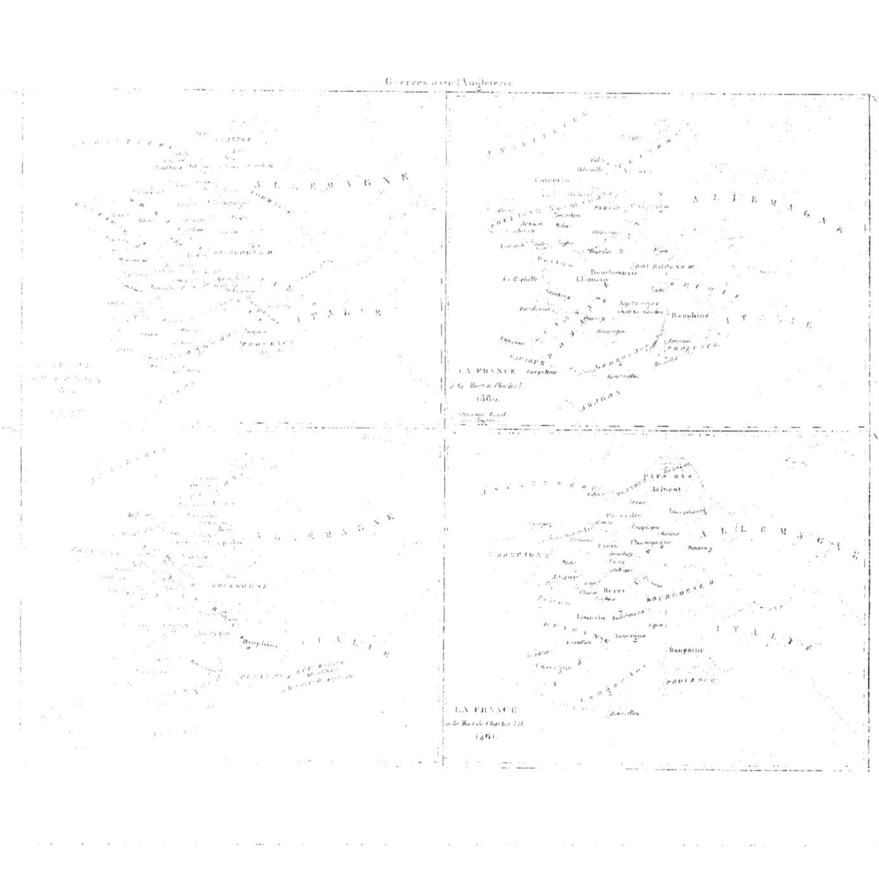

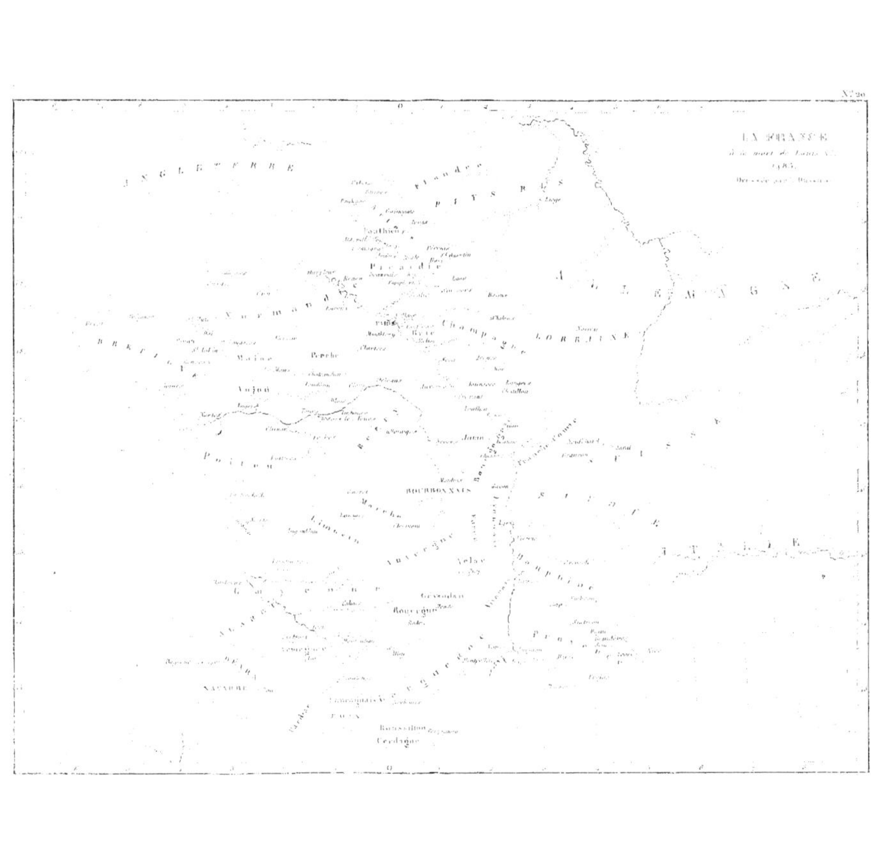
N° 20
LA FRANCE
à la mort de Louis XI.
1483.
ANGLETERRE
Flandre
PAYS BAS
Picardie
Normandie
Champagne
ALLEMAGNE
LORRAINE
BRETAGNE
Maine
Perche
Anjou
Poitou
BOURBONNAIS
Limousin
Auvergne
Rouergue
Dauphiné
PARIS
Roussillon
Cerdagne

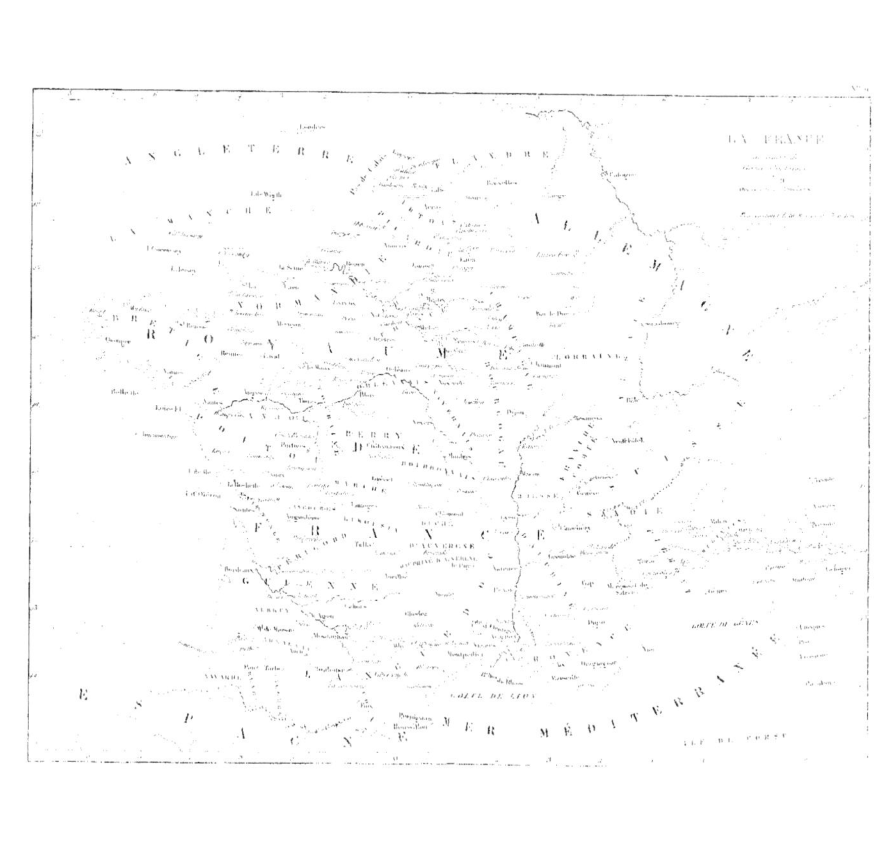
LA FRANCE
ANGLETERRE
LA MANCHE
NORMANDIE
BRETAGNE
BERRY
LORRAINE
SAVOIE
ALLEMAGNE
GUIENNE
LANGUEDOC
GOLFE DE LYON
MER MÉDITERRANÉE
ESPAGNE

N° 22

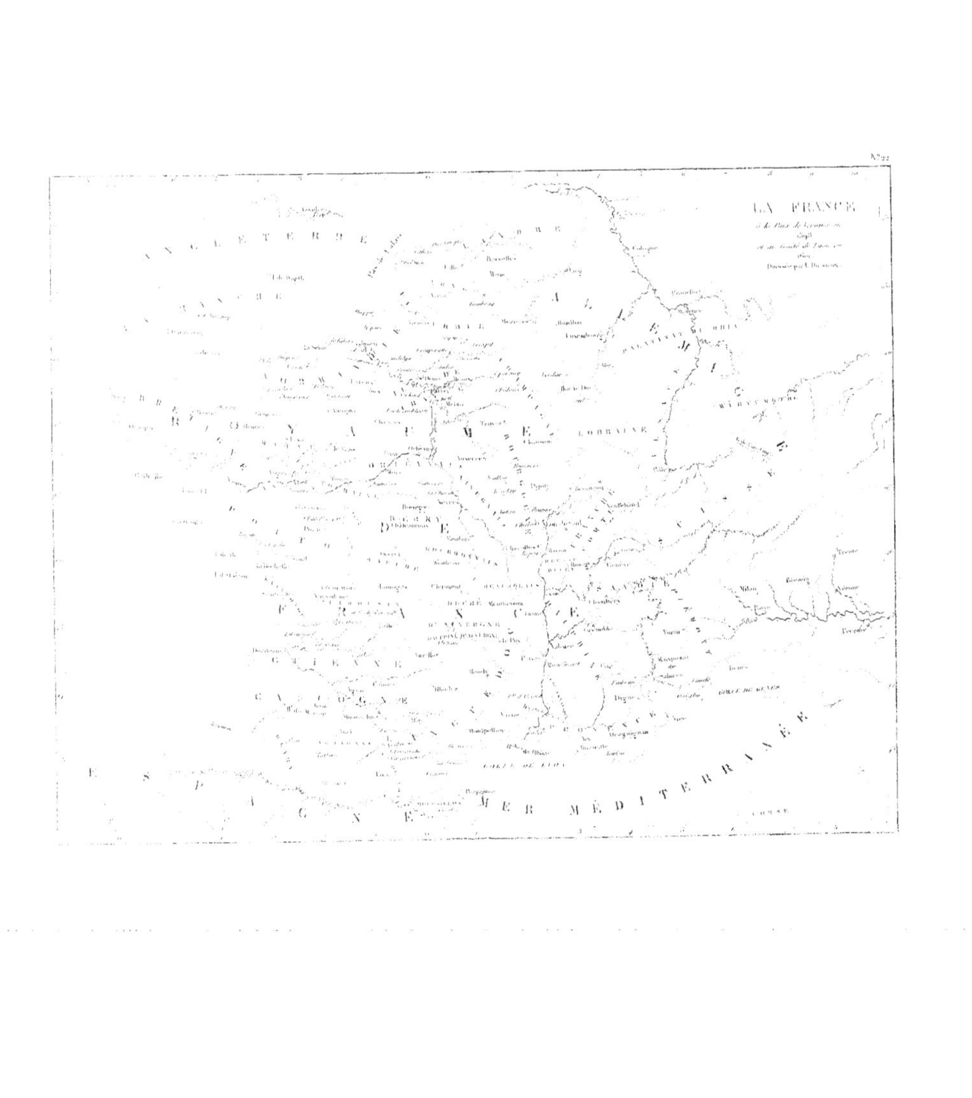

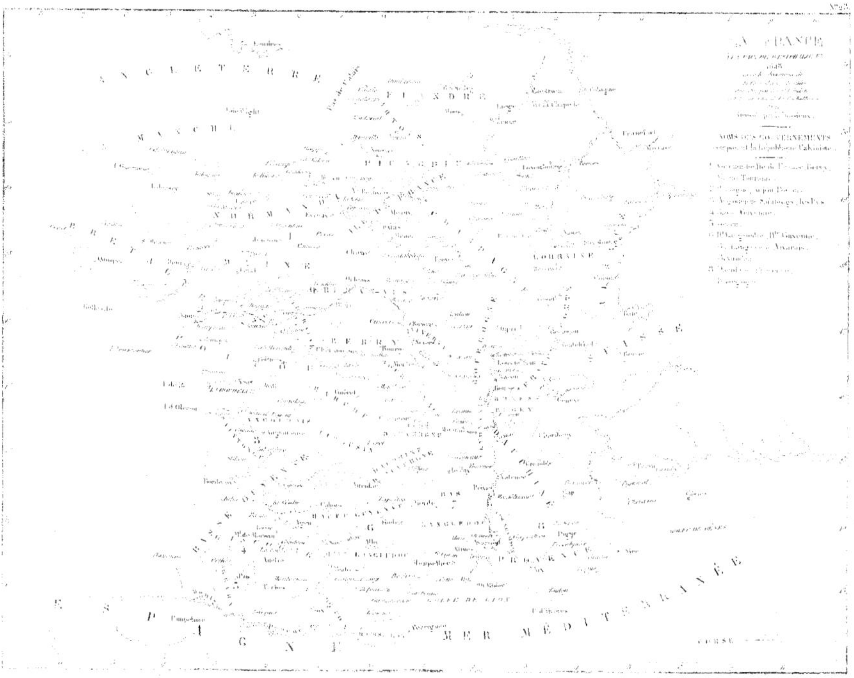

N°23.

LA FRANCE

NOMS DES GOUVERNEMENTS

ANGLETERRE

MANCHE

FLANDRE

PICARDIE

NORMANDIE

LORRAINE

BERRY

PROVENCE

Montpellier

Bordeaux

Pampelune

Cᵈᵉ Oléron

MER MÉDITERRANÉE

ESPAGNE

CORSE

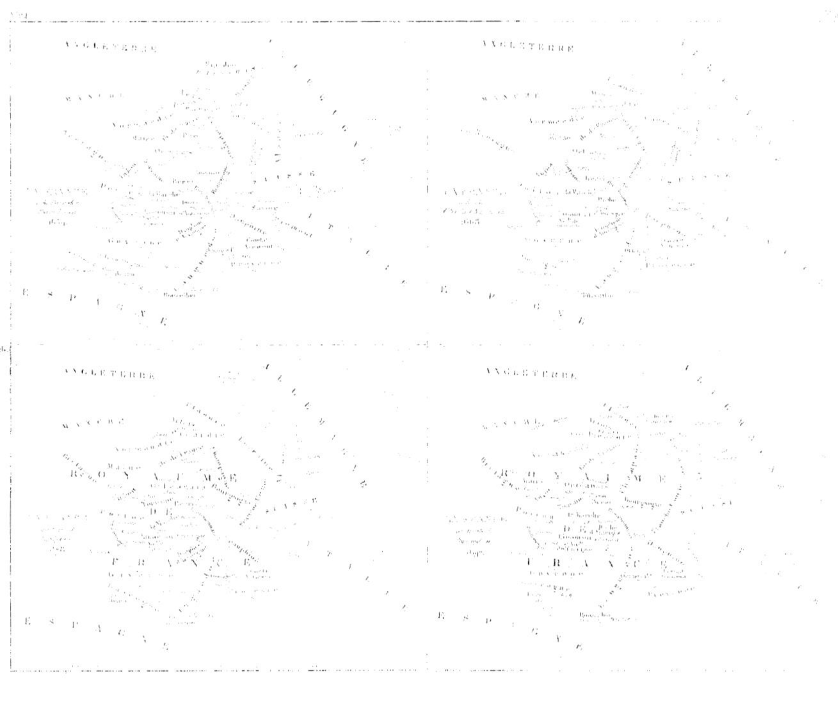

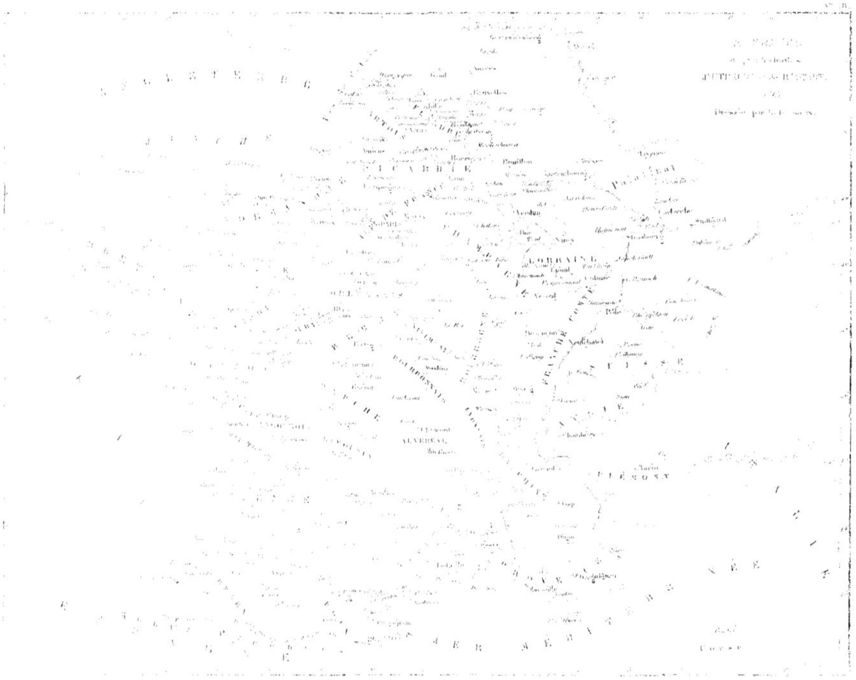
PICARDIE
Amiens
Bruxelles
Verdun
Nancy
Colmar
AUVERGNE

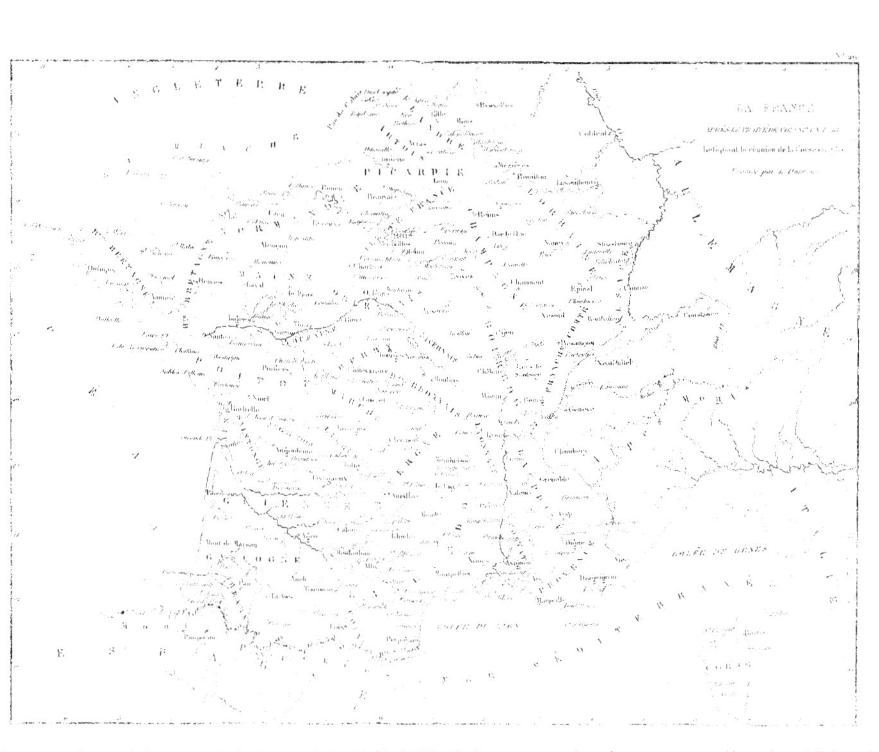
LA FRANCE
ANGLETERRE
PICARDIE

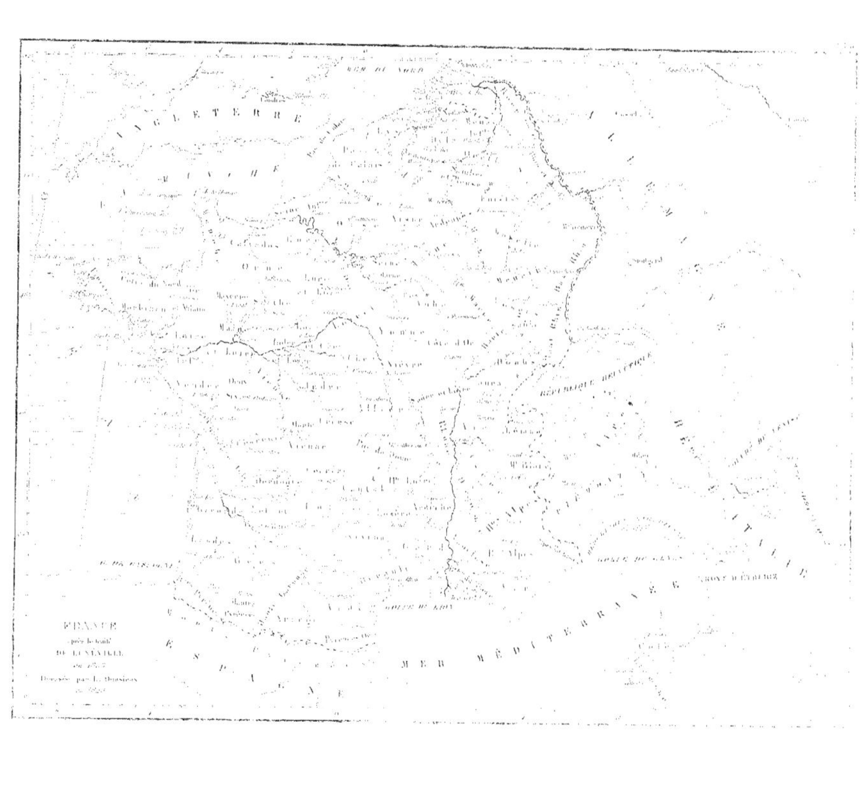
ANGLETERRE
MER DU NORD
RÉPUBLIQUE HELVÉTIQUE
MER MÉDITERRANÉE
ESPAGNE
FRANCE

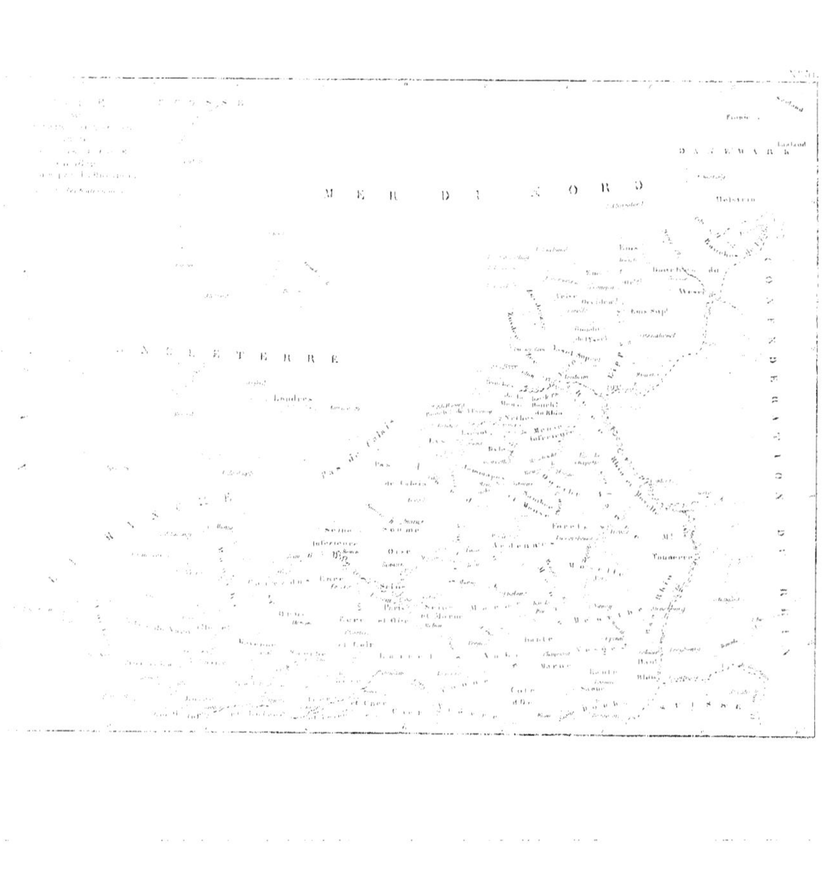

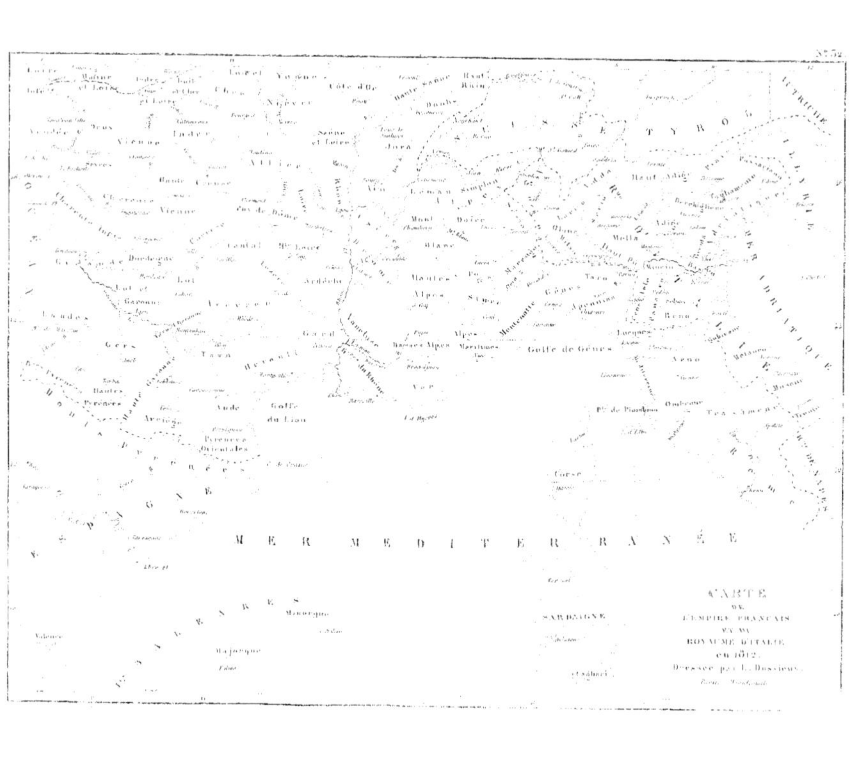
N° 32
MER MÉDITERRANÉE
Golfe de Gênes
Golfe du Lion
TYROL
Corse
SARDAIGNE
Minorque
Majorque
CARTE
DE
L'EMPIRE FRANÇAIS
ET DU
ROYAUME D'ITALIE
en 1812.
Dressée par L. Dussieux.

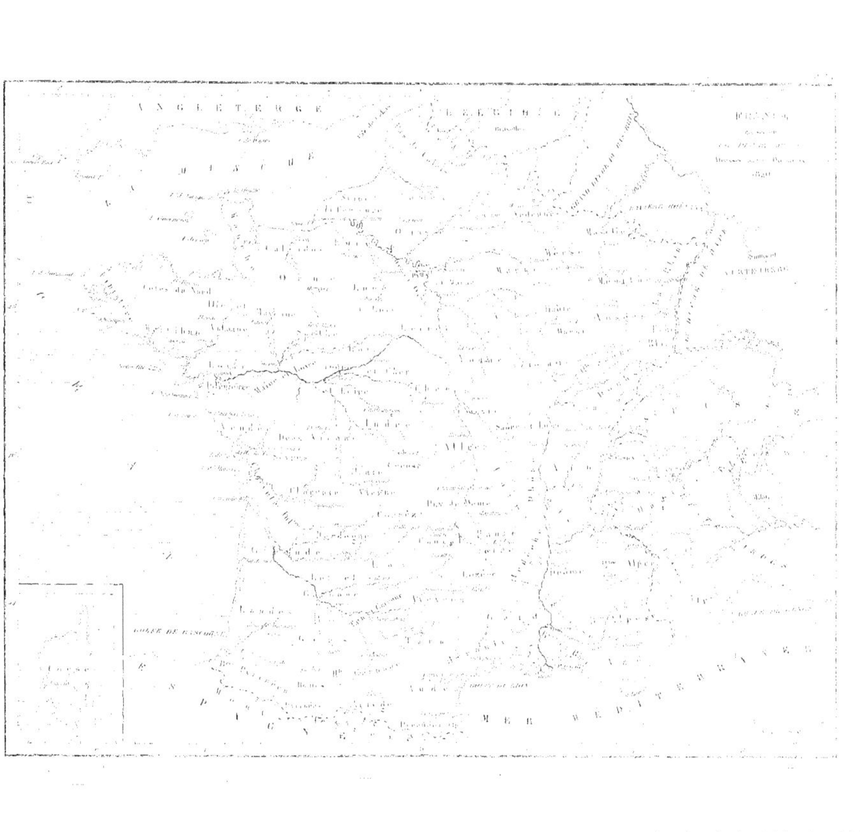

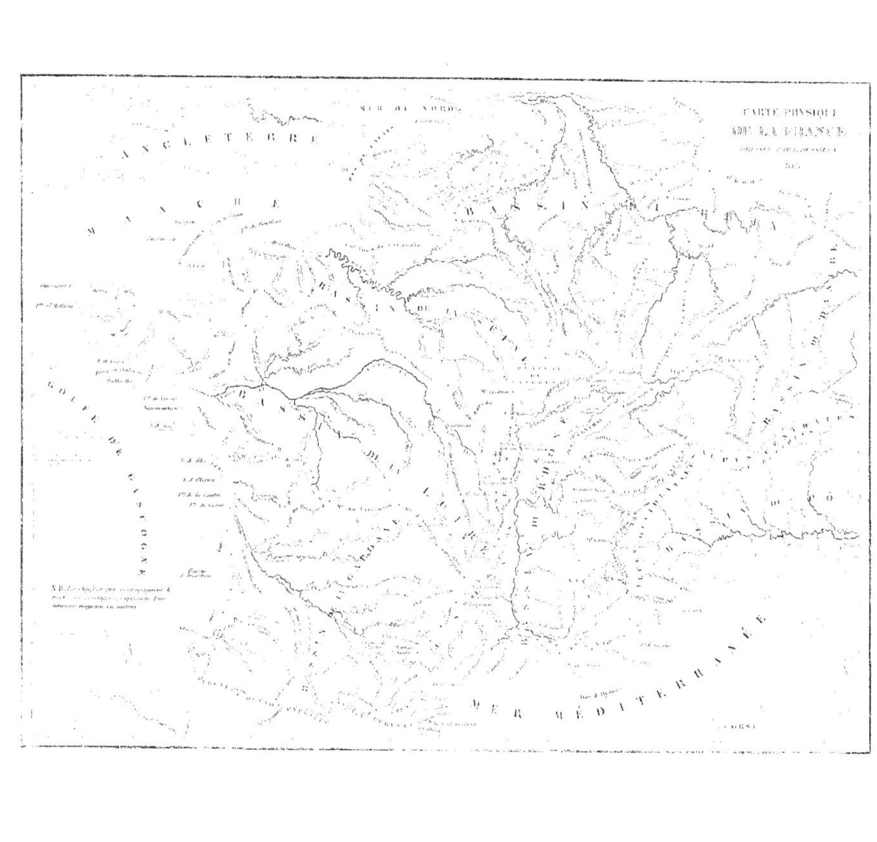
CARTE PHYSIQUE
DE LA FRANCE
MER DU NORD
ANGLETERRE
MANCHE
GOLFE DE GASCOGNE
MER MÉDITERRANÉE

www.ingramcontent.com/pod-product-compliance
Ingram Content Group UK Ltd.
Pitfield, Milton Keynes, MK11 3LW, UK
UKHW020321230726
13925UKWH00002B/548